किस प्रकार की है यह भारतीयता ?

किस प्रकार की है यह भारतीयता?

यू.आर. अनन्तमूर्ति

संकलन व सम्पादन
नन्दकुमार हेगड़े, प्रो. नूरजहाँ बेगम

पुनरीक्षक
भालचंद्र जयशेट्टी

राधाकृष्ण प्रकाशन

ISBN : 978-81-7119-630-2

किस प्रकार की है यह भारतीयता?

पहला संस्करण : 2004
चौथा संस्करण : 2022
मूल्य : ₹495

प्रकाशक
राधाकृष्ण प्रकाशन प्राइवेट लिमिटेड
जी-17, जगतपुरी, दिल्ली-110 051

शाखाएँ : अशोक राजपथ, साइंस कॉलेज के सामने, पटना-800 006
पहली मंजिल, दरबारी बिल्डिंग, महात्मा गांधी मार्ग, प्रयागराज-211 001
36 ए, शेक्सपियर सरणी, कोलकाता-700 017

वेबसाइट : www.radhakrishnaprakashan.com
ई-मेल : info@radhakrishnaprakashan.com

मुद्रक
बी.के. ऑफसेट
नवीन शाहदरा, दिल्ली-110 032

KIS PRAKAR KI HAI YAH BHARTIYATA?
by U.R. Ananthamurti

लेखकीय

हिन्दी साहित्य-जगत मुझे सबसे ज्यादा सम्मान देता रहा है। हिन्दी के अनेक लेखक मुझे अपने ही बीच का आदमी मानते हैं। इसके लिए मैं राधाकृष्ण प्रकाशन का आभारी हूँ, उन्हीं के सहयोग से यह सम्भव हुआ। वे मुझे हिन्दी में लाए और मेरे अधिकांश कथा-साहित्य को प्रकाशित/पुनर्प्रकाशित किया। इससे अधिक मैं क्या अपेक्षा रख सकता हूँ ?...हिन्दी में जिस तरह मुझे स्वीकार किया गया उससे मुझे वास्तविक रूप में यह अहसास हुआ है कि मैं एक भारतीय लेखक हूँ जो कन्नड़ में लिखता है।

मुझे विश्वास नहीं था कि मेरे आलोचनात्मक निबन्ध, जिनका आधार कन्नड़ भावबोध है, हिन्दी पाठकों के लिए भी प्रासंगिक होंगे। मगर राधाकृष्ण प्रकाशन के मेरे शुभचिंतकों और मेरे पुराने मित्रों—अशोक वाजपेयी और डॉ. नामवर सिंह ने मुझे यह भरोसा दिलाया कि मेरे कथा-साहित्य के पाठक इन निबन्धों को भी उपयोगी पाएँगे और आम पाठक भी इनमें दिलचस्पी लेगा।

मैं उनका आभारी हूँ।

—**यू. आर. अनन्तमूर्ति**

भूमिका

आन्द्रे लेफेवेर जैसे अनुवाद-आलोचकों के प्रयत्नों के फलस्वरूप संस्कृति को समझने की प्रक्रिया के रूप में आज 'अनुवाद' विकसित हो रहा है। कभी-कभार अनुवाद के बाद लक्ष्य-संस्कृति के परिप्रेक्ष्य में साधारणीकृत होने वाली मूल पाठ की प्रवृत्ति कई अनावश्यक पूर्वग्रहों को पैदा कर सकती है। अतः अनुवादक, कभी-कभी मूल संस्कृति की प्रमुख कृतियों को ही लक्ष्य-संस्कृति में प्रमुख बना देते हैं। इसलिए यह अत्यन्त आवश्यक है कि मूल रचना के साथ ही साथ, मूल लेखक के साहित्य सम्बन्धी एवं साहित्येतर विचारों को जानना अनुवादक के लिए अनिवार्य है। अतः मूल रचना के साथ ही साथ मूल लेखक के संस्कृति-संबंधी विचारों का अनुवाद होना भी बेहद आवश्यक है। यू.आर. अनन्तमूर्ति के नाटक, आलोचना और कविताओं को छोड़कर सारी रचनाएँ हिन्दी में अनूदित हैं। इस सन्दर्भ में उनके साहित्य को आमूलाग्र समझने के लिए उनके संस्कृतिपरक आलोचनात्मक साहित्य का अनुवाद करने की आवश्यकता महसूस हुई। कई निबन्ध पहले से ही अनूदित थे, यहाँ हमने डॉ. अनन्तमूर्ति के पहले से ही अनूदित लेखों के साथ-साथ उनके अन्य प्रमुख लेखों को हिन्दी में अनूदित एवं संपादित करने का प्रयास किया है।

भारतीय सारस्वत एवं बौद्धिक और कलात्मक जगत् में उडुपी रंगनाथाचार्य अनन्तमूर्ति का नाम अत्यन्त प्रभावशाली रहा है। एक सृजनात्मक लेखक, सामाजिक तथा सांस्कृतिक-राजनीति (Cultural Politics) के आलोचक के रूप में अनन्तमूर्ति भारतीय साहित्य की प्रतिनिधि हस्ती माने जाते हैं। स्वातंत्र्योत्तर द्वन्द्वों, सामाजिक, राजनीतिक, सांस्कृतिक सन्दिग्धताओं एवं भारतीय साहित्य के वैचारिक संघर्षों को सशक्त रूप में अभिव्यक्त करते हुए अनन्तमूर्ति के साहित्य एवं साहित्येतर व्यक्तित्व ने भारतीय संस्कृति में नई वैचारिक आन्दोलनात्मक प्रवृत्ति को प्रभावित किया है।

1950 के साहित्य को कन्नड़ में 'नव्य' आन्दोलन कहा जाता है (हिन्दी में 'नवलेखन' है)। विनायक कृष्ण गोकाक और गोपालकृष्ण अडिग के प्रवर्तन में 'नव्य' आन्दोलन अपना स्पष्ट रूप ले चुका था। लेकिन 'नव्य' आन्दोलन के सारे प्रमुख लेखक इस आन्दोलन से जुड़े रहकर भी अपनी वैचारिक एवं सृजनात्मक अभिव्यक्तियों में अपनी विशिष्टता लिए हुए थे। यू.आर. अनन्तमूर्ति, पी. लंकेश, शांतिनाथ देसाई, ए. के. रामानुजन, शंकर मोकाशी पुणेकर, सुमतीन्द्र नाडिग, तिरुमलेश, चन्द्रशेखर कम्बार, गंगाधर चित्ताल, गिरीश कार्नाड, श्रीकृष्ण आलनहल्ली, रावबहादुर, पूर्णचन्द्र तेजस्वी और

निसार अहमद जैसे साहित्यकार तत्कालीन सांस्कृतिक मूल्यों को उजागर करने में सफल हुए। शाश्वत मूल्यों का प्रतिपादन, परम्परा का पुनर्मूल्यांकन, भाषा में नए-नए प्रयोगों (ध्वनि प्रयोग, भाषा की अपनी अस्मिता की पहचान आदि) के कारण 'नव्य' साहित्य का अपना महत्त्व है। लेकिन अनन्तमूर्ति की रचनाओं ने इन प्रवृत्तियों से गुजरते हुए भी इन्हीं की आलोचना की। अतः अपने ही वैचारिक-सांस्कृतिक प्रभावशाली मूल्यों के कारण अनन्तमूर्ति 'नव्य आंदोलन' के अत्यन्त प्रमुख लेखक बन गए।

डी. आर. नागराज ने अनन्तमूर्ति के लेखन-कार्य के दो पहलुओं की चर्चा की है। पहला है, अतिवादी पक्ष, जिसके अन्तर्गत उनके दो उपन्यास, 'संस्कार' (1965) एवं 'भारतीपुर' (1973), उनकी कहानियों के संग्रह 'प्रश्ने' (1962) एवं 'मौनी' (1972) तथा साहित्यिक-सांस्कृतिक आलोचना की दो पुस्तकें 'प्रज्ञे मत्तु परिसर' (1974) और 'सन्निवेश' (1974) आती हैं। ... उनके लेखन के दूसरे पहलू को स्व-चिन्तन या आत्मान्वेषण कहा जा सकता है। हालाँकि यह कहना कठिन है कि इस पहलू की शुरुआत कब हुई। लेकिन यह अनुमान सहज ही लगाया जा सकता है कि इसका प्रारंभ उनके तीसरे उपन्यास 'अवस्थे' (1978) के प्रकाशन से हुआ और 'सूर्यन कुदुरे' (सूरज का घोड़ा; 1989) कहानी के प्रकाशन के समय यह चरमावस्था को पहुँचा। मूलतः उनका हाल ही का उपन्यास 'भव' (1994) और कहानी 'अक्कय्या' (दीदी) जैसी रचनाओं में उपनिवेशवाद से मुक्त जीवन की तलाश है। 'बेत्तले पूजे याके कूड्दु' (नग्नपूजा पद्धति क्यों मना है ?; 1996) आलोचनात्मक पुस्तक में भूमंडलीकरण का कड़ा विरोध किया गया और आंचलिक संस्कृति की पवित्रता को बचाए रखने की बात सोची गई है।

'एन्देन्दु मुगियद कथे' (कभी न समाप्त होने वाली कहानी; 1955) कहानी से लेकर 'अक्कय्या' (दीदी; 1996) तक जब हम देखते हैं तो पाते हैं कि अनन्तमूर्ति का साहित्य अधिक गंभीर, निरंतर जीवन-शोधात्मक एवं भारतीय संस्कृति के पुनर्मूल्यांकन करने की प्रवृत्ति से ओत-प्रोत है। 'बर' (सूखा), 'घटश्राद्ध', 'प्रकृति', 'प्रश्ने', 'खोजराज' जैसी कहानियों में स्वातंत्र्योत्तर सांस्कृतिक-सामाजिक बुराइयों एवं वैयक्तिक तनावों, कुंठाओं का संघर्ष अभिव्यक्त हुआ है। टी.पी. अशोक ने, 'ऐन्देन्दु मुगियद कथे' की समीक्षा करते हुए ठीक ही लिखा है, "अनन्तमूर्ति ने 'कभी समाप्त न होने वाली इस सम्पूर्ण कहानी' का चित्रण करते हुए उसकी निरंतरता-गतिशीलता को बदलने की राजनीतिक इच्छा से अपनी समग्र साहित्य-प्रक्रिया में वैचारिक, तात्त्विक, नैतिक ढाँचों में संपूर्ण मानवीय जीवन का ही पुनर्मूल्यांकन करने का प्रयास किया है।" पूर्णचन्द्र तेजस्वी ने भी इस संदर्भ में ठीक ही लिखा है, "अनन्तमूर्ति ने एक ही कहानी लिखी है, वह है—'कभी समाप्त न होने वाली कहानी'—यह बात उनके संपूर्ण साहित्यिक लेखों पर लागू होती है।"

उनका पहला उपन्यास 'संस्कार' (1965) एक ऐसी विशिष्ट कृति है जिसे आधुनिक साहित्य में एक कालजयी रचना के रूप में स्वीकृति मिली और जिसने उन्हें नव्य भारतीय चिन्तन प्रवृत्ति के केन्द्र में प्रतिष्ठित किया। 'संस्कार' का अंग्रेजी अनुवाद ए.के.

रामानुजन ने किया था जिसने उन्हें अंतर्राष्ट्रीय स्तर पर ख्याति एवं महत्त्व दिलाया। उनकी आरंभिक कृतियों में मार्क्स, गांधी, सार्त्र, लोहिया, जिड्डु कृष्णमूर्ति और लॉरेंस के प्रभाव स्पष्ट दिखाई देते हैं। 'संस्कार' में अस्तित्व के संकट, विद्रोह, ब्राह्मण और शूद्र की समस्या और लॉरेंस के सौंदर्यबोध पर प्रखर आलोचना हुई है। आधुनिक प्रवृत्ति के लेखक होते हुए भी उन्होंने उसी की आलोचना की। 'संस्कार' के प्राणेशाचार्य जब चंद्री (जो प्रकृति का संकेत है) के साथ समागम करते हैं तब उनका जीवन सफल और सुखमय बनता है। पूँजीवाद में वैज्ञानिक प्रगति और औद्योगिकीकरण के द्वारा मानव प्रकृति का उपयोग हुआ। मानव ने प्रकृति के साथ, मिट्टी के साथ जीना छोड़ दिया। इस असहजता में भाव की जगह बुद्धि आई, मुक्त जीवन जीने में और सोचने में यांत्रिकता आई। प्राणेशाचार्य, दासाचार्य और अन्य ब्राह्मणों का प्रकृति से विलगाव होने के कारण उनका जीवन द्वन्द्व, सहज, कृत्रिम और अवास्तविक बन गया है। अतः 'संस्कार' उपन्यास में संपूर्ण भारतीय जीवन को पुनर्मूल्यांकित करने का प्रयास किया गया है।

उनका दूसरा उपन्यास 'भारतीपुर' (1973) इस युग के वैचारिक द्वन्द्वों को उजागर करता है। इंग्लैंड की पढ़ाई से मौलिक जिन्दगी न पाकर जगन्नाथ वापस भारत आता है। वह मंजुनाथ मंदिर में शूद्रों को प्रवेश दिलाकर संपूर्ण समाज के अविश्वास, मूढ़ता, मतान्धता और असहनीय कट्टरपंथीय स्वभावों को बदलना चाहता है। गांधीवाद और नेहरूवाद का वैचारिक द्वन्द्व इस उपन्यास का वैचारिक धरातल है लेकिन अंततः दोनों वाद हार जाते हैं। सच है कि स्वतंत्रता के पचास साल बाद भी कई राजनीतिक-सांस्कृतिक कारणों से गांधीवाद और नेहरूवाद असफल हो चुके हैं। भारत अभी भी गरीबी, अशिक्षा एवं भ्रष्टाचार के कारण पिछड़ा देश है।

इस असफलता का कारण निकृष्ट भारतीय राजनीति है। उनका तीसरा उपन्यास 'अवस्थे' (अवस्था; 1978) नए राजनीतिक एवं नैतिक मूल्यों की तलाश करता है। जनता-परक आन्दोलनों की राजनीति, नक्सलवादी आन्दोलन की गरम राजनीति और संविधान की अन्दरूनी नीच राजनीति और प्रामाणिक-नैतिक राजनीति में द्वन्द्व इस उपन्यास के प्रमुख वैचारिक संघर्ष हैं। इसमें मार्क्सवाद, गांधीवाद और लोहियावाद के आपसी द्वन्द्व का आमना-सामना होकर, राजनीति को आध्यात्मिक स्तर पर ले जाने का प्रयास है लेकिन इतिहास की अपनी गति है, जहाँ कृष्णप्पा भी हार जाता है।

प्रामाणिक लेखक को यथार्थ और आदर्श के डायलेक्टिक को एक साथ ग्रहण करना संभव होना चाहिए, तभी साहित्य सच हो सकता है। इस द्वन्द्व का सजीव चित्रण 'क्लिप जाइंट', 'खोजराज' और 'आक्रमण' कहानियों में हुआ है। लेकिन पश्चिम की संस्कृति के विकल्प में भारतीय संस्कृति को खड़ा करना उनका उद्देश्य है।

'सूर्यन कुदुरे' (सूरज का घोड़ा), 'अक्कय्या' (दीदी) कहानी और 'भव' उपन्यास तक आते-आते अनन्तमूर्ति अधिक परिपूर्णता प्राप्त कर लेते हैं। यहाँ अनावश्यक द्वन्द्व, अतिवादी विद्रोह नहीं है। बल्कि आत्मावलोकन, स्व-स्वीकृति और अंतर्राष्ट्रीय सांस्कृतिक

राजनीति में भारत की सृजनशीलता की रक्षा का वैचारिक संघर्ष उजागर हुआ है। 'हडे वेंकट' (सूर्यन कुदुरे), 'अक्कयया' (अक्कय्या) और 'चन्द्रप्पा' (भव) पात्र भारतीय संस्कृति की शोध में पाए गए चरित्र हैं जिनमें कहीं भी उपनिवेशवाद, भूमण्डलीकरण और इतिहास बोध नहीं हैं। वे अपनी संस्कृति के आन्तरिक स्वरूपों को उजागर करते हैं जहाँ प्रकृति-श्री है। इस तरह अनन्तमूर्ति की सृजनात्मक लेखन-प्रक्रिया 'कभी न समाप्त होने वाली कहानी' (कहानी) से प्रारंभ होकर 'भव' (उपन्यास) के आध्यात्मिक स्तर पर प्रकृति के दिव्य सान्निध्य में तादात्म्य पाने की कोशिश है। के.वी. सुब्बण्णा ने अनन्तमूर्ति के उपन्यासों को तीसरी दुनिया के अन्य देशों की रचनाओं की तुलना में अधिक सफल तथा श्रेष्ठ बताया है। जी.एस. अमूर ने अनन्तमूर्ति को एक गंभीर लेखक बतलाते हुए कहा है—"पश्चिम में उपन्यास-विधा ही समाप्त हो रही है, इस संदर्भ में अनन्तमूर्ति का उपन्यास भारतीय संस्कृति के आन्तरिक तनावों, संघर्ष और कोलाहलों को समझने में अधिक उपयोगी है।" वी.एस. नायपाल, एरिक ऐरिकसन, चिनुवा अचिबे जैसे लोगों ने अनन्तमूर्ति की रचनाओं को भारतीय संस्कृति के संदर्भ में महत्त्वपूर्ण पाया है।

अनन्तमूर्ति के 'आवाहने' (आह्वान; नाटक) और 'अज्जन हेगल सुक्कुगलु' (दादा के कन्धों की झुर्रियाँ), 'मिथुन' (कविता-संग्रह) भी उनकी अन्य मौलिक कृतियों में मुखरित वैचारिक, साहित्यिक, जीवन-शोध की अभिव्यक्ति करते हैं। लेकिन उनकी आलोचनात्मक पुस्तक 'प्रज्ञे मत्तु परिसर' (1972), 'सन्निवेश' (1974), 'समक्षम' (1982) 'पूर्वापर' (1990), 'बेत्तले पूजे याके कूड्दु ?' (नग्नपूजा पद्धति क्यों मना है ?; 1996) में केवल साहित्यकार द्वारा की गई टिप्पणियाँ मात्र नहीं हैं, बल्कि वे एक संवेदनशील नागरिक द्वारा (साहित्येतर) भारतीय जीवन के सांस्कृतिक मूल्यों की तलाश हैं। इतना ही नहीं रसेल की तरह अनन्तमूर्ति अन्तर्राष्ट्रीय राजनीति और जीवन के तमाम द्वन्द्वों पर विचार प्रकट करते हैं।

अनन्तमूर्ति कहते हैं : "मैं अपने आभ्यंतर का आलोचक (Critical Insider) हूँ। अपनी संस्कृति को अपनी दृष्टि से ही देखना, अनुमान करना हमारे लिए महत्त्वपूर्ण है। हमारी परम्परा का विकास भी इसी कारण हुआ है। वेद की परम्परा आई। बुद्ध ने इस पर प्रश्न किया। मैं भी उसी परम्परा का हूँ। साहित्य का हूँ। साहित्य में भी बसवण्णा, कनकदास, कुमारव्यास, नवोदय लेखक, नव्य लेखक, कालानुक्रम में परम्परा से यही प्रश्न करते, धक्का देते हुए उसका विकास करते हुए आए हैं।" उनके आभ्यंतर का यह आलोचक, स्वातंत्र्योत्तर सांस्कृतिक मूल्यों को, द्वन्द्वों को स्पष्ट रूप से बेधना चाहता है। 'प्रक्षे मत्तु परिसर' आलोचनात्मक पुस्तक में, ब्राह्मण-शूद्र की समस्या, सार्त्र, सैमुएल बेकेट, शिवराम कारंत, राममनोहर लोहिया और अन्य भाषायी-साहित्यिक-वैचारिक समस्याओं पर गहरी आलोचना मुखरित हो उठी है। अंग्रेजी भाषा का वे आँख मूँदकर विरोध नहीं करते हैं। आज अंग्रेजी भाषा केवल भाषा ही नहीं—वह कई प्रकार के अधिकार, शक्ति, सत्तात्मक मूल्यों का प्रतीक और ज्ञान का आगार है। भारतीय भाषाएँ भी समृद्ध अवश्य

हैं लेकिन राजनीतिक शक्ति के अभाव में वे विश्व में प्रमुख नहीं बनीं। एक ओर अनन्तमूर्ति अंग्रेजी भाषा में उपलब्ध ज्ञान को ग्रहण करने के लिए कहते हैं तो अंग्रेजी भाषा के आक्रमणकारी स्वभावों का विरोध भी करते हैं। स्वातंत्र्योत्तर भारत में हिंदी भी अंग्रेजी की तरह आधिकारिक-सत्तात्मक स्वभाव अपना रही है। इस तरह 'अंग्रेजी-स्वभाव' से रहित भाषा को मुक्त हृदय से अपनाकर देशी भाषा की भव्य परम्परा का, उसके अस्तित्व के स्वरूपों का पुनर्मूल्यांकन करने की जरूरत है। लोहिया, सार्त्र, मार्क्स के विचारों के साथ-साथ भारतीय समाज को समझने के लिए ऐसी भाषा को अपनाने में कोई गलती नहीं है। एक ओर विदेशी चिन्तकों से और दूसरी ओर भारतीय चिन्तकों से आकर्षित होकर अनन्तमूर्ति, 'मुक्त' रूप से भारतीय संस्कृति को परखना चाहते हैं।

'सन्निवेश' (1974) और 'समक्षम' (1978) आलोचनात्मक पुस्तकें खासतौर पर सामाजिक समस्याओं पर केन्द्रित हैं। 'पूर्वापर' (1990) में एडवर्ड सईद की 'ओरियण्टलिज़्म' (Orientalism) पुस्तक की आलोचना करते हुए भारतीय संस्कृति के महत्त्व पर अधिक बल दिया गया है। अंग्रेज भी भारतीय संस्कृति से प्रभावित थे। गांधी, भगवान बुद्ध जैसे लोगों को सारी दुनिया स्वीकारती है। अमरीका, इंग्लैंड की टूटती संस्कृति के परिवेश में गांधीवाद उन्हें अधिक प्रासंगिक लगता है। दक्षिण अफ्रीका के लेखक चिनुवा अचिबे के साथ जो महत्त्वपूर्ण संवाद किया उसने अनन्तमूर्ति को तीसरी दुनिया के आदमी को समझने के लिए प्रेरित किया है। दलित साहित्य, विकेन्द्रीकरण और संस्कृतिपरक कई आलोचनात्मक लेख इस पुस्तक में संकलित हैं।

1996 की पुस्तक 'बेत्तले पूजे याके कूडदु ?' में दर्शाया गया है कि तत्कालीन सार्वत्रीकरण से भारतीय संस्कृति की क्षेत्रीय पवित्रता खत्म हो रही है। समानता के आधार पर सार्वत्रीकरण होना चाहिए लेकिन ऐसा नहीं हो रहा है। अंतर्राष्ट्रीय राजनीति, केपिटलिस्टों की सांस्कृतिक-राजनीति (Cultural Politics), नवबौद्धिकता की बेवकूफी, पलायनवादी बुद्धिजीवी और खोखले संस्कृति-कर्मियों पर उनके व्यंग्य को अनन्तमूर्ति की 'सूर्यन कुदुरे' (सूरज का घोड़ा), 'अक्कय्या' (दीदी) जैसी कहानियों के संदर्भ में उनकी तत्कालीन आलोचनात्मक पृष्ठभूमियों में समझा जा सकता है।

आजकल भारतीय मानस अमरीका, इंग्लैंड आदि देशों के बारे में बहुत सोचता है किन्तु अपने ही प्रांत की भाषा, संस्कृति के बारे में अधिक नहीं सोचता। इस तरह अपनी भाषा और संस्कृति के बारे में न सोचना और अनजान बने रहना हमारे लिए लज्जाजनक बात है। इसीलिए अनन्तमूर्ति ने क्षेत्रीय पवित्रता को बरकरार रखने पर बल दिया है। इस उपनिवेशीकरण की राजनीति से उपजी हमारी अपनी संस्कृति की रक्षा, अपनी भाषा में ही सृजन करने से संभव है। अनन्तमूर्ति हमेशा अपनी मातृभाषा कन्नड़ में ही सृजनात्मक कार्य करते आए हैं, यह इस बात की पुष्टि करती है। ऐसे लेखकों से अनन्तमूर्ति जी सदैव खिन्न रहे हैं जो विदेश में अपनी धाक जमाने के लिए अपनी संस्कृति को उनकी खुशी के लिए उघाड़कर रखते रहे हैं और अंग्रेजी में लिखते हैं।

किसी एक भाषा से दूसरी भाषा में अनुवाद करते समय लेखक के सांस्कृतिक

विचारों का हनन न हो जाए, यह बहुत ही नाजुक स्थिति है। अतः कन्नड़ मातृभाषा के नन्दकुमार हेगड़े ने इस स्थिति को हिन्दी में अनूदित करते समय वाक्य-संरचना में और शब्दों के प्रयोग में कितना ध्यान रखा उसकी एक-एक पंक्ति पर प्रो. नूरजहाँ बेगम (हिन्दी मातृभाषी) ने घंटों चर्चा करके समझ-बूझकर उसे अंतिम रूप दिया है। हमने अहिन्दीभाषियों के अनेक अनुवाद हिन्दी भाषा में देखे हैं जहाँ हमें यही लगा कि यदि किसी हिन्दी मातृभाषी के साथ मिलकर यह अनुवाद किया गया होता तो अनुवाद के सौन्दर्य को बरकरार रखा जा सकता था। अतः हम दोनों ने इसी मानसिकता से सोच-समझकर इस अनुवाद को सम्पन्न किया है।

अनन्तमूर्ति के संस्कृति-संबंधी विचार कई अंग्रेजी-कन्नड़ पत्रिकाओं में बिखरे हुए हैं; कई भाषणों और साक्षात्कारों में उन्होंने संस्कृति-संबंधी विचार व्यक्त किए हैं। लेकिन उन सबको यहाँ अनूदित रूप में प्रस्तुत न कर, कुछ चुने हुए भाषणों, लेखों, और साक्षात्कारों का अनुवाद कर संकलित किया गया है। 'पूर्वग्रह', 'आलोचना' और 'समकालीन भारतीय साहित्य' पत्रिकाओं में पहले-पहल कई निबन्ध अनूदित हो चुके थे। जिन्हें अन्य प्रतिष्ठित रचनाकारों ने अनूदित किया था। उनकी कृपा से हमने पाठकों के अध्ययन की सुविधा के लिए उन लेखों को भी यहाँ सम्मिलित कर लिया है, उनके प्रति हम आभारी एवं कृतज्ञ हैं। प्रत्येक लेख के अंत में उसके अनुवादक का नाम दे दिया गया है। प्रो. यू.आर. अनन्तमूर्ति जी ने अनुवाद के लिए हमें अनुमति दी और राधाकृष्ण प्रकाशन ने पुस्तक को प्रकाशित करने का कष्ट किया, उनके प्रति भी हम बहुत आभारी हैं।

–नन्दकुमार हेगड़े
–प्रो. नूरजहाँ बेगम

क्रम

किस प्रकार की है यह भारतीयता ?

यह भारत कैसा राष्ट्र है !

(अयोध्या घटना पर एक विचार)

छः दिसंबर की अयोध्या की घटना ने मुझे इस चिंतन के लिए प्रेरित किया है। जब से हमने अंग्रेजों से मुक्ति पाई तब से यह प्रश्न उभर रहा है कि हमारा किस प्रकार का राष्ट्र बन सकता है ? 'नेशन स्टेट' जैसी कल्पना ही हमारे लिए नई थी। यूरोप की भाँति यदि हम एक नेशन स्टेट बनाना चाहेंगे तो देश की सारी जनता का एक ही भाषा-भाषी, एक ही धर्म का और एक ही जनजाति का होना आवश्यक है। किंतु भारत की स्थिति ऐसी नहीं है। विविधता ही भारत की विशेषता है। अनेक भाषाएँ, अनेक धर्म, अनेक जन-जातियाँ, अनेक प्रकार का खान-पान—इन सबको मिलाकर भारत बना है। यूरोपियनों की भाँति भले ही हम एक नेशन स्टेट न रहे हों; किंतु हम पर शासन चलाने वाला देश ब्रिटेन यूरोप का ही एक खंड था और साथ ही साथ एक नेशन स्टेट भी था। इसलिए हमें भी अपने एक नेशन स्टेट बनने की संभावना से ही ब्रिटेन का सामना करना पड़ा।

फलस्वरूप यह तलाश शुरू हुई कि दरअसल हम कौन हैं ? बंगाल के महान लेखक बंकिमचंद्र ने अपनी इस तलाश में क्षत्रिय श्रीकृष्ण को एक आदर्श के रूप में पाया। उनका आदर्श-व्यक्ति दार्शनिक संत चैतन्य प्रभु के प्रेमी कृष्ण नहीं थे, बल्कि महाभारत के योद्धा श्रीकृष्ण उनके आदर्श व्यक्ति बने थे।

परंपराओं से चिपका हुआ भारत बंगाल के राजा राममोहन राय को निकम्मा लगा। उन्होंने यह महसूस किया कि आधुनिकीकृत भारत ही ब्रिटेन की बराबरी कर सकता है। इसलिए उन्होंने अंग्रेजी शिक्षा पर बल दिया और हिंदू धर्म को ईसाई धर्म के निकट लाने वाले सुधारों का सूत्रपात करते हुए ब्रह्मसमाज का निर्माण किया।

महाराष्ट्र में गरम-दल का कर्णधार बनकर तिलक ने ब्रिटेन का सामना किया। इस प्रकार का सामना करने के लिए कायर भारतीयों को संगठित करना आवश्यक मानकर उन्होंने 'शिवाजी' और 'गणेश' को प्रतीक बना लिया और पूर्ण 'स्वराज्यवादी' बन गए। हमने कभी इतना डटकर विदेशीयता का सामना नहीं किया था जितना यूरोप के ब्रिटेन के साथ करना पड़ा था। भारत में यवन देश का सिकंदर जैसे आया था वैसे ही लौटकर चला गया था। भारत पर बेशक कई विदेशियों ने आक्रमण भी किए; किंतु धीरे-धीरे

वे सब अपने बनकर बस गए। मुस्लिम पराए बनकर आए जरूर; किंतु भारत के ही बनकर बस गए। ब्रिटेन जो पराया था वह पराया बनकर ही रहा और भारत के ढाँचे को ही बदलने पर तुल गया। इस दबाव के परिणामस्वरूप जो तलाश शुरू हुई उसमें हम एक ओर सोद्देश्य हिंदू-धर्मी बनने की खटपट में लगे रहे और दूसरी ओर अंग्रेजों के रहन-सहन को आत्मसात करने की चेष्टा करते रहे। इस प्रकार आज भी हम अपनी अस्मिता की तलाश में एक ओर पक्का हिंदू बनने का प्रयास करने में लगे हैं तो दूसरी ओर आधुनिकीकृत यूरोपियन बनना चाहते हैं।

2

इस समस्या के संदर्भ में गांधी जी की प्रतिक्रिया बड़ी गंभीर है। सरसरी तौर पर जो अंतर्विरोधी जैसी लगती हैं, ऐसी उनकी तीन प्रतिक्रियाओं के माध्यम से मैं इसे जानना चाहूँगा। एक बार किसी ने गांधी जी से राजा राममोहन राय के बारे में उनकी राय पूछी। तब गांधी जी ने राजा राममोहन राय को एक बौना व्यक्ति बताया। इस प्रकार कहते समय बड़े विनय के साथ उन्होंने अपने आपको भी बौना कहा। गुरुदेव रवीन्द्रनाथ ठाकुर ने, जो गांधी जी को महात्मा मानते थे, इस बात पर क्रुद्ध होकर गांधी जी की कड़ी आलोचना की थी। गुरुदेव की उस आलोचना के प्रति गांधी जी की जो प्रतिक्रिया थी वह बड़ी महत्त्वपूर्ण है। गांधी जी ने प्रश्न किया था कि भले ही हमने अंग्रेजी भाषा का ज्ञान प्राप्त किया हो, फिर भी तुलसीदास और कबीरदास की तुलना में क्या राजा राममोहन राय और मैं, दोनों बौने नहीं हैं ?

एक अन्य संदर्भ में गांधी जी ने तिलक की अपेक्षा गोपालकृष्ण गोखले को अपना अधिक आत्मीय व्यक्ति बताया था, इतना ही नहीं बल्कि उन्हें अपना गुरु भी कहा था। तिलक हिंदू संस्कृति के पुनरुत्थानवादी महापुरुष थे। लेकिन गोखले संवैधानिक रूप से एक क्रम के अनुसार भारत की स्वतंत्रता चाहने वाले मितवादी थे। तिलक की तरह गोखले न तो गरम-दल के थे और न उनकी तरह उनका आकर्षक व्यक्तित्व था। गोखले जी को, जिन्होंने आधुनिकीकरण का कभी निराकरण नहीं किया था, अपना मार्गदर्शक चुनना गांधी जी की पहली प्रतिक्रिया का सरसरी तौर पर विरोधाभास-सा लगता है।

गांधी जी का एक और चयन भी इसी प्रकार बड़ा संदिग्ध है। उन्होंने अपने राजनीतिक उत्तराधिकारी के रूप में संप्रदायवादी राजा जी या सरदार पटेल जी का चयन नहीं किया। बल्कि खुद उन्होंने पंडित जवाहरलाल नेहरू को अपना उत्तराधिकारी बताया। सच है कि गांधी जी नेहरू के अत्यंत प्रिय व्यक्ति थे। लेकिन गांधी जी के सिद्धांतों से मूलतः अलग पड़ने वाले नेहरू राजा राममोहन राय की कोटि के व्यक्ति थे और आधुनिकीकरण में विश्वास रखने वाले थे।

इस प्रकार गांधी जी के इन तीनों चयनों में जिस अस्मिता की तलाश में भारत है, उसकी वास्तविक संदिग्धता समाहित है। आज हम सभी अपने जीवन में एक-न-एक प्रकार से इस संदिग्धता का सामना कर रहे हैं। यह उपनिवेशी ऐतिहासिक संदर्भ का परिणाम है। यूरोप ने हमें अपनी संस्कृति से मेल न खाने वाले आर्थिक और सांस्कृतिक ढाँचे में घेर रखा है। हमारे लौकिक हित के संदर्भ में ही नहीं, वरन् मानसिक विकास में भी यूरोप हमारा आदर्श बन चुका है। साथ ही साथ हमारे संकट के क्षणों में भारत की अनेक परंपराएँ हमारे अस्तित्व का निर्धारण करने वाली प्राण-शक्ति के रूप में दिखाई देने लगती हैं। ये जो परंपराएँ हमारे आत्मीय, हमारे लिए हितकारी तथा हमारी आकांक्षाओं को पूर्ण करने वाली हैं या इसी प्रकार अन्यान्य ऐतिहासिक संबंधों से बनी हुई हैं, उनके कारण अपनी चिंतन-प्रणाली में, अपने दैनंदिन व्यवहार में एकरूपता न पाकर हम उलझन में पड़ जाते हैं। ज़िद करके साग्रह इसे सुलझाया नहीं जा सकता। क्योंकि किसी अतिरेक में यदि हम राष्ट्र की कल्पना को कारगर करने निकलेंगे तो खतरे का सामना तो करना ही पड़ेगा, फिर अवैध रूप से आत्मवंचना की अवस्था को पहुँचना पड़ेगा।

3

धर्माचरण के संदर्भ में अतिरेक जैसी लगने वाली धारणा क्यों अवैधानिक बन जाती है—इसके बारे में अब विचार करेंगे।

इस्लाम धर्म का कोई व्यक्ति जो अपने धर्म का अक्षरशः पालन करने का दावा करता है, उसका अपने धर्मावलंबी लोगों की दृष्टि में प्रामाणिक व्यक्ति के रूप में दिखाई देना संभव है। किंतु, यह संभावना भी इस्लामी धर्मावलंबियों को धीरे-धीरे अधिक-से-अधिक बनावटी दिखाई देने लगी है। इजिप्त में मौलवियों के विरोध में जो लड़ाई छिड़ी है और पाकिस्तान तथा बांग्लादेश में जो जनतांत्रिक दबाव बढ़ने लगा है, इसी के उदाहरण हैं। सलमान रश्दी जैसे लेखक के लिए मृत्युदंड की घोषणा करने वाली इस्लामी धार्मिकता तथा उसकी ज्यादती कितने ही सहृदय, धर्मनिष्ठ मुसलमानों को भी बेहूदा लगी हैं। किंतु, हिंदू धार्मिकता को उतनी संभवनीयताएँ या शास्त्राधार प्राप्त नहीं हैं जितने ईसाई तथा इस्लाम धर्म को प्राप्त हैं। इसे हिंदू संस्कृति की विशेषता ही माना जा सकता है। फिर इस विशेषता में केवल उसकी अनन्यता ही नहीं वरन् उसकी बहुलता भी पाई जा सकती है।

मैंने अपने समूचे साहित्य में ऐसा कोई चित्रण नहीं देखा जहाँ किसी कट्टर सनातनी हिंदू को आदरणीय तथा आदर्श व्यक्ति समझा जा सके। मेरी धारणा है कि अपने पुराणों में ऐसा कोई प्रश्नातीत तथा द्वंद्वातीत सनातनी व्यक्ति है ही नहीं। तात्पर्य यह

कि जीवन-विधान में सनातनी होने के साथ-साथ उसी को प्रधान जीवन-दृष्टि बनाकर जीनेवाले आदर्श चित्रण हमारी साहित्य-परंपरा नहीं हैं। आधुनिक साहित्य में तो एक भी आदर्श सनातनी व्यक्ति दृष्टिगोचर नहीं होता। रवि बाबू के 'गोरा' उपन्यास में एक सनातनी महिला दिखाई पड़ता है। स्वप्रतिष्ठा वाले आधुनिक ब्रह्म-समाजियों की मंडली में उसके प्रति हमारे मन में कुछ सहानुभूति उत्पन्न होती है। किंतु, जैसे ही वह उनसे अलग होकर कुछ अधिकार पाती है वैसे ही वह असहनीय बन जाती है। संपूर्ण कन्नड़ साहित्य में तो मैंने किसी आदर्श सनातनी व्यक्ति का चित्रण नहीं देखा।

इसका क्या कारण हो सकता है ?

ईसाई धर्म में लूथर के आगमन से रेनेसां की शुरुआत होती है। इस्लाम में रेनेसां हुई ही नहीं—ऐसा कहने वाले भी हैं। लेकिन, भारतीय संस्कृति के संदर्भ में यह कहना असंभव है कि यहाँ कब से रेनेसां की शुरुआत हुई। प्रकृति की दैवी शक्ति की आराधना करने वाला पुराना वैदिक काल भी हो सकता है अथवा हमारा धर्म-विरोधी क्रांतिकारी कवि का आधुनिक काल भी हो सकता है। मुझे लगता है कि उपनिषद् का काल तो रेनेसां का अगला चरण है। अति प्राचीन भगवान बुद्ध, महावीर, लोकायत के कुछ कषाय गुण की मनोवृत्ति वाले चिंतक आदि सभी लोग रेनेसां के पुरुष लगते हैं। इतना ही नहीं बसव, कबीर, नानक, चैतन्य, तुकाराम, ज्ञानदेव—ऐसी क्रांतिकारी हस्तियाँ आज भी प्रासंगिक हैं। यूरोप की तरह भारत का मध्य-युग अंधकार का काल नहीं है। इस शब्द का प्रयोग ही हमें अपने यहाँ नहीं करना चाहिए। खैर, जब हम अपने समय की बात करते हैं तो परमहंस, रमण महर्षि, अरविंद, नारायण गुरु—इन सभी ने एक-न-एक प्रकार से मतीयता का विरोध ही किया। भारतीयों की दृष्टि में विश्वामित्र और वशिष्ठ के बीच जो संघर्ष चला उसका हीरो वशिष्ठ नहीं बल्कि विश्वामित्र ही है। विश्वामित्र गायत्री मंत्र के साथ पैदा हुए थे; सनातनी वशिष्ठ के प्रतिद्वंद्वी। ऐसे निरंतर रेनेसां की परंपरा में एक और महान दृष्टा का जन्म हुआ; वे हैं महात्मा गांधी। इसीलिए कट्टर सनातनी का भारत में पाया जाना वैधानिक मंतव्य नहीं हो सकेगा। यदि कोई ऐसा करने की चेष्टा करते हैं तो वे हिंदू संस्कृति को 'अब्रहामी' बनाने वाले बन जाते हैं। (यहाँ सेमेटिक शब्द के पर्याय रूप में 'अब्रहामी' शब्द का प्रयोग मैं अपने मित्र रामचंद्र गांधी की प्रेरणा से कर रहा हूँ। ईसाइयों का, यहूदियों का, मुसलमानों का मूल पुरुष 'अब्राहम' है। अब्राहम से उत्पन्न भाव अब्रहामी कहलाता है।)

सभी पंथ कालक्रम में मत-संप्रदाय बन जाते हैं। इस तरह सारे दर्शनों का कलुषित होना मानव नियति का लक्षण है। इसीलिए सारे देश में इस प्रकार के रेनेसां घटित होते ही आए हैं। हर दिन घर को झाड़-बुहारकर साफ़-सुथरा रखे जाने वाले गार्हस्थ्य कार्य को ही रेनेसां का पुनरुज्जीवन कहा जा सकता है। किसी राजनीतिक हेतु से वोट प्राप्त करने के लिए हिंदू संस्कृति में अंतर्निहित इस पुनरुज्जीवन शक्ति पर परदा डालना इसी कारण अवैध बन जाता है। किसी भी अतिवादी प्रक्रिया में अपने राष्ट्र-जीवन के तत्त्वों

को किसी एक ही मूल स्रोत से पाने का दुराग्रह गांधी जी ने इसी कारण छोड़ दिया था।

4

मनुष्य के मन में इस प्रकार के पुनर्चिंतन के लिए अपने आपको बार-बार पुनरुज्जीवित करने की शक्ति के पीछे कैसी प्रधान प्रेरणा हो सकती है ?

गांधी जी की बात यहाँ बहुत ही महत्त्व की है। गांधी जी ने पहले सारे संप्रदायवादियों की भाँति भगवान को सत्य माना था। तदुपरांत उन्होंने अपने विचार में संशोधन कर लिया–'सत्य ही भगवान है'। 'भगवान ही सत्य है' और 'सत्य ही भगवान है'–इन दोनों में जो अंतर है वह अधिक महत्त्वपूर्ण बन सकता है। यह वह अंतर है जो उधेड़बुन वाली धार्मिकता और उदार आध्यात्मिकता के बीच होता है। जो भगवान को ही सत्य मानता है उस व्यक्ति को अपने धर्माचरण में चित्रित भगवान को ही एकमात्र सत्य मानना सहज स्वाभाविक है। जब अपने भगवान को ही एकमात्र सत्य मान लिया जाता है तब अन्य सारे भगवानों को झुठलाने वाली दलील अगला कदम बन जाती है। यह 'रूढ़िवाद' (Fundamentalism) के लिए कारणीभूत बनता है।

जो 'सत्य को ही भगवान' मानता है उस व्यक्ति को निरंतर शोधात्मक मनःस्थिति रखनी पड़ती है। उसके लिए केवल अपने पूर्वजों से प्राप्त शास्त्र ही पर्याप्त नहीं होता। अपनी तत्कालीन अनुभूति भी 'शास्त्र' के समान ही महत्त्वपूर्ण बन जाती है। शास्त्रों की दृष्टि से अपने वर्तमान की समीक्षा के साथ-साथ अपनी वर्तमान अनुभूति द्वारा शास्त्र की मौलिकता के बारे में भी प्रश्न उठाते रहना पड़ता है। इस तरह एक-दूसरे का सामना करते हुए निरंतर अस्तित्व की तलाश में इस प्रकार का मन उलझा रहता है। गांधी जी का भी यही मनोधर्म था; इसी कारण राजा राममोहन राय को उन्होंने बौना बताते हुए भी उदारवादी गोखले को अपना गुरु माना है और तिलक जी की उग्रवादिता को अपने कार्य-विधान में स्थान नहीं दिया है।

सारे मनुष्यों को इस संसार में रहते हुए ही संपूर्ण सत्य का साक्षात्कार करना पड़ता है। किसी भी स्थिति में हमें इस दुनिया की समस्याओं से भागना नहीं है। हमारी किसी भी अवस्था में इस सांसारिक स्थिति से छुटकारा नहीं। निर्विकल्प-समाधि भी इस संसार में रहकर पाई जाने वाली अवस्था है। इसीलिए 'सत्य को ही भगवान' मानने वाला मन धार्मिकता को आध्यात्मिकता में परिवर्तित कर देता है। 'पंथों' के कल्मषों को खोकर 'पथ' की गवेषणा में मन लग जाता है।

5

भारत एक ऐसी जगह है जहाँ सारे पंथ अपनी कट्टरता का निवारण करके वर्तमान स्थिति के साथ स्पंदित होने की चेतना पा सकते हैं। इस्लाम जो भारत में बुतपरस्ती का विद्वेषी बनकर आया, वह धीरे-धीरे सूफ़ी संप्रदाय की प्रेमनिष्ठ अनुभूति के लिए जगह बना देता है। गांधी जैसे व्यक्ति में ईसाई धर्म पुनः अपने ईसा मसीह को पाता है। करोड़ों देवताओं की पूजा करते हुए भी भारत अद्वैत सिद्धांत को महत्त्व देता है; ईसा और मुहम्मद दोनों पर निछावर होकर नानक, कबीर और गांधी जैसी महान हस्तियों को जन्म देता है। इसलिए ईसाई धर्म और इस्लाम धर्म ने भारत में जितना वैभवशाली स्वरूप पाया है उतना अन्य किसी भी देश में नहीं पाया। अपने से भिन्न एक अन्य बड़े धर्म के साथ सहजीवन बिताने की अनिवार्यता इन धर्मियों को और कहीं नहीं आई। 'सत्य ही भगवान है' इस मान्यता वाले प्रश्न के सामने अपने आपको समर्पित क़रके, अपने-अपने शास्त्रों के दायरे में ही, कभी-कभी इस दायरे का उल्लंघन करके भी भारत जो सत्यान्वेषण की प्रयोगशाला बना है, वह कहीं अपने स्वरूप को ही खो न बैठे इस भयाकुलता में मेरी चिंतनधारा बह रही है।

किंतु, मेरा विश्वास भी है कि ऐसा कभी नहीं होगा। इस विश्वास का कारण है—'अनेकता' जो हमारे देश की संस्कृति की विशेषता कही जा सकती है।

(अनु.—नंदकुमार हेगड़े एवं प्रो. नूरजहाँ बेगम)

शासन और विकेंद्रीकरण

मानव-जाति के लिए एक व्यवस्था का निर्माण करके कानून बनाकर रहने की अनिवार्यता क्यों आ पड़ी, इस संदर्भ में भगवान बुद्ध द्वारा कही गई एक दृष्टांत-कहानी है। मुझे लगता है कि किसी व्यवस्था के मूल का कारण बनने वाली पुराणों की सारी कहानियों की अपेक्षा यह दृष्टांत-कहानी अधिक गहरी अंतर्दृष्टि रखती है। अनादि काल से भूलोक के निवासियों की ऐसी धारणा रही है कि बहुत पहले कोई एक आदर्श-काल था जो वास्तव में सच है। बिना किसी रोक-टोक के सभी लोग अपने आपमें संतुष्ट थे और परस्पर विश्वास के साथ जीते थे। उन दिनों सारे भूमंडल पर, जिस प्रकार दूध पर मलाई जमती है उसी प्रकार हर सवेरे लोगों के पोषण के लिए आवश्यक आहार का उद्‌भव हो जाता था। हर व्यक्ति प्रातः उठकर अपनी-अपनी आवश्यकता के अनुसार चुनकर खा लेता और सुख से जीता था। इस प्रकार के सुख-समृद्धि के दिनों में ही किसी की लालसा जगी, 'कल के लिए आज ही क्यों न सब कुछ जमा करके रख लूँ'। इस प्रकार उसने उस दिन की आवश्यकता से धरती की दुगुनी संपदा उठाकर रख ली। इसे देखकर दूसरे ने तीन गुना, तीसरे ने चार गुना और एक ने दस गुना रख लिया; फिर तो लोगों में होड़-सी लग गई। धरती माँ से जो अपने आप मिला करती थी वह खुराक ग़ायब हो गई। अतः जुताई, बोआई करके फसल उगाना अनिवार्य हो गया। तब लोगों ने मिलकर सोचा और अपना एक मुखिया चुना और निर्णय लिया कि उस मुखिया के आदेशानुसार वे सब अपनी आवश्यकता के अनुसार धरती की उपज को लेकर बिना किसी कलह के रहेंगे। भगवान बुद्ध के अनुसार, इस प्रकार सारी व्यवस्था को सुचारु रूप से चलाने के लिए एक शासन की शुरुआत हुई। आज भी यही कहानी इसी सच्चाई के साथ प्रस्तुत है।

X X X

शासन अक्सर एक समस्या ही है। यह या तो आवश्यकता से अधिक होता है अथवा शक्तिहीन होकर अराजकता का कारण बन जाता है। विडंबना यह है कि शासन का आवश्यकता से अधिक होना भी विरोध का कारण बन जाता है और अराजकता पैदा होती है। उन्नीसवीं सदी के उत्तरार्द्ध में साहित्य प्रेमी सज्जन मैथ्यू अर्नोल्ड ने इसके बारे में सिर खपाकर लिखा है। उनकी पुस्तक Culture and Anarchy मुझे कभी बहुत

अच्छी लगी थी, वह आपातकाल का समय था। मैं मैसूर के मानस-गंगोत्री में तत्कालीन परिस्थिति की समीक्षा के लिए बड़े मनोयोग के साथ इस पुस्तक का उल्लेख किया करता था। उन दिनों के विद्यार्थी आज भी इस बात का जिक्र करते हैं। अर्नोल्ड अपने समय की अराजकता से भयभीत थे। प्रायः हद से कुछ ज्यादा ही डरे हुए लगते थे। क्योंकि, जब हम उस समय की परिस्थिति के बारे में सोचते हैं तो पता चलता है कि ऐसी कोई खास अराजकता उन दिनों नहीं थी। अर्नोल्ड के भय का केवल यही एक कारण था कि मतदान के हक़ से वंचित आम जनता ने क्रुद्ध होकर हैडपार्क का बाड़ा उखाड़कर फेंक दिया था। अब, जब कि विक्टोरिया के सुभिक्ष काल में भी लोगों का इतनी यातनाएँ सहकर भी चुप्पी साधे रहना अचरज की बात लगती है। स्त्रियाँ, श्रमिक और टैक्स की सीमा के बाहर की आम जनता यदि अपने हक़ के लिए न लड़ी होती तो ब्रिटिश साम्राज्य प्रजातांत्रिक रूप से विकसित न होता। अर्नोल्ड का भय कुछ सीमा तक भले ही एक मज़ाक जैसा लगता हो; किंतु, इतना बड़ा प्रतिभाशाली मेधावी व्यक्ति भी अपनी वर्ग-चेतना से हटकर यथार्थ को ग्रहण नहीं कर सका, इस बात का पता आज चलने लगा है।

फिर भी अर्नोल्ड की नई अंतर्दृष्टियाँ मुझे उन दिनों भी महत्त्व की लगी थीं। उनके अनुसार, अराजकता के उत्पन्न न होने का सही उत्तर लोगों का अधिक सुसंस्कृत होना है। अर्थात्, अन्य लोगों के साथ मिल-जुलकर रहने का तात्पर्य केवल अपनी सुविधा की दृष्टि से नहीं, बल्कि, मनुष्य की अपनी कल्पना-शक्ति के सहज विकास को भी बनाए रखना होता है। मानव को चाहिए कि वह प्रयोजन वाली स्वार्थपरक दृष्टि से ऊपर उठे और परार्थ-चिंतन को ही मन का सहज स्वयं-स्फूर्त व्यापार बना ले; फिर उसी में संतुष्ट होने की प्रवृत्ति को आत्मसात् कर ले। यह बेन्यामिन के प्रयोजनवादी (Utilitarian) सिद्धांत से भिन्न दृष्टि है। मनुष्य के भावना-लोक की संभावनाओं को देखने की अर्नोल्ड की दृष्टि ही भिन्न है। अराजकता को रोकने का हल अत्यधिक नियंत्रित शासन द्वारा संभव नहीं है। मनुष्य की स्थिति ऐसी बौनी नहीं है कि वह केवल भली और उपयोगी चीज़ों को ही समझती हो। पापभीरु, सज्जन एवं रसिक अर्नोल्ड ने इस महान सत्य को एक भावुक के रूप में पहचान लिया था। ऐसी संस्कृति में, जो केवल विकासशील अवस्था में ही पक सकती हो, उसमें अपने समय के तत्कालीन आतंकों के लिए कोई आनन-फानन उत्तर न पाकर उसने समर्थन किया था कि तत्कालीन परिस्थिति में अराजकता का दमन करने के लिए अपने देश की सरकार के लिए बल का प्रयोग करना ही उचित होगा।

मेरी वह आलोचना याद हो आती है जब मैं कहा करता था कि यह उस आदमी के पशोपेश की स्थिति से उत्पन्न अकारण भय है जो राजनीति की प्रक्रिया में स्वयं जूझा न हो। तिस पर भी अर्नोल्ड का निराकरण करना संभव नहीं था क्योंकि उन्होंने अपने समाज को तीन भागों में बाँटा था। अपने समकालीन श्रमिकों को उन्होंने 'पाप्यलेस' नाम दिया था। वे अज्ञानी थे, फिर भी विकासशील होने का भविष्य रखते थे; खुले दिल

के लोग। जिस मध्य-वर्ग के वे थे उस मध्य-वर्ग के लोगों को उन्होंने 'फिलिस्टैन' नाम दिया था। इन 'फिलिस्टैन' लोगों की धारणा थी कि अपना बड़प्पन अपनी मिल्कियत में है। अमीर बनने के लिए निरंतर परिश्रम करते थे। ऐसे लोग जितने दुनियादार होते हैं उतने ही मदांध भी होते हैं। पुण्य और धर्म—इन दोनों को पाने के लिए निरंतर परिश्रम करते हुए—अर्थात् दैवी श्रद्धा को भी एक कमाई समझकर—संस्कृति से विमुख होकर ये लोग जीते हैं। अर्नोल्ड की कटु आलोचना इन्हीं लोगों के प्रति है। (हमारे समय में उभरे हुए मैनेजमेंट लोगों का स्मरण कर लीजिए।) तीसरा वर्ग इंग्लैंड का पैदाइशी अमीरों का होते हुए भी बार्बेरियन है। ऐसे संस्कृतिहीन लोग, जो किसी की समझ में नहीं आ सकते और अपने आपके लिए भी निरर्थक बने हुए, सदा कुड़बुड़ाते हुए जिए जाने वाले लोग होते हैं। घोड़ों पर सवार होकर हो-हल्ला मचाते हुए निरीह सियारों का शिकार करना इनकी आदत होती है। अपने शरीर को बढ़ाकर मुष्टंडा बनाने की इनकी स्वशरीर-आराधना होती है। इन तीनों वर्गों के विश्लेषण में अर्नोल्ड ने जो अधिक गहराई से कड़वी आलोचना की है वह अपने और अपने समय के उन मध्य-वर्ग के लोगों के प्रति है जो बेहद बकवादी थे।

X X X

इधर, कन्नड़ में हम कुछ लोगों ने शासन की बहुत ही उलझी हुई समस्या के बारे में चर्चा करना शुरू कर दिया है। किंतु, हमारी दलीलें अभी जड़ नहीं जमा पाई हैं। हम इस बात को आशंका की दृष्टि से देखने लगे हैं कि सारा देश एक शक्तिशाली शासकीय व्यवस्था की छत्रछाया में रहे। यह आशंका उचित भी है। यदि सारे भारत देश ने एक होकर सोचा न होता तो हम अंग्रेजों से मुक्त नहीं हो पाते। महायुद्ध के बाद भले ही अंग्रेजों को ऐतिहासिक, अनिवार्य कारणों के फलस्वरूप भारत छोड़कर चले जाना पड़ा हो; फिर भी हमें कुछ दुष्ट राजाओं तथा मनचले सामंतों के शासन में रहना पड़ता था। एक और महत्त्व की बात कहनी है : सारे देश ने अपने अंधविश्वासों से ऊपर उठकर, सदियों की मूर्खता को हटाकर यदि अस्पृश्यता को अनैतिक और गैर-कानूनी घोषित नहीं किया होता तो आज हमारी क्या दशा हुई होती ?—सोचने की बात है। भारत में एकमत द्वारा जिस शासन की सृष्टि हुई है केवल उसी से यह संभव हो सका है। वरना संविधान का हवाला देते हुए, यह बहाना बनाकर कि धर्माचरण के मामले में सरकार दखल नहीं दे सकती, प्रायः हम निर्वीर्य बनकर हाथ झाड़कर बैठे रहते। हमारी आज की हालत ऐसी बनी है कि किसी भी अहम मामले में हम सर्वानुमत का कोई निर्णय लेने की स्थिति में नहीं हैं। अपने देश की नैतिकता की रक्षा के लिए भारत की एकता बेशक बहुत जरूरी है। इसका मतलब यह नहीं कि सभी प्रांतीय अधिकारों को छीनकर अपनी चमचागिरी करने वाले लोगों को उन राज्यों के मुख्यमंत्री नियुक्त करके केंद्रीय सरकार सारे देश को निर्वीर्य बना दे। केंद्रीय सरकार के इसी रवैये के कारण पंजाब, असम, मिजोरम, नागा आदि गिरिजन प्रदेशों तथा कश्मीर आदि की समस्याएँ पैदा हो गई हैं।

इसीलिए गांधी जी और जयप्रकाश नारायण द्वारा प्रतिपादित 'विकेंद्रीकरण और ग्राम-राज्य' तथा लोहिया द्वारा प्रतिपादित 'चतुस्तंभ राष्ट्र-सिद्धांत' को हम भारत की एकता की सफलता की कुंजी मानते हैं।

मेरे कई समकालीन गणमान्य मित्रों की धारणा है कि भारत की एकता को बनाए रखना और भारतीय शासन में विकेंद्रीकरण की व्यवस्था को कारगर बनाने की कोशिश करना—दोनों एक ही हैं। हमने अपनी इस आस्था को अपने आपमें और भी अधिक स्पष्ट करने के लिए जब कभी आशंकाएँ उठाईं, हम अजीब-सी उलझनों में फँसते गए हैं। अयोध्या की घटना के बाद परोक्ष रूप से संभवतः बहुत सारे लोगों ने समझ रखा है कि हिंदुत्व ही हमारी एकता का आधार है। किंतु, बहु-भाषा एवं बहु-संस्कृति वाले इस देश में ऐसा कोई भी प्रयत्न एकाध माह-भर की अवधि में ही देश की असुरक्षा का कारण बन सकता है, इसमें संदेह नहीं। केवल सुरक्षा ही नहीं वरन् सदा-सर्वदा जो हमारे स्नेह और सृजनशीलता के लिए पोषक बनी हुई है, अपने देश की वह समृद्ध 'अनेकता' भी इससे नष्ट हो जाएगी और केवल हिंसा द्वारा एकता को बनाए रखने की बर्बरता में सारा देश कराहने लगेगा। जब हम कहते हैं कि 'अनेकता में एकता हमारे देश की विशेषता है' तब भले ही यह बात घिसी-पिटी-सी लगती हो; किंतु, उसमें सचाई है। हमें पूरा-पूरा यकीन हो चुका है कि इस सचाई का अहसास हमें किन परिस्थितियों में होता है। जब हम सोद्देश्य बलपूर्वक एकता को थोपने की चेष्टा करते हैं तब अनेकता की शक्तियाँ जहाँ-तहाँ भड़कने लगती हैं; और इस बात का अहसास होने लगता है कि 'अनेकता' ही एकमात्र सत्य है। इसी भाँति अनेकता को ही अपने देश की विशेषता मानकर जब कभी भारत के विभिन्न प्रांत स्वायत्त होकर अलग होने की चेष्टा करते हैं, तब हमें अपने देश की उस समूची संस्कृति का ऐतबार होने लगता है जिसे स्पष्ट शब्दों में कहा तो नहीं जा सकता; किंतु, वह अंतर्गामिनी बनकर बहती रहती है। इसका तात्पर्य हुआ कि यह हमेशा अतिरेक और अतिक्रम की अवस्था में हमें अहसास होने वाला सत्य है। अतः देश की सुरक्षा के लिए भी इस अनेकता में एकता वाली धारणा की आवश्यकता है और अपनी संस्कृति के विकास के लिए भी। इसीलिए कहा जाता है : If we don't decentralise we will balkanise. रोम के पोप की फौलादी पकड़ से छूटकर यूरोप इसी तरह छिन्न-भिन्न हो गया। इसी भाँति जब हम कहते हैं कि यदि हम भी भारतीय शासन का विकेंद्रीकरण नहीं करेंगे तो टूट जाएँगे, तब हमें इस विकेंद्रीकरण के पीछे काम करने वाली प्रेरणाओं एवं शक्तियों को भी तत्काल समीक्षात्मक दृष्टि से देखना पड़ेगा।

X X X

जब हम इस प्रकार का अवलोकन करने लगते हैं तब हमें पशोपेश में डालने वाले एक सत्य का दर्शन करना भी आवश्यक हो जाता है। उदाहरण के लिए, अपने जायके की विविधता को ही लीजिए। हमारे खान-पान में विविधता है। गेहूँ, चावल, मडुआ, ज्वार,

बाजरा आदि। जिस प्रकार प्रदेश के आधार पर, जाति के आधार पर ये विभेद पाए जाते हैं उसी प्रकार तेलों के उपभोग के आधार पर भी हम अपने देश को विभाजित कर सकते हैं; तिल, सरसों, नारियल, मूँगफली आदि के उपभोक्ता प्रदेशों के रूप में। केवल भाषा ही हमारी विशेषता का आधार नहीं; दक्षिण कन्नड़ जिले के लोग कन्नड़-भाषी होने के नाते गुलबर्गा जिले के निकट पड़ते हैं; किंतु, नारियल के तेल के उपभोग में, खान-पान में और भूताराधना, यक्षगान की परंपरा में वे मलयाली-भाषी लोगों के निकट पड़ते हैं, जो हमारे भाषी अर्थात् कन्नड़-भाषी नहीं हैं।

इस देश की संस्कृति की बहुलता के लिए जाति और उपजातियाँ भी कारणीभूत हैं। हर जाति के अपने-अपने रीति-रिवाज़, अपने-अपने अलग-अलग देवी-देवता हैं। रहन-सहन, वेश-भूषा से लेकर शादी-ब्याह और अंतिम संस्कार तक, यही नहीं, बल्कि प्रातर्विधियों में भी एक जाति दूसरी जाति की तरह नहीं है। हमारी कई वृत्तियों के लिए तथा उनके तकनीकी ज्ञान की निरंतरता के लिए जाति से बँधे रहना जरूरी है। आज देश की संपत्ति का किन-किन में कितना-कितना बँटना न्यायोचित है, इस महत्त्वपूर्ण नैतिक और कानूनी प्रश्न के लिए भी जाति को ही आधार बनाया गया है न कि किसी भी आधुनिक आर्थिक परिकल्पना को। अपने देश की अनेकता को बनाए रखने के लिए जब हम निरंकुश शासन का सामना करते हैं तब इन जातियों के फलस्वरूप उत्पन्न अनेकता की सचाई की उपेक्षा नहीं कर सकते। लेकिन हमारी वैचारिकता, कल्पना-शक्ति, संवेदना और स्नेह का आकर्षण—सारांशतः हमारे चेतनाशील जीवन को कुंठित करने वाली भी यही जाति-प्रथा है जो अनेकता के लिए कारणीभूत बनी है। मनुष्य अपनी जड़ अवस्था का जिस प्रकार भारत में अतिक्रमण करता जा रहा है—प्रायः यह बात सार्वकालिक सत्य हो—उसी भाँति उसे चाहिए कि वह अपनी जातीयता की परिसीमा से भी मुक्त हो जाए। इस बात में सचाई है कि केवल युवक और युवती के आपसी प्रेम के संदर्भ में ही नहीं वरन् भगवान से गहरा लगाव हो जाने पर भी जातियाँ बनावटी लगती हैं। ऐसा कोई मासूम व्यक्ति आज भारत में महान लेखक, कलाकार, चिंतक या दार्शनिक नहीं बन सकता जो अपनी-अपनी जाति के दायरे में बिना कोई प्रश्न उठाए जिए जाता हो। जब अपने बच्चे पराएपन के आकर्षण में फलने-फूलने लगते हैं तब वह एक अच्छा बाप भी नहीं बन सकता। अतः अपनी जाति के सारे व्यामोहों से मुक्त ऐसा कोई साबूत प्राणि भारत में नहीं पाया जाता। यदि पाया भी जाता है तो उसे एक खासियत माननी होगी। भारत में ऐसा व्यक्ति या तो अवधूतपन की चरमावस्था में या स्वदेशीयता को त्यागकर यूरोपीकरण में अथवा अंतर्जातीय विवाह में घिसते रहने वाली आधुनिकता में पैदा हो सकता है।

हमारी कामना है कि सारी जातियाँ विनष्ट हों, हम संवेदनशील बनें, सूक्ष्म-ग्राही बनें, प्रेम के लिए उन्मुक्त होकर खुले हृदय से मनुष्य बनें। लेकिन यह कामना विपर्यास में बदल सकती है। आज की निर्मम सर्व-भक्षक विश्वजनीनता की प्रक्रिया में जाति-भेद क्रमशः उलझनें बनकर खड़े हो जाएँगे और हम बिन-चेहरों वाले, समान रुचि रखने वाले

हमशक्ल लोग बन जाएँगे। इसके प्रतिरोध में पीछे हटना भी सामूहिक रूप से असंभव-सा लगता है। यदि संभव होगा भी तो हम निरंतर प्रतिरोध में विकृत होकर घर के न घाट के बनकर अतीत के घूरे पर जीने वाले संवेदनाहीन प्राणी बनकर रह जाएँगे। इसलिए हमारे सम्मुख जो आतंक है वह यह कि जाति-व्यवस्था के कारण जो सांस्कृतिक एकता आज तक बरकरार है उसे अपनी दैनंदिन की जीवन-शैली में खोने न दें; फिर भी, हमें पंगु बनाने वाली जातीयता की ओछी कल्पनाओं से बाहर निकलकर, अपनी स्मृति के सातत्य को कायम रखते हुए आधुनिक और संवेदनशील मानव हम कैसे बन पाएँगे ? यही आज की महत्त्वपूर्ण चर्चा का विषय है। लोहिया की एक बात याद हो आती है : जब हम यूरोप का विरोध करने लगते हैं तब हमारे सनातनी जैसे दिखाई देने का खतरा होता है और जब सनातनियों का विरोध करने लगते हैं तब यूरोप के बंधक के रूप में दिखाई देने का खतरा होता है। केवल दलीलों द्वारा मात किए जाने वाला खतरा यह नहीं है; चिंतन के द्वारा भी नहीं। किंतु, यह अपने समय का एक चमत्कार है, जिसे हम अपनी दैनंदिन सृजनशीलता द्वारा मात दे सकते हैं। हमें जो व्यक्ति आधुनिक युग में ले आया वह घुटनों के ऊपर धोती पहनने वाले, हर प्रातः भक्ति-भाव से गीता, कुरान, बाइबिल का पठन करने वाले गांधी जी थे। नेहरू भी उन्हीं की उपज थे।

X X X

न जाने ये टिप्पणियाँ कहाँ-कहाँ भटकते निकली हैं; इनके अंतराल के आशयों को निम्नांकित वाक्यों में इस प्रकार संग्रह किया जा सकता है :

1. हमें चाहिए कि अपनी-अपनी भाषाओं को त्यागे बिना हम सारे संसार के साथ स्पंदित होने की क्षमता प्राप्त करें।

2. हमें सर्वसम्मति से ऐसे शासन का अधिकार चाहिए जो हमारे भारत की एकता की रक्षा कर सके और छुआछूत, हिंसा, मतांधता जैसी बुराइयों का मूलोत्पाटन कर सके।

3. जातीयता से उत्पन्न होने वाली क्षुद्रता का समापन हो जाए और हमारी एकता की सारी विशेषताएँ सृजनशील बनकर विकसित होती जाएँ तथा इस विकास में भारत का परमोच्च शासन विकेंद्रीकृत होकर हमारी राज्य-व्यवस्था बहु-केंद्रित बन जाए।

4. शासन का भय घटता जाए और हम स्व-प्रेरणा से काम करने वाले नागरिक बन जाएँ।

5. हममें ऐसे उन्मुक्त संवेदनशील संसार का निर्माण करने की ललक होनी चाहिए कि संसार का कोई भी व्यक्ति स्वेच्छा से कर्नाटक वाला बन सके और उसी तरह कर्नाटक का कोई व्यक्ति संसार के किसी भी प्रदेश वाला बन सके।

तात्पर्य यह कि बुद्धदेव की कथा के अनुसार जितनी आवश्यकता हो उतना ही इस धरती से पाकर उपभोग करने वाले लोग हमें बनना होगा।

(अनु.—नंदकुमार हेगड़े एवं प्रो. नूरजहाँ बेगम)

स्वदेशीयता और सार्वत्रिकता

अफ्रीका के महत्त्वपूर्ण उपन्यासकार, समीक्षक चिनुवा अचिबे के साथ एक अंतरंग बातचीत

अनन्तमूर्ति : आपके 'थिंग्स फॉल अपार्ट' उपन्यास की निरूपण तकनीक से शुरुआत करें; यहाँ का निरूपक एक स्तर पर ऐसा लगता है मानो पादरी रेवरेंड् स्मिथ के उत्साह की अतिरेकता पर टिप्पणी करने वाला निष्ठावान ईसाई रहा हो। दूसरे स्तर पर जब कहता है कि 'धर्मनिष्ठ लोगों की गुदड़ी में विवेक का उदय हुआ। फलस्वरूप अनेक जीवियाँ बच गईं' तब ईसाई धर्म के बारे में ताने कसने लगता है। अपने इन दृष्टिकोणों की जो छलाँगें दिखाई पड़ती हैं, उनकी आप कैसी व्याख्या करते हैं ?

चिनुवा अचिबे : निरूपक के व्यक्तित्व के बारे में मुझे स्वयं ही कोई ठोस विश्वास नहीं है। हाँ, सच है कि कहीं-कहीं इस तरह की छलाँगें जरूर हैं। एक प्रधान निरूपक भी है जो पीढ़ी के बुजुर्ग विवेकशाली की आवाज़-सा जान पड़ता है। साथ ही साथ बीच-बीच में झाँकने वाली अलग आवाजें भी वहाँ मौजूद हैं।

अनन्तमूर्ति : इतना ही नहीं, शायद वहाँ एक सुशिक्षित अजनबी समीक्षक की आवाज भी है जो कहती है कि अफ्रीका के विरोध में जो आक्रमण हुआ वह शिक्षा, पैसे और धर्म के बूते पर ही सफल हो सका।

अचिबे : काम करने की प्रज्ञा भूतकाल से, परंपराओं से निकलकर वर्तमान में बदलती जाती है। मुझे यहाँ लगता है कि यह प्रज्ञा कई स्तरों वाली होती है। पुराने संप्रदाय से जुड़े हुए लोग भी आज हैं, यूरोप की प्रज्ञा से चिपके रहने वाले भी हैं। इसी प्रकार कहानी की गति के साथ आगे बढ़ने वाले भी हैं। उपन्यास में इन सबको समाहित करते हुए तत्कालीन स्थायी भावों को प्रतिबिंबित करने वाली एक उन्मुक्त ध्वनि भी है। यह ध्वनि तत्कालीन घटना से प्रभावित होती है। अतः वह अपने स्थायी स्वरूप में ही जड़ीभूत बनकर नहीं रह पाती। फिर वहाँ एक समुदाय की मौन गतिशीलता भी है। भले ही इस समुदाय की गति चाहे कितनी ही क्षीण क्यों न हो, फिर भी सचाई यह है कि वह

किसी-न-किसी दिशा में गतिमान तो अवश्य है।

अनन्तमूर्ति : इस प्रकार की निरूपण शैली आधुनिक उपन्यास की अपेक्षा महाकाव्यों में कहीं अधिक प्रयुक्त होती है...

अचिबे : हाँ, ठीक है। यहाँ रचनाकार की अवाज कहीं बाहर की नहीं है, बल्कि उसी के साथ साझीदार बनने वाली है।

अनन्तमूर्ति : उपन्यास में बताया गया है कि 'ओकोंको' (कथानायक) का बेटा नोये ईसाई कविताओं से प्रभावित होकर ईसाई धर्म की ओर आकर्षित हो जाता है। बलिदान के नाम पर इकेमेह्यून् की जो निर्ममता से हत्या होती है और उस हत्या से जो प्रश्न उठता है उसके लिए वह ईसाई धर्म में एक प्रकार का हल ढूँढ़ लेता है। यह हत्या धार्मिक आचरण के अनुसार भले ही समर्थनीय हो, किंतु, मानवीयता की दृष्टि से अपराध ही है। इसलिए ओकोंको भी कई दिनों तक मानसिक क्षोभ का शिकार हो जाता है। फिर भी उसे यह चिंता सताती रहती है कि उसका बेटा भी अपने बाप की तरह कहीं क्लीव तो नहीं बन गया, अपनी प्रजाति के पौरुषेय मूल्यों से वंचित तो नहीं रहा। सारांशतः आप यह बताते हैं कि ईसाइयों के पदार्पण के पहले से ही इस प्रजाति में काफी उथल-पुथल थी। उस उथल-पुथल को ये धर्म-प्रचारक केवल तूल देने का ही तो काम करते हैं। ठीक है न ?

अचिबे : आपकी समीक्षा बिलकुल ठीक है। मैं तो यह कहना भी नहीं चाहता था कि वह संस्कृति, सभ्यता अत्यंत परिपूर्ण थी, परिपक्व थी और संवेदनाहीन विदेशी आक्रमणकारियों के हाथों ध्वस्त हो गई। मेरी यही दलील रही है कि सांप्रदायिक जीवन में पहले से ही दरारें थीं। इसीलिए ईसाई धर्म का उस हद तक अपना प्रभाव डालकर सफलता पाना संभव हो सका। संस्कृति सभी को सुख-संतोष और सुरक्षा नहीं दे पाई थी। इसलिए यहाँ के अतृप्त लोगों ने ही नई व्यवस्था को अपनाने की पहल की।

अनन्तमूर्ति : आपने अपने उपन्यास में बताया है कि ईसाई धर्म के आक्रमण के पहले से ही यह प्रजाति अपने से भी उदार अन्य प्रजातियों के विधि-विधानों की चर्चा किया करती थी। इसका मतलब यह हुआ कि वे पहले से ही औरों के विधि-विधानों के संपर्क में आ चुके थे। इससे यह बात स्पष्ट हो जाती है कि भीतर ही भीतर एक प्रकार की गतिशीलता थी। कहीं आपकी यह धारणा तो नहीं है कि अफ्रीका की सभ्यता इस मार्ग से चलकर धीरे-धीरे विकसित हो सकती थी ?

अचिबे : हाँ, ठीक है। अफ्रीका की सभ्यता विकास-पथ पर थी। भिन्न-भिन्न स्थानों में लोग एक साथ कुछ अलग-अलग नतीजों पर आ जाते थे।

ऐसे संदर्भों में सभ्यता की वृद्धि क्रांतिकारी होने के बदले विकासशील बनती गई। ईसाई धर्म का इसमें पदार्पण होने के कारण उसकी गति में क्रांति का समावेश हो गया।

अनन्तमूर्ति : साथ ही साथ कुछ भ्रष्टाचार भी...

अचिबे : क्रांति का मतलब यह तो नहीं कि केवल अच्छाई ही हो। क्रांति का मतलब परिवर्तनमात्र है। इसमें अच्छाई की अपेक्षा बुराई की मात्रा ही अधिक हो सकती है। हमारे यहाँ की दूसरी पीढ़ी को भ्रष्टाचार का विराट दर्शन हो चुका है। दरअसल सचाई यह है कि भ्रष्टाचार जो हमारी पीढ़ी की जड़ में अनुस्यूत हो गया है उसके स्पर्श से हम अब तक अपने आपको सँभाल नहीं पाए हैं। यहाँ एक बात हुई है; इन लोगों को अपने इतिहास से ही उखाड़कर एक अलग प्रजाति के इतिहास से जोड़ दिया गया है। वहाँ ये लोग 'फुटनोट' मात्र बनकर रह गए। तब ये लोग बेबाक निर्णय लेने की आजादी से वंचित हो गए। इस प्रकार की परिस्थिति भ्रष्टाचार के लिए, गैर-जिम्मेदारी के लिए रास्ता बना देती है...हमारी सभ्यता पर विदेशी आक्रमणों के परिणामों की व्याख्या करने का यह मेरा अपना ढंग है।

अनन्तमूर्ति : एक लेखक के नाते मैं भी एक गंभीर समस्या का सामना कर रहा हूँ, जिसकी प्रस्तावना के रूप में यह प्रश्न पूछ रहा हूँ–जब हम उन्नीसवीं सदी के भारत की स्थिति पर नजर डालते हैं तो पाते हैं कि राजा राममोहन राय जैसे एक बुद्धिजीवी व्यक्ति अंग्रेजी शिक्षा-पद्धति को अनिवार्य मानकर चले थे। उनका मानना था कि अंग्रेजी के बिना भारत की प्रगति असंभव है। आज भी हममें से कई लोगों ने इसी विश्वास को बनाए रखा है। पश्चिम के प्रति हमारी इसी प्रकार की प्रतिक्रिया है। लेकिन इसी संदर्भ में हम जानते हैं कि भारत भी अपने ही ढंग से परिवर्तन को अपनाते हुए चला था। प्राचीन भारत में और मध्य-युगीन भारत में बुद्ध, बसवण्णा जैसे कई महात्माओं ने जड़ीभूत रूढ़ियों एवं मान्यताओं के प्रति विद्रोह किया था। इसके बावजूद भी राय साहब ने यह विश्वास कर लिया था कि केवल पश्चिमी दुनिया ही भारत की रक्षा कर सकती है। इस विचार ने हमारे मन में एक प्रकार के द्वंद्व एवं उलझन को जन्म दिया था। यही नहीं बल्कि, इस द्वंद्व से हम कभी मुक्त हो ही नहीं पाए। उदाहरण के लिए, जब मैं इंग्लैंड में विद्यार्थी था, तब नायपाल को पढ़ते समय उनके बारे में मुझे बड़ा गुस्सा आया था। जैसे ही मैं भारत लौटकर आया तो यहाँ की भ्रष्टाचार की खिचड़ीनुमा परिस्थिति को देखकर अनेक दृष्टिकोणों से मुझे नायपाल एकदम सही लगा था। ब्रिटिश और पश्चिमी दुनिया को

जब हम भुला देते हैं तो भारत के साथ हम अपने ही संघर्ष में उलझ जाते हैं। ऐसे एक संकीर्ण संदर्भ का जब लेखन के रूप में निर्वाह करना पड़ता है तब बाहरी लोग तथा निरूपक जो भीतरी व्यक्ति होता है, एक साथ दोनों अनिवार्य लगने लगते हैं। अपने उपन्यासों में क्या आप भी इसी प्रकार की खटपट में नहीं पाए जाते ?

अचिबे : जी, हाँ। अपने संदर्भ के लिए यह आवश्यक है। उपनिवेशवाद जैसे संकीर्ण विषय के निरूपण के लिए यह विधान अनिवार्य है। आपने वी.एस. नायपाल के बारे में जो कहा, वह बिलकुल सही है। हम यह तो कह नहीं सकते कि भ्रष्टाचार का सृजन केवल भारतीय जनता ने ही किया है। तीसरी दुनिया के संदर्भ में मात्र यह बात पूर्ण सत्य नहीं बन सकती। किंतु, यह भी उतना ही महत्त्व का मुद्दा बन सकता है कि आपका रुझान किसकी ओर अथवा किस पक्ष की ओर है।

अनन्तमूर्ति : हमारी आत्मा का हनन, आत्म-निंदा पश्चिमी लोगों के लिए बड़ी प्रसन्नता की बात है...

अचिबे : मतलब यह कि हमलोग स्वयं उनका काम कर रहे हैं। जानबूझकर भला हमें क्यों बुराई का पक्षधर होना चाहिए ? उनका (पश्चिमी आलोचकों का) नायपाल का इस तरह उपयोग करना ठीक नहीं है। अफ्रीका में एक कहावत है : भेड़िया यदि आपके मुर्गे का पीछा करता है तो पहले भेड़िए को भगाओ, बाद में मुर्गे को समझाया जा सकता है। इसलिए कोई खास निर्णय किसी खास संदर्भ के लिए ही उचित है। आपकी संस्कृति की जहाँ रक्षा करनी है वहाँ रक्षा कीजिए। उसके बाद चाहो तो डटकर टीका-टिप्पणी भी कीजिए। लेकिन महत्त्व की बात यह है कि आप किस धरातल पर खड़े हैं। यदि आपको अपने टिकाव के बारे में ही भरोसा नहीं है तो बड़ी खतरनाक बात होगी। एक संदर्भ में संस्कृति पर टिप्पणी करने वाला मैं दूसरे संदर्भ में उसकी निंदा करता हूँ। यदि मैं स्वयं नहीं जानता हूँगा कि मैं क्या हूँ तब, जबकि उसकी रक्षा करनी चाहिए, केवल निंदा करने में ही लगा रहूँगा।

अनन्तमूर्ति : गांधी जी यह बड़ी खूबी के साथ करते थे। एक ओर अंग्रेजों को भगाने की बात करते थे और दूसरी ओर हरिजनों को मंदिर में प्रवेश दिलवाने की बात करते थे। उनका संघर्ष एक साथ अंतर्मुखी भी था और बहिर्मुखी भी। उदाहरण के लिए, 1908 में उनका लिखा 'हिंद स्वराज्य' देखा जा सकता है। मेरे खयाल में वह कार्ल मार्क्स के 'दास कैपिटल' की बराबरी की महत्त्वपूर्ण रचना है। वह रचना एक उग्रवादी और गांधी जी के बीच के वार्तालाप के रूप में है। गांधी जी का कहना है कि आधुनिक सभ्यता के प्रति हमारे मोह के कारण ही

अंग्रेजों को भारत में जड़ जमाना संभव हो सका। लेकिन उनकी दलील है कि यह सभ्यता अंग्रेज तथा भारतीय, दोनों के लिए भी खतरनाक है। डॉक्टर, रेल कर्मचारी और वकीलों के बारे में उनके कुछ विचार पागलपन जैसे लगने पर भी 'हिंद स्वराज्य' में कई गंभीर सच्चाइयाँ हैं। उन्हें विश्वास हो चुका था कि किसी अर्थव्यवस्था की भाँति कुछ सांप्रदायिक समाजों में किस प्रकार अनेक धागे आंतरिक सूक्ष्म संबंध रखते हैं। उनका मानना था कि व्यक्ति समुदाय का अंग बनकर ही अपनी अस्मिता की सिंचाई कर सकता है। उन्हें इस बात का भय था कि आधुनिक सभ्यता ऐसे समाजों को तोड़कर व्यक्ति की प्रधानता का वैभवीकरण करती है। समूचे जीवन के लिए वे इसे उचित नहीं मानते थे। यह जरूरी तो नहीं है कि उनके सारे मंतव्यों को हम मान लें; लेकिन, आधुनिक सभ्यता के बारे में उनके विचार विवेकपूर्ण हैं—इसमें कोई शक नहीं। हो सकता है कि आपके उपन्यासों में जिस दुनिया का आप चित्रण करते हैं वह बर्बर हो। फिर भी अफ्रीकन लोगों में वह विवेक था जो कई आधुनिक सभ्यताओं में नहीं पाया जाता। किंतु, हम लौटकर उलटी चाल में जा तो नहीं सकते ! हम अपने पूर्वजों की अपेक्षा ऊँचे स्तर पर तो नहीं हैं। आपका कहना है कि उन्हीं से हमें बहुत कुछ सीखना है। इसलिए जब आप अफ्रीका के इतिहास का चित्रण करने लगते हैं, तब लगता है कि हम कोई ग्रीक दुखांत कहानी पढ़ रहे हैं। राजनीतिज्ञ चाहें प्रगतिशील बन सकते हैं या संप्रदायशरणी, लेकिन आप जैसे लेखक का इतनी आसानी से ऐरा-गैरा बनना संभव नहीं। ठीक है न ? क्या आप अपने उपन्यासों में ऐसी कोई बात कहना चाहते हैं ?

अचिबे : आपकी समीक्षा बिलकुल ठीक है। मुझे गांधी जी की पुस्तक का परिचय नहीं था, मैं मानता हूँ। उनका मार्ग सभी मसीहाओं का, महान बोधकों का मार्ग था। लोगों को यदि अपनी बात सुनानी ही होगी तो उत्प्रेक्षा करनी ही पड़ती है। आज कोई रेलवे से इनकार नहीं करता। किंतु, जब आप उस संबंध में गांधी जी की बातें सुनते हैं तब आप उसे नए दृष्टिकोण से देखने लगते हैं। आप इस बात से भौंचक भी हो सकते हैं कि 'अरे ! हम क्या हजारों सालों से बिना रेलगाड़ी के जी नहीं रहे थे ?' किंतु, आप अब नाइजीरिया आकर देखिए, सारा मध्य-वर्ग पश्चिमी प्रभाव के मामले में आपसे ज्यादा भ्रष्ट बन चुका है। ऐसा कोई प्रोफेसर आपको नहीं मिलेगा जिसके पास एक या दो कार न हों। यह सरासर झूठ है कि किसी अमुक व्यक्ति के बिना चलता ही नहीं। उनके बिना भी जीवन चलता है। हम जिस वैभव

का उपभोग करते हैं, उसका उत्पादन करने वाली जनता को ये कुछ भी उपलब्ध नहीं होते। हो सकता है कि भारत के किसी साधारण व्यक्ति ने रेलगाड़ी की सवारी नहीं की हो। इसलिए मसीहाओं ने जो ऐसे उग्र विचार व्यक्त किए हैं, वे उतने महत्त्वपूर्ण नहीं होते जितने कि सरसरी नजर में दिखाई पड़ते हैं। भले ही आप उलटी चाल नहीं चल सकते हों, किंतु, ऐसे विचारों के बारे में बारीकी से सोचने लगते हैं। किसी बात को पूरी तरह सोच-विचार किए बिना चुपचाप स्वीकार करने में हिचकते हैं। हमें अपना इतिहास समझना होगा। वरना, पता ही नहीं चलेगा कि हम कहाँ से निकले हैं। जब आपको पता ही नहीं कि आप कहाँ हैं, तब आप आगे बढ़ेंगे कैसे ? अतः, अपने इतिहास के आलोक में वैकल्पिक संस्कृति के निर्माण के लिए जूझने का तात्पर्य यह नहीं कि जो कुछ पश्चिम का है उसका पूरे का पूरा निराकरण कर दें। अपने लोग जो हजारों वर्षों से जीते आ रहे हैं इसका मतलब यही कि हमें उनसे जरूर कुछ सीखना शेष रह गया है। ठीक है न ?

यूरोप चाहे कितना ही सफल रहा हो; किंतु, सभी मामलों में उसे सफलता मिली नहीं। इसलिए यदि हम यूरोप को आदर्श मानकर चलते हैं तो हम केवल अनुकरणशील ही नहीं बनते बल्कि, अपने आपको पश्चिमी यथार्थ से बाँध लेते हैं। अब लैटिन अमरीका, भारत, चीन, अमरीकावासी भारतीय—ये सभी संसार के कोने-कोने का भ्रमण करके, हजारों वर्षों तक जीकर, दंत-कथाओं का निर्माण करके यथार्थ के बारे में आधुनिक परिभाषा देकर गए हैं। इनके बारे में आपकी क्या राय है ? इन सबको भुलाकर जो सफल हुआ है केवल उसी के पीछे दौड़ लगाना उचित नहीं।

अनन्तमूर्ति : मैं हाल ही में रूस और हंगरी गया था। कुछ मामलों में वह मुझे विचलित कर देने वाला अनुभव था। वहाँ जो समाजवादी अर्थव्यवस्था है वह तो ठीक है। किंतु, उन्होंने समाजवादी प्रज्ञा का निर्माण नहीं किया। दरअसल उनका भी व्यक्ति का वैभवीकरण करने वाला पश्चिमी यूरोपीय समाज ही है। उनकी सभ्यता भी अमरीका की दिशा में कदम बढ़ा रही है। दूसरी ओर, यदि साधारण जनता की सूझबूझ की दृष्टि से कहना चाहें तो कह सकते हैं कि भारतीय समाज जैसे 'पिछड़े हुए समाज' समाजवाद के लिए तैयार हैं। अपने दूसरे उपन्यास में आपने व्यक्ति और समूह के संबंधों का विवरण देने की चेष्टा की है; इसलिए यह बात कह रहा हूँ। समुदाय पर बल देते देखकर मुझे लगता है कि आप पश्चिमी जीवन-विधान के किसी विकल्प की ओर इशारा कर रहे हैं। मतलब यह कि कोई व्यक्ति अपने समुदाय का अंग बनकर

ही व्यक्तिगत विकास कर सकता है...

अचिबे : आप जहाँ भी देखेंगे वहाँ व्यक्ति-प्रधान तथा समुदाय-प्रधान जैसे दो यथार्थों की पहचान तो है ही। अब प्रश्न यह है कि आप किसको अधिक महत्त्व देते हैं।

अनन्तमूर्ति : आपके 'थिंग्स फॉल अपार्ट' का नायक ओकोंको अपनी प्रजाति के लिए जीने वाला व्यक्ति होते हुए भी उसमें अपनी अस्मिता की प्रज्ञा सजग है।

अचिबे : हाँ; कुछ लोग किसी एक पर बल देकर दूसरे को भुला देते हैं। दोनों में से किसी एक को चुनने की अपेक्षा दोनों के बीच समतौल को साधना ही मुझे उचित लगता है।

हमारे अस्तित्व की सार्थकता इस द्विमुखता में ही समाहित है। हमारे यहाँ कई लोग इस बात पर विश्वास करने के लिए ही तैयार नहीं कि ये दोनों चीजें एक साथ रह सकती हैं। किसी एक को महत्त्व देना ही मजे की बात हो सकती है। दोनों का समतौल न रोमांचक होता है और न नाटकीय ही। है न !

अनन्तमूर्ति : आपके उपन्यासों में पश्चिमी व्यक्ति को प्राप्त आधुनिक तंत्र-ज्ञान के साथ-साथ अफ्रीकन व्यक्ति की मासूमियत के कारण भी उसे सफलता मिलती है। उदाहरण के लिए, अफ्रीकन लोग 'मनहूस जंगल' में चर्च बनवाने की अनुमति देते हैं...

अचिबे : अमरीका के ब्लैक हिस्टोरियन चांसलर विलियम्स ने अपनी 'अफ्रीकन सभ्यता की अवनति' नामक पुस्तक में यह सवाल उठाया है कि अफ्रीका इतनी आसानी से धोखे में कैसे आ गया ? अंततः वे इस निर्णय पर आ जाते हैं कि अफ्रीकन बहुत उदार थे, उन लोगों ने ही गोरे को भोजन पर निमंत्रित किया था, लेकिन गोरे आदमी ने उनके घर को हड़प लिया। हमारी ज्यादातर संस्कृतियों में सहनशीलता अधिक होती है। उदाहरण के लिए, 'ईबो संस्कृति' यह मानती है कि इस दुनिया में विभिन्न कल्पनाएँ, विभिन्न दृष्टिकोण एक ही काल में एक साथ रह सकते हैं। मेरा अपना भगवान है तो आपका भी अपना होगा; इसमें ग़लत ही क्या है ? दोनों को एक साथ रहने दीजिए। यदि और भी कोई आकर कहेगा कि नहीं, तीन भगवान हैं तो रहने दीजिए। इस प्रकार आपसी विश्वास की बुनियाद पर वे एक-दूसरे को आसानी से स्वीकार कर लेते हैं। लेकिन कोई कट्टरपंथी आकर कहेगा कि 'नहीं, जो भी है वह केवल एक ही मार्ग है' तब आपके लिए मुसीबत खड़ी हो जाएगी। क्योंकि वह आदमी अपने मत का अंधा है, वह लड़ता भी है। आप लड़ते नहीं। लेकिन इस प्रकार नरम पड़ जाते हैं कि

'जाने भी दो, ठीक है, मान गए' की बोली बोलने लगते हैं।

अनन्तमूर्ति : हाँ; आपने अपने निबंध में यही प्रश्न उठाया है। मुझ पर आक्रमण करने वाला यदि मुस्टंडा है तो भला मुझे क्यों मुस्टंडा नहीं बनना चाहिए ? पश्चिमी आलोचक को खुश करने के लिए मैं क्यों नरम पड़ जाऊँ ?

अचिबे : पश्चिमी पूँजीवाद का तात्पर्य है—एकांतिक आक्रमणशील व्यवस्था। वह सबसे बड़ा आक्रमणकारी विकल्प था जिसे दुनिया ने देखा था। हिटलर की जर्मनी की भाँति जब वह उग्र रूप धारण कर लेता है तब लोग घबराकर हाथ झाड़ देते हैं। उसकी धारणा होती है कि इस संसार में जो कुछ चिरंतन सत्य है वह आप स्वयं मात्र हैं। उसके आगे जो भी सत्य होगा उसका रंग एक ही माना जाएगा। अन्य लोगों में भिन्नता होने के कारण उन सबको मारते चले जाएँ। किंतु, हम ऐसा नहीं करते। प्रायः अपने बचाव के लिए ही सही हमें निर्ममता का पाठ पढ़ना आवश्यक है।

अनन्तमूर्ति : आपके उपन्यास की दो लाख प्रतियाँ नाइजीरिया में बिक गईं। अर्थात् आपके यहाँ अंग्रेजी पाठकों का विशाल समूह होगा। क्या उनको आपकी कुछ टिप्पणियाँ अजनबी-सी लगती होंगी ?

अचिबे : हाँ भी और नहीं भी। यह कहानी जो चल रही है वह नाइजीरिया की ईबो संस्कृति की है। वहाँ की दो और संस्कृतियाँ हैं 'हौसा' और 'योरुबा'। हो सकता है कि मेरा उपन्यास पूरी तरह से उन दो संस्कृतियों के निकट नहीं पड़ता हो। साथ ही साथ अपनी संस्कृति की मौलिकता से अनजान 'ईबो' के लिए भी यह अजनबी-सा लग सकता है। फिर भी अपने अफ्रीकन पाठकों के लिए मेरे उपन्यास कभी भी पूर्णतः अजनबी-से नहीं लगेंगे। आप संस्कृति को भुला सकते हैं, लेकिन संस्कृति आपको कैसे भूलेगी ? हो सकता है कि संस्कृति आज चकनाचूर हो गई है; किंतु, उसका मूल सत्त्व नाइजीरिया में ही नहीं वरन् पूरे अफ्रीका में अभी तक बचा हुआ है।

अनन्तमूर्ति : यह मेरी बलवती आकांक्षा है कि आपके उपन्यास कन्नड़ भाषा में अनूदित हो जाएँ। हम दोनों के बीच कई विचारों में समानता है। और वह समानता साहित्य की 'समष्टि' की ओर भी ध्यान आकृष्ट करती है।

अचिबे : निर्धारित संदर्भ में ही समष्टि संभव हो सकती है। यदि कोई सीधा-सादा अमरीकन समालोचक अफ्रीका की रचना पढ़कर कहेगा कि 'यह न्यूयार्क की कहानी भी हो सकती है, और इसीलिए उसमें सार्वत्रिक गुण है', तब वह बेतुकी बात होगी। मेरे अनुसार यह आपको आपकी अनुभूति

से अलग करके दूसरे के इतिहास के साथ उलझाने का प्रयत्न होगा।

और मैं अपनी अनुभूति के समेत ही सार्वत्रिकता की व्याख्या करना चाहूँगा। सिंगर के कथनानुसार, साहित्य की सार्वत्रिकता वह फसल है जिसे सभी अपनी अनुभूति के द्वारा काटते हैं। केवल यूरोप की अनुभूति को ही सार्वत्रिकता का बाना पहनाना उनकी अहमन्यता-मात्र होगी।

क्या मैं आपके देश के बारे में कुछ कहूँ ?

प्राचीन संस्कृति से समृद्ध आपके देश में ब्रिटेन और अमरीका के साहित्य की जो सनक चढ़ी हुई है मुझे उचित नहीं लगती। आपके अनेक विद्वानों को इसी बात की चिंता बनी रहती है कि इंग्लैंड और अमरीका में क्या हो रहा है।

अनन्तमूर्ति : मैं जानता हूँ, यह आत्म-हत्यात्मक स्थिति है। जब आपने लेखन में अपनी अस्मिता को बनाए रखने की बात कही है तो मेरा एक सवाल है : अफ्रीकन भाषाओं की दृष्टि से अंग्रेजी भाषा के बारे में आपकी क्या राय है ? 1964 में आपने 'अंग्रेजी को राष्ट्रभाषा और स्वाहिली जैसी भाषाओं को जनजातीय भाषा' कहा था। क्या आपकी इस विचारधारा में अब कोई परिवर्तन आ गया है ?

अचिबे : हाँ, आया है। अपनी विचारधारा के परिवर्तन की बात ही नहीं, बल्कि परिवर्तन के प्रति गर्व भी हुआ है। उस निबंध में मैंने स्वदेशी भाषाओं के महत्त्व को पहचाना जरूर था; फिर भी मेरी दलील का बड़ी आसानी से गलत अर्थ लगा पाना संभव था। लेकिन अंग्रेजों की बदौलत जो नए देश उभरकर आए थे उनमें एकता लाने के लिए मैंने अंग्रेजी को जितना प्रधान समझा था उतनी ही बात तब कही थी।

किंतु, मैं आज उतने चैन से नहीं कह पाऊँगा। मैं कह नहीं सकूँगा कि सारी भाषाएँ सह-जीवन बिताएँ। अंग्रेजी पहले से ही सशक्त है। इसलिए अपनी-अपनी भाषाओं के बलवर्द्धन के लिए कुछ करना आवश्यक है। हमारे यहाँ भी कई लेखक इस आवश्यकता को पहचान कर कहने लगे हैं कि स्वाहिली जैसी अपनी मिट्टी की भाषा में ही लिखें।

अनन्तमूर्ति : भारत में भी लगभग ऐसी ही परिस्थिति है। किंतु, मेरा विश्वास है कि हमारी भाषाएँ भी यूरोपीय भाषाओं की भाँति काफी बड़ी हैं।

अचिबे : बिलकुल ठीक है। जब 'डच' का साहित्य पनप सकता है तो कन्नड़ का क्यों नहीं पनपेगा ?

(अनु.—नंदकुमार हेगड़े एवं प्रो. नूरजहाँ बेगम)

सांस्कृतिक राजनीति और अनुवाद

नंदकुमार हेगड़े : आपकी दृष्टि में 'संस्कृति' क्या है ?

अनन्तमूर्ति : मेरी दृष्टि में संस्कृति का जो तात्पर्य है वह रेमंड् विलियम्स के ढंग का है न कि अर्नोल्ड के ढंग का। संस्कृति हर तरह की भावनाओं, मानसिकता, हर तरह के सुख-दुख, धर्म, जाति–सब का अभिव्यक्त–अव्यक्त रूप है। संस्कृति मेरी नज़र में more anthropological है। 'संस्कार' में संस्कृति के अंदर-बाहर की, हर तरह की मानसिकता अभिव्यक्त हुई है। है न ?

नंदकुमार : अपनी संस्कृति के प्रति आपका चिंतन, उत्सुकता, प्यार अपने क्षेत्र से बाहर जाकर रची गई रचनाओं में ही अधिक व्यक्त हुए हैं; ऐसा क्यों ?

अनन्तमूर्ति : किसी भी कला या सृजनशीलता का अपने से दूर जाकर ही अच्छी तरह उद्‌भव हो सकता है। जब हम विदेश में होते हैं तब अपनी संस्कृति अच्छी लगती है, प्रिय लगती है। बाहर से देखने से ही हमारी संस्कृति के सर्वांगीण स्वरूप का पता चलता है। प्रिय लगता है।

नंदकुमार : संस्कृति को समझने, लिखने, पढ़ने की प्रक्रिया ही अनुवाद की प्रक्रिया है। तलल असद, लेवी स्ट्राउस, जेम्स क्लिकोर्ड के इस विचार से क्या आप सहमत हैं ?

अनन्तमूर्ति : जी हाँ; बिलकुल सच है। किंतु उससे कहीं अधिक लेखक या अनुवादक का अपने व्यक्तिगत चुनाव, रुचि और अभिव्यक्ति से अनुवाद संबंधित होता है। लेखक या अनुवादक अपनी इच्छानुसार अभिव्यक्ति करने की शक्ति रखता है।

नंदकुमार : रामानुजन को 'ओरियंटल ट्रांसलेटर' के रूप में ही तेजस्वी, शिवप्रकाश जैसे लोग देखते हैं। स्वयं आपको 'संस्कार' का रामानुजन वाला अनुवाद कैसा लगा ?

[ज्ञानपीठ पुरस्कार से सम्मानित डॉ. यू. आर. अनन्तमूर्ति से यह साक्षात्कार 28 मई, 1996 को आलनहल्ली, मैसूर में लिया गया।]

अनन्तमूर्ति : रामानुजन के अनुसार, अनुवाद का मतलब है–to translate a non-native reader into a native one. अर्थात्, दूसरे देश के पाठकों के लिए अपनी संस्कृति का अनुवाद करना। लक्ष्य-भाषा (अंग्रेजी) के पाठकों की सुविधा के अनुसार वे (रामानुजन) अनुवाद करते थे। अंग्रेजी-भाषी उतना कष्ट नहीं उठाते जितना हम उठाते हैं। हम रूस को समझने के लिए, यूरोप को समझने के लिए जितना कष्ट उठाते हैं, उतना वे लोग हमारी संस्कृति को समझने के लिए नहीं उठाते। मैं यही बात रामानुजन से कहा करता था कि हम जितना कष्ट उठाते हैं, उतना कष्ट उन्हें भी उठाना चाहिए।

हमेशा पहले शासित लोगों की भाषा से शासक लोगों की भाषा में अनुवाद होना चाहिए। पहले संस्कृत से कन्नड़ में अनुवाद कार्य होता था; है न ? रामानुजन जिस सांस्कृतिक-राजनीतिक परिस्थिति में रहते थे, उसके अनुसार अनुवाद करते थे। रामानुजन के अनुवादों के विकल्प के बारे में कोई विचार नहीं करता।

रामानुजन से मैं पूछा करता था कि आप अमरीका में रहने वाले भारतवासियों के लिए अनुवाद क्यों नहीं करते ? यदि उन्होंने अमरीका के भारतवासियों के लिए अनुवाद किया होता तो, पंचामृत के लिए five fold nector, मारुति भगवान के लिए Monkey God, अथवा चार्वाक वंश के लिए Hedonist School जैसे पर्याय नहीं दिए होते। अफ्रीका के लोगों की तरह ऑरिजिनल रूप में सबका अनुवाद कर सकते थे। रामानुजन भारतीय भाषाओं के अपने अनुवाद में खासकर कविता में सफल रहे हैं।

नंदकुमार : कन्नड़ से अंग्रेजी और दूसरी भारतीय भाषाओं में अनुवाद करते समय जो सांस्कृतिक राजनीति होती है उसके बारे में आपका क्या विचार है ?

अनन्तमूर्ति : जब गांधी जी ने हिंदी को 'हिंदुस्तानी' नाम दिया तब उनका कहना था कि हिंदी को हर भारतीय भाषा के अंशों को मिलाकर 'हिंदुस्तानी' बनना चाहिए। यह कहना बिलकुल ग़लत है कि हिंदी भाषा जैसी की तैसी ही रहनी चाहिए। ऐसा मानने से हिंदी प्रांतीय भाषामात्र बनकर रह जाती है। हिंदी भी दूसरी भाषाओं की भाँति सीमित प्रादेशिक भाषा बनी रह जाती है। हिंदी को सबके स्वीकार की भाषा होना था। प्रांतीय भाषामात्र होना हिंदी की प्रगति के लिए अच्छा नहीं है। अभी भी हिंदी का अपना स्वरूप स्पष्ट नहीं हुआ है। हर भाषा को अपने घोंसले से बाहर निकलना चाहिए। अपनी संकीर्णता को छोड़ना चाहिए। आज एक ही भाषा में जीना संभव नहीं है। अलग-अलग भाषाओं में हमें

जीना चाहिए। इस प्रकार हम लगातार आपसी रूप से भिन्न-भिन्न भाषाओं में जीते रहते हैं और अनूदित होते रहते हैं।

जब भाषा अपने निजीपन को खोकर भी लक्ष्य-भाषा-संस्कृति में अपने स्वभाव-गुणों को कायम रखती है तभी अनुवाद अच्छा कहलाएगा। कन्नड़ का कांतापुर अच्छा अनुवाद है। यहाँ कन्नड़ के मूल गुणों को अंग्रेजी में कायम रखा गया है।

नंदकुमार : प्रसिद्ध कन्नड़ उपन्यासकार देवनूर महादेव के आंचलिक उपन्यास 'कुसुमबाले' का अनुवाद पोलंकी राममूर्ति ने किया। उस अनूदित पुस्तक की भूमिका में आलोचक चंद्रशेखर पाटील का कहना है कि 'कुसुमबाले' का अनुवाद पहले कन्नड़ में होना चाहिए। आपका 'संस्कार' भी अभिजात भाषा-रूप का साहित्य है। क्या आपको नहीं लगता कि आपके 'संस्कार' का भी धारवाड़ या नंजनगूड़ के लोगों के लिए कन्नड़ में अनुवाद किया जाना चाहिए ?

अनन्तमूर्ति : चंद्रशेखर पाटील का कहना गलत है। मेरी कन्नड़ भाषा मानक कन्नड़ (मुख्य प्रवाह) के निकट है। देवनूर महादेव की भाषा (मानक कन्नड़ से) दूर पड़ती है। कन्नड़ की अनागरिक संस्कृति के लोगों के बारे में लिखने के कारण देवनूर की भाषा अलग नजर आती है। है न ?

नंदकुमार : अनुवादक के रूप में आपने दाउद जिंग सूत्रों (लाउत्से सूत्रों का अनुवाद) के अनुवाद प्रस्तुत किए। अनुवादक का वैयक्तिक चुनाव, चुनाव की प्रासंगिकता आदि के संदर्भ में आपके क्या विचार हैं ?

अनन्तमूर्ति : अपने अनुवाद से मैं स्वयं तृप्त नहीं हूँ। उन सूत्रों के अंतरार्थ समझाने की दृष्टि से मैंने अनुवाद प्रस्तुत किए। किंतु अंग्रेजी में आते ही उन सूत्रों के गुण बदल चुके थे।

मेरे लिए लाउत्से के सूत्र नजदीकी हैं। मेरी 'संस्कार', 'सूर्यन कुदुरे' जैसी रचनाओं के पात्रों को यदि आप परखें तो आपको पता चलेगा कि मैंने क्यों इन सूत्रों का अनुवाद किया है। हमेशा अनुवाद के लिए The translation नहीं कहना चाहिए, A translation कहना उचित है।

नंदकुमार : वैचारिकता की दृष्टि से 'संस्कार' (1965) और 'भव' (1994) उपन्यासों के अनन्तमूर्ति में क्या अंतर है ?

अनन्तमूर्ति : मैं अपने अंदर का आलोचक हूँ (critical insider)। जब मैं 'संस्कार' लिख रहा था तब कुछ खास समस्याएँ महर्त्त्वपूर्ण थीं। उन दिनों विषमताओं के प्रति मेरा ध्यान आकृष्ट था। अब ध्यान दूसरी ओर मुड़ा है। आज के जीवन में और विश्व में जो कुछ महत्त्वपूर्ण है—उसे देखते हुए मेरे भीतर बदलाव आया है। अब 'सूर्यन कुदुरे' की

वैचारिकता मेरे अधिक निकट है।

नंदकुमार : 'संस्कार' उपन्यास को 'नव्य' आंदोलन का मोड़ कहा जाता है—वह कैसे ? और नव्य से उत्पन्न विचारों ने ही 'नव्य' का विरोध कैसे किया ?

अनन्तमूर्ति : मेरे साहित्यिक जीवन का विकास बेंद्रे, कुवेंपू, मास्ति और गोपालकृष्ण अडिग की परंपरा में हुआ है। लॉरेंस और लोहिया के विचारों ने मुझको प्रभावित किया है। 'नव्य' की प्रवृत्ति में एकांतिकता की प्रधानता तो है ही। 'संस्कार' में व्यक्ति की निजी अनुभूति को चेतना-प्रवाह की शैली में अभिव्यक्त किया गया है। लेकिन 'संस्कार' में समूह की समस्याएँ (नारायणप्पा की) भी हैं तो व्यक्तिगत जीवन की समस्याएँ भी (प्राणेशाचार्य)—दोनों प्रकार के द्वंद्व यहाँ मुखरित हुए हैं। एक दृष्टि से 'नवोदय' आंदोलन में रहकर ही 'नव्य' का विकास हुआ। अडिग के 'नव्य' आंदोलन में राजनीतिक चेतना का प्रवाह अधिक था। इसलिए 'संस्कार' के 'नव्य' को अलग दृष्टि से देखना चाहिए।

नंदकुमार : आपने 'संस्कार' में पुरुष-पात्रों को जितना महत्त्व दिया है उतना महत्त्व स्त्री-पात्रों को नहीं दिया। स्त्रीवादी आलोचकों का आपके प्रति यह आरोप कहाँ तक सही है ?

अनन्तमूर्ति : कोई भी लेखक जो जैसा होना चाहिए वैसा लिखता है, और जो है वही लिखता है। स्त्रीवादी आलोचकों ने 'क्रांति' लाने की उमंग और अति-भावुकता में 'संस्कार' को ठीक से नहीं पहचाना। स्त्रीवादी आलोचकों का द्वंद्व मुझे ऐसा कहने के लिए विवश करता है। 'संस्कार' में देखिए, नाराणप्पा और प्राणेशाचार्य, दोनों का उपयोग करके चंद्री चली जाती है। वह बड़ी चालाक है।

लेखक के लिए कोई जिद नहीं होनी चाहिए। ऐसी स्त्री हमारे यहाँ कहीं नहीं पाई जाती जो अधिक स्वतंत्र हो। इसीलिए हम लिख नहीं पाते। अतः जो है वही लिखना चाहिए और जो नहीं है उसका इशारा-भर कर देना काफी होगा।

नंदकुमार : 'संस्कार' लिखने की प्रेरणा आपको कहाँ से मिली ?

अनन्तमूर्ति : जब इंग्लैंड में था तब मैंने अपने शोध-निरीक्षक के साथ बर्गमैन की फिल्म 'सेवेंथ सील' देखी। उस फिल्म को देखते ही हाईस्कूल के दिनों में लिखी एक कहानी याद हो आई। अडिग की 'भूत' काव्य की पंक्तियों ने 'संस्कार' लिखने की प्रेरणा दी। 'संस्कार' में संस्कार नाराणप्पा और प्राणेशाचार्य के मन को भूत बनकर सताते हैं। बल्कि प्राणेशाचार्य के अपने कर्म ही उन्हें भूत बनकर सताते हैं। जब तक

हम past को हजम नहीं कर लेते तब तक वह भूत बनकर सताता रहेगा ही।

जो कुछ हम सुनते हैं, पढ़ते हैं, लिखते हैं वे सारी क्रियाएँ घुलमिलकर अज्ञात रूप से सृजन करने की प्रेरणा देती हैं; लिखवाती हैं।

नंदकुमार : चंद्रकांत कुसनूर ने 'संस्कार' का हिंदी अनुवाद किया है। उस अनुवाद के बारे में आपकी क्या राय है ?

अनन्तमूर्ति : हिंदी के अनेक विद्वानों ने बताया है कि अनुवाद अच्छा है। इससे अधिक मैं कुछ नहीं कह सकता।

नंदकुमार : कुसनूर का कहना है कि कन्नड़ से अंग्रेजी में अनुवाद करते समय जो सुपिरिओरिटी रहती है वह हिंदी में करते समय नहीं रहती। क्या आप इस कथन से सहमत हैं ?

अनन्तमूर्ति : चंद्रकांत कुसनूर का कहना ठीक है। क्योंकि कन्नड़ का अपना सुंदर इतिहास है। कन्नड़ की और भी प्रगति होनी चाहिए। हर एक भाषा की अपनी माटी की महक होती है। Every language is equal. लेकिन राजनीतिक कारणों से कई भाषाएँ अधिक सशक्त हो जाती हैं, जैसे अंग्रेजी।

नंदकुमार : राष्ट्रभाषा, राजभाषा हिंदी के बारे में आपके क्या विचार हैं ?

अनन्तमूर्ति : भारतवासियों के अनुभवों को लिखने वाली, बताने वाली भाषा के रूप में हिंदी का विकास होना चाहिए। पूरे भारत की संवेदना को अभिव्यक्त करने की क्षमता हिंदी में आनी चाहिए। हिंदी को 'भारतीय' बनना चाहिए। किंतु ऐसा नहीं हो पा रहा है। यह हिंदी का दुर्भाग्य है। हिंदी के लोग भारत की अन्य प्रांतीय भाषाएँ सीखते नहीं, इसलिए हिंदी का विकास नहीं हुआ है।

नंदकुमार : अनूदित हो जाने के पश्चात् भी कोई लेखक प्रमुख या अप्रमुख बन जाता है। हिंदी के लोगों को मोटे तौर पर आपकी अपेक्षा भैरप्पा अधिक पसंद हैं। अनुवाद की राजनीति, Cultural Politics के बारे में आपके क्या विचार हैं ?

अनन्तमूर्ति : इसके लिए काल, इतिहास, संस्कृति और भाषा कारणीभूत हैं। नई रचना की सृजनशीलता के साथ-साथ नई मानसिकता का सृजन भी होना चाहिए। अनुवाद होने के पश्चात् उसे स्वीकार करने की नई मानसिक तैयारी भी अनिवार्य होती है।

नंदकुमार : रामानुजन 30 वर्षों तक शिकागो में अनुवाद-कार्य करते रहे, इसीलिए वे एक श्रेष्ठ अनुवादक बन पाए। क्या इसी तरह भारत के विभिन्न प्रांतों में रहने वाले विभिन्न भाषा-संस्कृति के अनुवादकों को हिंदी

प्रदेशों में लगातार रहने की व्यवस्था करके अनुवाद-कार्य करवाने की आवश्यकता नहीं है ?

अनन्तमूर्ति : आपका कहना ठीक है। हिंदी अनुवादकों को हिंदीतर प्रदेशों में और हिंदीतर अनुवादकों को हिंदी प्रदेश में रहकर अनुवाद-कार्य करने की व्यवस्था के बारे में साहित्य अकादमी अपना कार्यक्रम बना रही है।

(अनु.–नंदकुमार हेगड़े)

साहित्य और विद्रोह

आमतौर पर हमारे विद्रोह किस प्रकार समाप्त हो जाते हैं ? ब्रिटेन अथवा अमरीका अथवा दिल्ली विश्वविद्यालय के कैंपस में हम् जब कभी भारतीय छात्रों से मिलते हैं तो उनमें ज्यादातर छात्र उग्रवादी कम्युनिस्ट ही होते हैं। दूर से देखने पर उन्हें भारतीय समस्याओं के लिए क्रांति ही एकमात्र विकल्प-सी दिखाई देती है। और वही छात्र जब भारत लौटकर रोजगार पा लेता है तब परंपरागत विचारधारा, उनके परिवार, उनके परिसर उन्हें अपने में आत्मसात कर लेते हैं; अथवा वे स्वयं उनके अधीन हो जाते हैं।

भारत में एक बुर्जुवा का क्रोध सच्चा नहीं होता; क्योंकि वह उस वर्ग से संबद्ध रहता है जिसे विशेष सुविधाएँ अयाचित रूप में प्राप्त हो जाती हैं। आज से पंद्रह वर्ष पूर्व कॉलेज के अध्यापक को सौ रुपया वेतन तथा भत्ते के रूप में कुछ छोटी-सी रकम मिलती थी। कम-से-कम आज वह चौगुना हो गई है। लेकिन मैसूर के एक ताँगे वाले को अपना किराया दुगुना करने के लिए हर दिन मोल-तोल करना पड़ता है। नाई वर्ग की कमाई—चाहे वह कुशल-कर्मी हो या संगीतकार—दुगुनी भी नहीं हो पाई। जिसकी जड़ें अपनी खुद की अनुभूति में जमी न हों, वह हमारा क्रोध, जिसका केवल अव्यक्त अवस्था में ही अहसास किया जा सकता है, भला कितना ठोस हो सकता है ? नेहरू-युग और इंदिरा-युग, दोनों ने मध्य वर्ग के साथ बड़ी उदारता का रुख अपनाया था; और अपने जो लेखक, राजकारणी, अध्यापक हैं वे सभी मध्यम वर्ग से ही आए हुए हैं। इसलिए, हमारा विद्रोह और क्रोध या तो रोमैंटिक लोलुपता बन जाते हैं या सत्ताधारियों को डरा-धमकाकर अपना उल्लू सीधा करने का बड़ा संजीदा कार्य-तंत्र बनकर रह जाते हैं।

मेरा कहने का तात्पर्य यह नहीं है कि विदेश में या भारत में किसी अभिजात कॉलेज में पढ़ते समय भारतीय छात्र को जो क्रोध आता है वह खोखला होता है या झूठा होता है। मेरा तात्पर्य यही है कि वह उसे किसी मुद्दे तक नहीं पहुँचाता। भारत के संदर्भ में कड़वा सत्य यह है कि विदेश में रहते समय यथार्थ हमें बेचैन बना देता है, वहीं जब भारत में आकर बस जाते हैं तब हम उसके आदी बन जाते हैं। दोस्तोएवस्की जिस गहराई के साथ गरीबी का चित्रण करता है उस गहराई से चित्रण करने वाले कन्नड़ के उपन्यासकार बहुत कम मिलेंगे। अपनी आँखों के सामने जो भीषण सत्य का स्वरूप दिखाई देता है उसके प्रति भारतीय लेखक कठिया गया है। हम जो प्रतिक्रिया व्यक्त करते हैं वह अस्पष्ट शब्दों में; विशेषणों की भरमार की होती है या दिल्ली के इंपीरियल

होटल के एअरकंडिशंड बॉल-रूम में बैठकर अपना फैसला सुनाने वाले उस भारतीय अंग्रेज लेखक के अंदाज की होती है जो दावा करता है कि अब साहित्य का जमाना गुजर गया अथवा उस जनप्रिय तमिल लेखक की भाँति जिसने अपना परिचय स्वयं कराते हुए नेशनल बुक ट्रस्ट द्वारा आयोजित एक सभा में कहा था कि वे समाजवाद, देश की अखंडता आदि में विश्वास रखते हैं, (एक मंत्री महोदय भी वहाँ उपस्थित थे) सामाजिक अन्याय के विरोध में लिखे एक उपन्यास को सात हजार पाँच सौ का आय-कर मुक्त पुरस्कार मिला (उन्हीं के शब्दों में) था। जब उस व्यक्ति ने इस प्रकार अपना परिचय दिया तब साफ़ जाहिर था कि वह सत्तारूढ़ लोगों के सामने यह दिखाना चाहता था कि वह बिकाऊ है।

मुझे इस बात की चिंता है कि क्या मध्यम-वर्ग का कोई लेखक विद्रोही साहित्य की रचना कर सकता है ? हममें से ज्यादातर लेखक ऐसे साहित्य का निर्माण कर सकते हैं कि जिससे अपने पाठक—जो स्वयं मध्यम-वर्ग के ही होते हैं—तनिक लज्जित होकर अपमान का अहसास कर सकें। सबसे बढ़िया काम हम यह कर सकते हैं कि जो हममें आत्म-प्रवंचना है, हमारी कथनी और करनी में जो खाई है, हमारे और यहाँ के गरीबों के बीच के भाग्य के प्रति नजरंदाजी है—इन सारी बातों के बारे में हमें चाहिए कि हम कुरेद-कुरेदकर लिखें। अपनी सीमाओं के प्रति जैसे-जैसे जाग्रत होते जाएँगे वैसे-वैसे हम ठोस बनते जाएँगे। अपनी सीमाओं के प्रति जाग्रत होने में अपने वर्ग की सीमाओं के प्रति जाग्रत होना भी शामिल है।

ठोस विद्रोही साहित्य का निर्माण कर पाना ब्लेक और लॉरेंस जैसे लेखकों से ही संभव है। याद रहे कि ये दार्शनिक भी थे। हम आज क्या हैं इस यथार्थ के साथ लॉरेंस और ब्लेक ने इस संभावना का भी अंदाजा लगा लिया था कि हमें क्या बनना है। जो साहित्य केवल यह बताता है कि हम क्या हैं, वह डाक्युमेंटरी मात्र बनकर रह जाता है; हमें क्या बनना चाहिए—इसी बारे में जब लिखा जाता है तब वह प्रचार का रेहटरिक् बन जाता है। सच्चे लेखक को चाहिए कि उसमें एक साथ यथार्थ और आदर्श को ग्रहण करने की क्षमता हो। तभी वह ठोस बन सकता है।

हम जो बौद्धिक स्तर पर ग्रहण करते हैं उससे ठोस साहित्य प्राप्त नहीं किया जा सकता। जब एक भारतीय अंग्रेजी कवि अन्य लेखकों के सामने साहित्य को छोड़कर सच्चे विद्रोह में जुट जाने का स्फूर्तिदायी भाषण दे रहे थे तब मुझे लगा कि उनसे किसी ने पूछा क्यों नहीं कि यदि आपको वास्तव में भारतीय जनता के प्रति रुचि है तो आप भारतीय भाषा में लिखकर जनता को क्रियाशील बनाने की खातिर उन्हें जगाने के काम में क्यों नहीं जुट जाते ? लगभग सभी लोग उनके रेहटरिक् की प्रशंसा करते बैठे थे; दो-एक लोगों ने दबी आवाज में विरोध किया कि कमलादास जैसे कवियों की रचनाओं को नजरंदाज नहीं किया जा सकता। जब हम किसी अस्पष्ट आदर्श से बँध जाते हैं तब हमारे सोचने तथा अभिव्यक्त करने के क्रम में बनावटीपन आ जाता है। बसवण्णा, अक्कमहादेवी, कबीर जैसे रहस्यवादी कवियों की रचनाओं में मुझे ईमानदारी का सच्चा

विद्रोही साहित्य मिलता है। आज भी साधारण जनता अपने प्रस्तुत समाज की कुरीतियों का जायजा इन कवियों से प्राप्त मौलीकरण द्वारा पा लेते हैं, जबकि विचारवादी लोगों का विद्रोह अव्यक्त और अस्पष्ट बनकर रह गया है।

यदि हमारा सामाजिक विद्रोह गहरा होता है तब वह तात्त्विक आयाम को प्राप्त करता है। यों तो हर तात्त्विक विद्रोह यदि वह जीवन में जड़ जमा चुका हो तो उसके लिए सामाजिक, आर्थिक बुनियादें आवश्यक हैं। यह बात मैं इसलिए कह रहा हूँ कि भारतीय साहित्य-मंच पर किस प्रकार के विद्रोह की आवश्यकता है और यथार्थ भी है—इस संबंध में मार्क्सवादियों में तथा नव्य-पंथ वालों के बीच खोखली चर्चा चल रही है।

सृजनात्मक साहित्य प्रधानतया सोचने के लिए चुनौती देता है; वह हमें क्रांतिकारी राजनीति की प्रक्रिया के लिए उद्दीप्त नहीं करता। यदि लेनिन के लिए इस प्रकार की प्रक्रिया में जुट जाना संभव होता तो सृजनात्मक साहित्य के निर्माण का मार्ग नहीं चुनना पड़ता। कोई नारा किसी कविता की अपेक्षा अधिक कारगर हथियार बन सकता है। जरूरी नहीं कि कोई अच्छा विद्रोही लेख अच्छा साहित्य हो। जब मुझे अपने समाज की कुरीतियों के प्रति वास्तव में गुस्सा आया हो तब मुझे साहित्य की अपेक्षा अन्य प्रकार की कारगर प्रक्रियाओं में जुट जाना ही पड़ सकता है। सामाजिक कुरीतियों के प्रति तथा उनके विरोध में जूझने की आवश्यकता के प्रति यदि मेरी अस्मिता पूरी तरह से सजग होगी तो मेरे सृजनात्मक लेखन में—चाहे वह प्रेम-गीत ही क्यों न हो—क्रांतिकारी प्रज्ञा अभिव्यक्त हो सकती है। किंतु एक क्रांतिकारी राजनीतिज्ञ अपने क्षेत्र में तत्काल जितनी कारगर सफलता पा सकता है प्रायः मेरे लेखन से वह संभव नहीं हो सकेगी। अथवा हो सकता है कि मैं जो लिखता हूँ वह जनता की भावना तथा क्रिया की प्रक्रिया की दिशा को बदलने वाला होने के कारण भविष्यत् में राजनीतिज्ञ की प्रक्रिया से भी अधिक कारगर सिद्ध हो सकता है। किंतु साहित्य से वह काम तभी संभव हो सकता है जब वह केवल साहित्य मात्र बना रहता है; अर्थात् जब वह सोचने के लिए चुनौती बना रहता है; और जब वह क्रिया के लिए आह्वानित करने वाला रेहटरिक् का शोरगुल नहीं बना होता।

(अनु.—नंदकुमार हेगड़े एवं प्रो. नूरजहाँ बेगम)

अक्षर-ज्ञान और प्रज्ञा

जब इस संभावना की कल्पना कर लेंगे कि बाल्टी में मल भरकर सिर पर ढोने वाले मेहतर के हाथ में यदि कोई पुस्तक या कोई दैनिक पत्रिका हो, तब उसके मन में मल ढोने के बारे में क्या भावनाएँ उठ सकती होंगी ? ढोने वाले के बारे में हमें कैसा लगेगा ?

हमारे सामाजिक जीवन की ट्रैजेडी यह है कि ऐसी संभावना की कल्पना कर पाना भी हमारे लिए असंभव-सा लगता है। यथास्थिति के हम आदी बने हुए हैं। हर दिन जो हम सड़ाँध, हिंसा, असमानता देखा करते हैं उससे हमें लज्जा नहीं होती।

हम हो-हल्ला किया करते हैं कि रूस और चीन देशों में राजनीतिक स्वतंत्रता नहीं है; हमें आश्चर्य होता है कि वाक्-स्वातंत्र्य के बिना वहाँ के लोग कैसे जीते होंगे ? अपने देश की वह हिंसा हम क्यों नहीं देख पाते जो हर दिन हमें मारती रहती है और कोढ़ की भाँति हमारी नैतिक भावनाओं का क्षरण करती है तथा जीवन को मटियामेट बना देती है। हमारी संवेदना जो हमारे वर्ग के सुख-दुख तक ही सीमित ट्रैजेडी है वह अपने समाज का एक विशेष गुण कही जा सकती है।

मेरी जिज्ञासा यह है कि यदि मल ढोने वाला मेहतर पत्रिका पढ़ सकता है तो हममें और उस मेहतर में जो मानवीय संबंध है उन दोनों में कोई विस्फोट तो नहीं होगा ? यह जिज्ञासा इसलिए कि भले ही वह आज मेरी भाँति मनुष्य ही क्यों न रहा हो, क्या मेरी भाँति खीस-खुनस, पढ़कर आनंद लेने की क्षमता, मेरी भाँति वेतन पाने वाले नौकर बनने की शक्ति आदि गुणों की संभावना उसमें नहीं होगी ! यदि होगी भी तो हम दोनों के बीच इतना अंतर है कि उस व्यक्ति में छिपी इस संभावना की न मैं कल्पना कर सकता हूँ और न वह। क्या अक्षर-ज्ञान इस असहज अंतर को पाट सकेगा ? निरक्षर की अपेक्षा साक्षर व्यक्ति लगभग हमारी भाँति का मनुष्य जैसा ही तो लगता है। अतः हमें बड़ी गंभीरता से इस प्रश्न पर विचार करना होगा कि मानवीय संबंधों में विस्फोट उत्पन्न करने के लिए सभी लोगों का साक्षर होना क्या पहली अनिवार्यता नहीं है ? क्या हम ऐसा निर्णय ले सकेंगे कि रोटी-कपड़े की आवश्यकता की आपूर्ति से पहले सभी को अक्षर-ज्ञान प्राप्त हो ? मुझे लगता है कि वास्तव में यदि सामाजिक परिवर्तन की आतुरता होगी तो सार्वत्रिक साक्षरता का निश्चय हम करेंगे ही। किंतु मुँह खोलकर कहने

की आवश्यकता नहीं कि ऐसी आतुरता इस देश में दिखाई नहीं देती।

उग्र समाजवादी भी प्रायः मेरा उदाहरण सुनकर हँस देंगे। उनकी दलील हम जानते हैं। आर्थिक मामलों में पहले परिवर्तन होने चाहिए। बसव प्लस् गांधी माइनस् फ्लश-शौचालयों से हरिजनों का उद्धार नहीं हो सकता। गांधी के साथ-साथ फौलादी पाइप भी चाहिए। तभी मल ढोने की अनिवार्यता समाप्त हो सकती है। सुधारक-समाजवादी बड़ी हमदर्दी से कहता है : इसी क्षण हथ-गाड़ी से मल हटाया जा सकता है; आवश्यक कानून बना लेंगे।

किंतु, मुझे यों प्रश्न करने का मन होता है कि यदि हम इसी क्षण सब-के-सब को साक्षर बनाने की चेष्टा करेंगे तो हथ-गाड़ी से मल हटाने में हो या सिर पर ढोने में ही हो अपने जीवन का दायरा पाने के लिए क्या कोई मनुष्य कहलाने वाला प्राणी राजी हो सकेगा ? सार्वत्रिक साक्षर-ज्ञान के द्वारा हममें और उसमें क्या नई प्रज्ञा का आविर्भाव नहीं हो सकेगा ? इसी क्षण किसी अछूत के साक्षर बन जाने से जो विस्फोट हो सकता है—उसकी प्रज्ञा में हो या हमारी प्रज्ञा में अथवा हम दोनों के बुनियादी मानवीय संबंध की प्रज्ञा में—वह कैसे व्यापक परिवर्तन के लिए प्रेरक बन सकता है ? तब, अपने आपको सामाजिक क्रांति से प्रतिबद्ध घोषित करने वाले इन सत्तारूढ़ लोगों में ऐसे विस्फोट के लिए आवश्यक ललक क्यों नहीं है ?

आज की परिस्थिति में किसी अछूत का साक्षर होना तभी संभव है जब वह मध्यम-वर्ग के स्तर तक पहुँचने की अवस्था को पा लेता है। किंतु इस प्रकार के क्रमिक परिवर्तन से हमारा वांछित विस्फोट नहीं होना चाहिए। क्योंकि ऐसा अछूत व्यक्ति नव-ब्राह्मण्य के स्तर पर पहुँचकर अपने वर्ग के लोगों के शोषण के लिए पहले से ही तैयार हो जाता है। मेरे इस लेख का उद्देश्य इस बात का पता लगाना है कि उसकी वर्तमान दीन-दलित अवस्था में ही क्या हम उसे साक्षर बनाने का निर्णय ले सकते हैं ? बहुसंख्यक भारतवासी आज भी निरक्षर ही हैं। अतः हमारे बीच मानवीय संबंधों की प्रज्ञा भी नहीं है। हममें से संवेदनशील मनोवृत्ति वाले कुछेक लोग क्या ऐसे भी पाए जा सकते हैं जो इस दर्दनाक स्थिति के बारे में सोच सकते हों ?

तात्पर्य यह कि युद्धकालीन तत्परता के साथ हमें निरक्षरता के निर्मूलन में जुट जाना चाहिए। जिन लोगों के लिए शारीरिक एवं मानसिक कारणों से साक्षर बनना संभव नहीं है उन्हें छोड़कर शेष सभी लोगों के लिए साक्षर न बने रहना एक अपराध घोषित कर देना चाहिए। अब गर्भ-निरोध का प्रचार तथा विश्वविद्यालयों में शोध-कार्य आदि पर जो खर्च किया जा रहा है उसे यदि आवश्यक हो तो स्थगित करके उस पूँजी को साक्षरता के प्रचार में लगाना चाहिए। आर्थिक रूप से स्वयं परिपूर्ण होने में पता नहीं हमें कितना समय लगेगा; किंतु सारे देश को साक्षर बनाने के लिए यदि इस उपाय को कारगर बनाएँगे तो सफलता पाने के लिए दो-तीन वर्ष काफी हैं। तात्पर्य यह कि हमारी जनता के आर्थिक क्षेत्र में परिवर्तन आने से पहले ही लोगों को साक्षर हो जाना चाहिए। यदि लोग तत्काल साक्षर हो जाएँगे तो हमें विश्वास करना चाहिए कि हमारी जनता के बीच

जो वर्ग-भेद है, जीवन के प्रति जो हीन-भावना है, पालन-पोषण करने की क्षमता न रखते हुए भी बच्चे पैदा करने की जो मूर्खता है, शासन की भाषा को लेकर जो विवाद है—इन सारी समस्याओं के प्रति देश-भर में एक वैचारिक क्रांति हो सकेगी। आर्थिक क्रांति के द्वारा इन सबके साक्षात्कार का संकल्प करने वाले समाजवादी लोग उन पूँजीवादियों से भिन्न नहीं जिनकी धारणा होती है कि यदि जनता के लिए रोटी और कपड़े की व्यवस्था हो जाएगी तो वह किसी-न-किसी तरह सुशिक्षित हो सकती है।

ब्राह्मण वर्ग को ही लीजिए। सामान्यतया हर एक ब्राह्मण—चाहे वह रसोइया हो, पुजारी हो या चपरासी—साक्षर होता है। अतः उसके प्रति हमारा सोचने का ढंग ही निराला होता है। ब्राह्मण यदि चपरासी भी होगा तो उसके अफसर का उसके साथ बहुवचन में (या आदरवाची) संबोधन करने को मन करता है। है न ? यही नहीं, बल्कि किसी भी अवस्था में ब्राह्मण प्रगति के लिए लालायित रहता है। आप न सही, अपने बच्चों को तो पढ़ाएगा ही। कैसे-कैसे सपने देखा करता है। किंतु मल ढोने वाली खोपड़ी में भला कैसे सपने दिखाई दे सकेंगे ?

हमारे सोचने का क्रम ऐसा है कि इस मेहतर के मध्यम-वर्ग तक उठने की असीम कालावधि के परिवर्तन के द्वारा या फौलादी पाइप की आर्थिक क्रांति के द्वारा इस समस्या का हल हो सकता है। मेरी दलील का तात्पर्य यही है कि इस प्रकार की सोच सामाजिक प्रज्ञा को सृजनात्मक नहीं बना सकती। हमें ऐसे कार्य-विधानों को खोज निकालना है जो नए यथार्थ की आकांक्षा और ललक को तत्काल पल्लवित कर सकें। मेरा आशय है कि यदि तत्काल सार्वत्रिक साक्षरता को साकार करने की ललक हममें जागने की संभावना है तो भारतीय मनोभूमि के मूलभूत रूप से परिवर्तित होने का विश्वास उत्पन्न हो सकता है।

आज कांग्रेसी समाजवादियों की बातों का अंदाज, कम्युनिस्टों के विचार सभी बसियाने लगे हैं। लगता है कि क्रांतिकारी परिवर्तन के लिए जिस संदर्भ की आवश्यकता है उसके निर्माण में सभी हार खा गए हैं। हमें बेमुरव्वती से सोचना होगा कि हमारे देश के सभी प्रधान राजनीतिक पक्ष किसी-न-किसी प्रांत में सत्तारूढ़ होते हुए भी ऐसे माहौल का निर्माण क्यों नहीं कर सके कि जनता के मन में वर्तमान यथार्थ के प्रति तीव्र जुगुप्सा उत्पन्न हो सके !

संभवतः इसका एक कारण हो सकता है : आज जो बोल सकते हैं वे सारे लोग या तो मध्यम-वर्ग के हैं या कारखानों में नियमित रूप से वेतन पाने वाले मजदूर वर्ग के हैं। मूलभूत सामाजिक परिवर्तन का निर्णय लेने वाले प्रायः ये लोग हैं ही नहीं। किंतु संसदीय राजनीति में यही लोग वोट चलाते हैं। जनमत को बनाने की शक्ति इनके हाथ में है। सभी राजनीतिक पार्टियाँ इनके पीछे पड़ी हैं। पता नहीं, लेख लिखते समय मैंने भी ऐसा भ्रम क्यों पाल रखा है कि इसी वर्ग के लोग सार्वत्रिक साक्षरता को साकार करेंगे।

आज हाईस्कूल तक पढ़े, मंद बुद्धि वाले लड़के का किसी तरह खटपट करके

स्नातकोत्तर पदवी तक पढ़ सकना संभव है। जब वह एम.ए. कर लेता है तब किसी तरह उस स्तर से कुछ ऊँचाई तक पहुँच जाता है जो कि वह हाईस्कूल की पढ़ाई में पहुँचा था। किंतु यह लड़का जो दूरी तय करता है उससे कहीं अधिक दूरी वह निरक्षर व्यक्ति साक्षर होकर तय कर सकता है, भले ही वह खास बुद्धिमान क्यों न रहा हो। आज ऐसा शोषक वर्ग जो हर तबके का है, हर तालुके में अपने-अपने डिग्री कॉलेजों की स्थापना करने लगा है। इनके प्रयोजन की बात तो रही; इस वर्ग के हाथ में अधिकार होने के कारण सभी लाभ वह अपने हित में करने लगा है।

किंतु जब एक निरक्षर व्यक्ति साक्षर बनता है तो मानो उसके हाथ में एक बंदूक आ जाती है।

किंतु प्रश्न यह है कि क्या हम उसके लिए तैयार हैं ?

(अनु.—नंदकुमार हेगड़े एवं प्रो. नूरजहाँ बेगम)

दलित जनता और साहित्य

(कुछ फार्मूले और उनके उत्तर)

1. जब एक अपमानित व्यक्ति स्वाभिमानी बन जाता है तब उससे निर्मित होने वाले साहित्य की अपनी एक विशेषता होती है। गुणात्मकता की दृष्टि से हम उसे प्रतिरोधी साहित्य कहते हैं। अवधारणा एवं विषय-वस्तु की दृष्टि से भी इस प्रकार का साहित्य पाठक को तुष्टि देने से कतराता है। कैथार्सिस में झकझोरे जाने वाले पाठक के भाव-लोक को कोमल स्पर्श द्वारा शमन करने की दिशा में इस प्रकार की रचनाएँ नहीं ले जातीं। हमारी अस्मिता की मौलिकता पर ही ऐसी रचनाएँ प्रश्न-चिह्न बन जाती हैं।
2. अपमानित व्यक्ति यदि अछूत हो तब हमारा दलित साहित्य फूट पड़ता है। अतः अपमानित लोगों के विश्व-साहित्य के बीच इस साहित्य की अपनी खास पहचान होती है।
3. अछूत व्यक्ति अपने बचपन में केवल अपनी मातृभाषा के दायरे में ही पलता है। और ऐसे पारिवारिक माहौल में पलता है कि अपनी भावनाओं को विश्लेषणात्मक ढंग से अभिव्यक्त नहीं कर सकता। ऐसी स्थिति में उसकी संवेदना विशेष प्रकार की होती है। अर्थात्, उसकी मनोदशा ऐसी होती है कि दबाकर रखा हुआ दर्द केवल रूपक के रूप में फूट पड़ने की वेदना से बेचैन रहता है। इस प्रकार अपमानित + स्वाभिमानी + अछूत + केवल एक भाषा के दायरे में पला हुआ + ऐसी मनोदशा वाला जो अपने ही बारे में विश्लेषणात्मक ढंग से कुछ कह नहीं पाता—ये सभी अंश समवेत होकर जिस प्रतिभा को जन्म देते हैं उस प्रतिभा के लिए आवश्यक है कि वह एक असाधारण रूपक-शक्ति से संपन्न हो। ब्लेक, बेंद्रे जैसी हस्तियों के लिए रूपक एक अलंकार न होकर यदि उनकी व्यक्तिगत प्रतिभा से प्राप्त जीवन का वार्तालाप बन सकता है तो इन दलित लोगों में इतना सहज बना रहता है कि मानो उनकी साँसों का सांस्कृतिक संदर्भ हो। इसका मतलब यह नहीं कि सभी दलित लोग साहित्यकार होते हैं। अलग से कहने की आवश्यकता नहीं कि एक साधारण अवस्था की असाधारण अभिव्यक्ति इस तबके के संवेदनशील व्यक्तियों से ही संभव है।

4. अछूत दलित की अवमानना की अवस्था केवल व्यक्तिगत नहीं होती। उसे अहसास होता है कि वह अवस्था अपने सभी लोगों की है। इस मनोदशा को रूपायित करने वाला एक रूपक व्यक्तिगत तथा सांस्कृतिक आयामों को एक साथ अविभाज्य रूप से पा लेता है।

5. उपनिवेशवाद के फलस्वरूप भारत की सारी जनता अवमानित ही है। बार-एट-लॉ पास करके विदेशी बाना पहने रहने पर भी दक्षिण अफ्रीका में प्रथम श्रेणी के डिब्बे से धकेल दिया गया गांधी इस समष्टि अवमानना का प्रतीक है। किंतु भारत की स्थिति ऐसी है कि इस प्रकार बार-एट-लॉ करके प्रथम श्रेणी के डिब्बे से बाहर खदेड़ा गया व्यक्ति ही (गांधी उस जमाने के एक अपूर्व अपवाद हैं) अपने देश के अछूतों के कुएँ का पानी पीने से इनकार करता है। इस प्रकार अछूत के लिए विदेशी शासकों से भी तथा स्वदेशी शासितों से भी अवमानित होने की स्थिति थी और है। दलित की यह प्रज्ञा विशेष प्रकार की थी कि ये दोनों एकजुट होकर उनका अपमान कर रहे हैं। किंतु एक दलित व्यक्ति की इस धारणा की संभावना भी थी कि ब्राह्मण को अवमानित करने वाला उपनिवेशवाद अपने छुटकारे के लिए अनुकूल होगा। ऐसी धारणा के कारण ही अंबेडकर गांधी के विरोधी बने।

6. सिर पर शिखा रखने वाला, सिर-मुंडी विधवा माँ का, सनातनी ब्राह्मण परिवार का बेटा पेट की खातिर सुशिक्षित होकर भी अपने इस इलेक्ट्रॉनिक युग के संदर्भ में अवमानित होकर ही जी रहा है। मैंने पहले जिस रूपक-शक्ति का उल्लेख किया है उसकी अपेक्षा दलित की वह रूपक-शक्ति अधिक संकीर्ण होती है जिसे अहसास होता है कि अवमानित होने वाले ब्राह्मण-पुत्र की अवस्था में भी अपना कुछ अंश है। फास्टर कहता है, 'Only Connect'। इस प्रकार स्वदेशियों के बीच अपना अछूतपन, समग्र देश के रूप में अपना अवलंबन, साथ ही साथ अपने को परेशान करने वाले इर्द-गिर्द के लोगों की मूर्खता और लाचारी, इतिहास के सभी कालों में किसी भी देश में इस प्रकार घटित होने का अहसास—इन सारी वेदनाओं को अपने में दबाए रखा हुआ दलित साहित्यकार जानता है कि ये वेदनाएँ विश्लेषणातीत अवस्था में हैं, इन्हें अपनी अनिवार्य आवश्यकता के अनुसार कितनों के साथ 'Connect' करना पड़ता है ! दलित साहित्य का यही सच्चा संदर्भ है।

डॉ. के. वी. नारायण द्वारा उठाए गए निम्नांकित प्रश्नों के लिए उपर्युक्त परिप्रेक्ष्य में मेरे उत्तर इस प्रकार हैं :

1. ***क्या आप बता सकेंगे कि दलित आंदोलन और साहित्य के बीच जो आपसी प्रभाव हुआ है, उसे आप किस अंदाज़ में स्वीकार करते हैं ?***

अपने यहाँ जो दलित आंदोलन छिड़ा उसमें केवल देवनूर महादेव में ही उस संवेदना की संभावना लक्षित होती है जिसका उल्लेख मैंने ऊपर किया है। इसीलिए वे समकालीन कन्नड़ साहित्य को प्रभावित करने में सक्षम हुए हैं। साथ ही साथ

कन्नड़ साहित्य में चाहे वह किसी जाति वाले का लिखा हुआ क्यों न हो, यदि वह अत्युत्तम है, उसमें स्वाभिमान और गरीबी के संयोग से उत्पन्न संवेदना है तो दलित साहित्यकार उस कन्नड़ साहित्य का निराकरण नहीं कर सकते। मेरी यही धारणा है कि वचन साहित्य से लेकर आज तक प्रकाशित अनेक रचनाएँ दलित आंदोलन के लिए प्रेरक शक्तियाँ ही बनी हुई हैं।

2. ***साहित्य के सृजन और संवहन प्रकिया में इधर के वर्षों में जो समूहगत लक्षण उभरकर आ रहे हैं, आपकी राय में उनका दलित साहित्य के साथ कैसा नाता जोड़ा जा सकता है ?***

दलित साहित्य यदि अत्युत्तम होता है तो उसकी रूपक-प्रतिभा इतनी गहरी होती है कि हमारी लंपटता की समूहगत झीनी संस्कृति उसे समझ ही नहीं पाती। महादेव के उपन्यास पर धारावाहिक बनाकर 'सुद्दी संगाति' को अपने पाठक खोने पड़े और अब वह जिन रचनाओं को धारावाहिक बना रहा है वे किस कोटि के हैं, इसी से मेरा यह कथन प्रमाणित होता है।

3. ***कन्नड़ संस्कृति की समष्टिगत समकालीन मूर्तताओं के साथ दलित आंदोलन किस प्रकार स्पंदित होता है ?***

अपमानित अछूत लोग जब राजनीतिक प्रकिया में जुट जाते हैं तब संभवतः उस संवेदनशील अवस्था में रह पाना कठिन है जिसका उल्लेख मैंने ऊपर किया है। सभी प्रक्रियाओं की अनिवार्यता है कि वे हमारी चिंतन-प्रणाली को आसान बना दें। हर अतिरेकता में अभिव्यक्त होने वाली वस्तु के पीछे भी सत्य छिपा रहता है; अतः उसके लिए उस रजोगुण-प्रधानशक्ति का पाया जाना अनिवार्य है जो सभी के जीवन को वेध सके। किंतु ऐतिहासिक दृष्टि से क्रमशः यह नरम पड़ जाती है। दलित आंदोलन के एक नेता श्री कृष्णप्पा को कुवेंपु की रचनाओं को 'रिएक्शनरी' करार देते हुए मैंने सुना है। इसी तरह बसवलिंगप्पा को (अंबेडकर की भाँति) यह कहते सुना है कि यदि अंग्रेजी नहीं होती तो हमारा छुटकारा संभव नहीं था। और यह भी सुना है कि वैदिक ब्राह्मणों के प्रति क्रुद्ध होकर कुवेंपु ने कहा था कि यदि उन पर अंग्रेजी शिक्षा का प्रभाव नहीं हुआ होता तो उन्हें किसी ब्राह्मण के घर गोबर ढोने का काम करना पड़ता। हमारी संस्कृति के संदर्भ में ये सारी बातें स्वाभाविक हैं। किंतु ये सारी बातें प्रतिक्रियात्मक हैं या वाग्वाद की गरमाहट से निकली हुई हैं। एक जन-समूह के रूप में ही हमें जिन विदेशियों ने दुर्बल बनाया उन्हीं की भाषा में हमारा अपने छुटकारे के आशय को ढूँढ़ निकालना ऐतिहासिक दृष्टि से सोचने की बात है, क्योंकि उसमें कुछ आंशिक सत्य होता है। यह इस बात का प्रमाण है कि सर्वत्र मानवीय स्वभाव जिस संस्कृति का सृजन करता है वह आपस में विरोधी सत्यों से समाहित रहता है। जिस प्रकार हिरण्यकश्यप से प्रह्लाद का जन्म हुआ था उसी तरह शेल्ली के 'प्रिमीथियस' नाटक में दुष्ट नायक के गर्भ से उसे संहार करने वाला डेमागार्गन् जन्म लेता है। किंतु मैंने जो

कहा उस संवेदनशील अवस्था में इस प्रकार की प्रक्रियाएँ अर्द्धसत्य-सी लगती हैं। मैं यह तो नहीं कह सकता कि कन्नड़ के अत्युत्तम दलित साहित्य में, चाहे वह महादेव का ही क्यों न हो, इस प्रकार की संवेदना पाई जाती है; अलबत्ता उसके निकट अवश्य पड़ती है। अतः, हमारे दलित साहित्यकार बेंद्रे, कुवेंपु, कारंत, अडिग, कुमारव्यास, वचनकार—इन सबसे सीख ले सकते हैं। यही नहीं, मास्ति से भी ले सकते हैं, पुरंदरदास से भी ले सकते हैं।

4. ***संसार के कई साहित्यों में जो प्रतिरोध साहित्य देखने में आता है उसके परिप्रेक्ष्य में दलित साहित्य के पदचिह्नों को देखने से क्या लगता है ?***

अमरीका के काले लोगों का प्रतिरोधी साहित्य, अफ्रीका का प्रतिरोधी साहित्य, लैटिन लोगों का प्रतिरोधी साहित्य—यह सभी जब हमारी आँखों के सामने होता है तब हम पाते हैं कि अपने दलित साहित्य ने बहुत कम ठोस रचनाएँ दी हैं। उसकी साधना की उपेक्षा नहीं करनी चाहिए। ऊँची जाति के समालोचकों के लोकप्रिय होने की खातिर या अपने अन्य लोगों में सद्भावना उत्पन्न हो इस आशय से कन्नड़ दलित साहित्य की मुक्तकंठ से प्रशंसा करना बेईमानी होगी। महादेव की रचनाओं को चाहते हुए भी मैं यह बात कह रहा हूँ। विश्व-साहित्य की बात तो रही, किंतु, अपने कन्नड़ साहित्य के संदर्भ में दलितों ने आज तक जो लिखा है वह महत्त्वपूर्ण पदचिह्न अवश्य है लेकिन कोई महान उपलब्धि नहीं है। इस बात का ध्यान रखना दलित साहित्यकारों के लिए बहुत जरूरी है।

(अनु.—नंदकुमार हेगड़े एवं प्रो. नूरजहाँ बेगम)

गांधी, जिसने मृत्यु के भय को मात कर दिया था

मैं जिस विश्वविद्यालय में पढ़ाता हूँ उसकी इमारतों की सफ़ेद दीवारों पर लाल अक्षरों में युवा पीढ़ी ने अपने दिल का जो गुबार निकाला था, उसका एक अंश मैं हर रोज पढ़ा करता था, 'हमें सुधार नहीं, बदलाव चाहिए'। वे ऐसे जोशीले सपनों के सौदागर थे कि रोजमर्रा के जीवन की दौड़धूप से अभी आहत नहीं हुए थे। इनमें कुछ लोग आत्मरत भी रहे होंगे और कुछ लोग हेकड़ भी। किंतु हर जनजाति में जब तक इस प्रकार की बातें कहने का मन रखने वाले लोग होंगे तब तक व्यक्ति और समष्टि के आपसी संबंधों में औरों के हित के बारे में चिंतन करने की आकांक्षा रहेगी ही। इस प्रकार लिखने की ललक जिनमें होती है, प्रायः उनके लिए गांधी जी आदरणीय व्यक्ति नहीं होते। फिर भी मैं इस आशय से अब अपनी बातों की शुरुआत कर रहा हूँ कि ऐसे सपनों के सौदागर, युवाओं को भी गांधी जी प्रासंगिक लगे।

ठीक ही तो है—सुधार का तात्पर्य है पैबंद लगाने का काम करना। पूँजीवादी व्यवस्था के लिए अर्थशास्त्री केंस ने जो इलाज बताया था उसके अनुसार हमारी व्यवस्था को ढहने से बचाने के लिए तिल-तिलकर उसमें साँस भरने वाले सुधार में जो अतृप्ति समाई रहती है उसे मैं समझ सकता हूँ। लगता है कि तीसरी दुनिया की समस्याओं के लिए इस प्रकार के सुधारों में कोई दीर्घकालीन हल भी नहीं है। किंतु जब यह युवा पीढ़ी परिवर्तन की बात करती है तो मेरा विचार है कि हमारी जानी-मानी सामाजिक क्रांतियाँ ही वे देख पा रहे हैं। चीन में हो या रूस में, जो क्रांतियाँ हुई हैं उनसे बेशक सामाजिक व्यवस्था में परिवर्तन आया है। हमारी दयनीय अवस्था में इस प्रकार के परिवर्तन को नकारा जाना हृदयहीनता का वितंडावाद बन जाएगा। चाहे कुछ हुआ न हो, किंतु इतना तो सच है कि चीन में इतनी दरिद्रता और भूख नहीं हो सकती जितनी भारत में है। साक्षरों की संख्या यहाँ की अपेक्षा वहाँ अधिक है। अतः हमारी क्रांतिकारी युवा पीढ़ी जिस परिवर्तन की बात करती है वह पैबंद लगाने वाले सुधार की अपेक्षा कहीं अधिक मौलिक है। क्योंकि इस परिवर्तन से भले ही कुछ लोगों के प्रति हिंसा होती हो, किंतु अनेक लोगों का धीरज बढ़ाने वाले उत्पातों के फलस्वरूप सारा समाज कुछ समय के लिए ही सही, बदन झाड़कर उठ खड़े होने की चेतना प्राप्त कर सकता है। गरीबों का रोष कूड़े-कर्कट को जला डालनेवाली आग बन जाता है; उनकी ईर्ष्या, जलन,

प्रतिशोध जैसी सारी भावनाएँ एक साथ, अल्पावधि में गुणात्मक अंश को प्राप्त करती हैं।

इतना सब कुछ कहने के पश्चात् भी हमारे युवक जो परिवर्तन चाहते हैं वह भी आत्महीन बन जाता है; क्योंकि उसे लाने वाले नेताओं को हृदयहीन बनना पड़ता है। बड़ी झिझक के साथ मुझे कहना पड़ता है कि यह अनिवार्य है। झिझक इसलिए कि जो भलाई होने वाली है उसमें टाँग अड़ाने वाली आदर्श प्रक्रिया की यदि जाँच-पड़ताल न हो और वह केवल बकवाद बनकर रह जाए तो अनैतिकता होगी। होनी को रोकने की खातिर अनहोनी का ढिंढोरा पीटना राजनीति की धूर्त प्रवंचना हो सकती है। फिर भी ऐतिहासिक सत्य पर परदा डालकर नहीं बोलना चाहिए। आज की पूँजीवादी तथा कम्युनिस्ट व्यवस्थाओं के विकल्प में एक और नागरिकता के निर्माण के लिए आवश्यक विचारों का प्रतिपादन करने में हिचक नहीं होनी चाहिए—भले ही आज उन्हें कोई चाहता न हो। इस पशोपेश में मैं अब बोल रहा हूँ।

चीन में तथा रूस में बड़े महत्त्वपूर्ण सामाजिक परिवर्तन हुए। फिर भी मनुष्य क्यों नहीं बदला ? पश्चिमी देशों की भाँति बहु-उत्पादन के लालची जीवन-क्रम के लिए चीन क्यों पागल है ? प्रायः यह कारण हो सकता है : परिवर्तन तो आया जरूर; किंतु लगता है कि इस परिवर्तन ने जो चेतना भर दी है वह पश्चिमी नमूने के औद्योगीकरण के लिए सारे देश को सक्षम बनाने-भर में संतृप्त हुई है। और लगता है कि युद्ध की तैयारी की खातिर इन देशों ने सामाजिक न्याय को मुल्तवी कर दिया है। इसलिए अंततोगत्वा जो मानव हमें प्राप्त होता है वह अपने स्वभाव एवं सलूक में नया नहीं लगता। दरअसल हर कोई अमरीकन जैसा बनना चाहता है; हम भारतीय भी यही चाहते हैं। जिस तरह सुधार में यथास्थिति ही बनी रह जाती है उसी भाँति लगता है कि क्रांतिकारी परिवर्तन में भी उस जीवन-क्रम में मनुष्य को जिसका मजा मिल चुका है, वांछित गुणात्मक भिन्नता का दबाव काफी समय तक नहीं रह पाएगा।

इसीलिए गांधी के चहेते न सुधार की माँग करते हैं न परिवर्तन की। प्रायः गांधी के बारे में चिंतन करने वाले हम जैसे लोग जिस शब्द का प्रयोग करते हैं वह है परिवर्तन। परिवर्तन से तात्पर्य है नव-नागरिकता में समूचे तौर पर नए मनुष्य को देख पाने का संकल्प। यह केवल भविष्यत् में संभव होने वाली काल्पनिक अवस्था नहीं है। प्राकृतिक सुषमा से जब मनुष्य रोमांचित हो उठता है, चाहत की तीव्रता को खोकर जब मन प्रशांत अवस्था में होता है, उमंग भरे प्रेम में, परिपक्व अनुकंपा में जब अहसास होने लगता है कि हमारे सामने कैसी सुंदर प्रकृति है तब इस परिवर्तन की संभावना केवल भविष्यत् की बात बनकर नहीं रह जाती; बल्कि यहीं, इसी क्षण वह हमारे लिए संभव हो सकता है। कवि लोग, दैवी शक्ति में पागल व्यक्ति, प्रेमी-गण, सुध-बुध खोने वाला हर कोई मनुष्य कुछ क्षणों के लिए ही सही इस अवस्था की अनुभूति पा लेता है।

गांधी जी का एक चित्र मेरा पसंदीदा है। उसमें उनका मुंडा हुआ सिर दाहिनी ओर

कुछ झुका हुआ है; चश्मे के पीछे आँखें शांत भाव से मुँदी हैं; बदन नंगा है। जरूरत से एक रत्ती-भर भी अधिक चर्बी उनके बदन पर दिखाई नहीं देती। बंद पोपले मुँह के उनके चेहरे से मानो प्रशांतता झर रही हो। लगता है कि मुझे और आपको इसी क्षण एकाग्रता में प्राप्त हो सकने वाली असीम संतृप्ति और संतोष की अवस्था है यह। फिर भी इससे अधिक कठिन अवस्था भी प्रायः नहीं होगी !

गांधी जी ने जो परिवर्तन चाहा था वह व्यक्ति का भीतरी परिवर्तन था और वह समाज का था; क्योंकि भीतर और बाहर में कोई विभेद न करने वाला दर्शन था वह। सामाजिक पीड़ा को भी गांधी जी ने व्यक्ति की आंतरिक वेदना के रूप में देखा। इसीलिए अंग्रेजों की साम्राज्यवादी प्रवृत्ति का विरोध करते समय उन्होंने पहचाना था कि उसका बीज एक भारतीय में भी पाया जाना संभव है। यदि शासन करने वाले अंग्रेज हमें तुच्छता से देखते हैं तो क्या हम भी हरिजनों को तुच्छता से नहीं देखते ? गांधी जी ने पाया था कि यह साम्राज्यशाही प्रवृत्ति हर मनुष्य में विद्यमान होती है तथा वह औरों को अपने काबू में रखकर शासन करने की आकांक्षा में समाहित रहती है।

उन्होंने यह भी जाना कि यह लालसा मालिक और गुलाम, दोनों को पस्त करने वाली प्रवृत्ति है। जो कुचला गया है वह जब कुचलाहट को नकारते हुए भड़क उठता है, तब उस एक पल में ही वह सारी मानवता को हथिया लेता है। किंतु कुचलने वाले में बदलाव आना उतना आसान नहीं है। यह चर्बी जो झुकती नहीं उसे दुर्दैवी ही कहना होगा। इसीलिए जिन पर पार्थिव बल की चर्बी चढ़ी हुई पाते थे उनके प्रति गांधी जी असीम दया का भाव रखते थे। जिस प्रकार वैद्य रोगी से उसके हित की बात कहता है उसी भाँति वायसराय लोगों के साथ वे बोला करते थे। लार्ड माउंटबेटन को उन्होंने बकरी का दूध पिलाया था।

जिसने मृत्यु के भय को मात कर दिया हो उसे भला कौन अपमानित कर सकता है ? गांधी जी, जिन्होंने इसे आत्मसात् कर लिया था, सत्य के लिए प्राणार्पण करने के संकल्प से ही सदा कार्योन्मुख हुआ करते थे। इससे जो हर्ष होता है और हर दुष्टता से धीरज के साथ टक्कर लेते हुए आगे बढ़ने का हौसला बढ़ जाता है–इन दोनों के संयोग से मानव कितना सुंदर बन जाता है, इसका प्रमाण हम गांधी जी में ही देख पाते हैं। कहा जाता है कि बच्चों के अतिरिक्त केवल हास्य अभिनेता चैप्लिन ही उनकी भाँति हँस सकता था। इसीलिए गांधी जी की दृष्टि में आंदोलन से यह तात्पर्य नहीं था कि माथे पर बल देकर सिटपिटाकर रह जाएँ; बल्कि लंबे डग भरते हुए दांडी की यात्रा करना था; मुट्ठी-भर नमक द्वारा साम्राज्यशाही के घमंड को उतारने की मांत्रिकता थी। इसके सर्वसामान्य गुण और सबकी सिद्धि चौंकाने वाली थी। गांधी जी ने हमें बताया कि यदि मृत्यु का भय जाता रहेगा तो मनुष्य कितना आह्लादित रह सकता है और कितनी आसानी से, बिना किसी द्वेष के अन्याय का प्रतिरोध कर सकता है। गांधी जी, जिन्होंने अपने को जेल भेजने वाले जनरल स्मट्स के जूते सीकर दिए थे, इतने निर्मम थे कि अपने से प्यार करने वालों को रुला भी सकते थे। जब उनसे पूछा गया कि, 'क्या

घुटनों के ऊपर धोती पहनकर ही अंग्रेजी राजा से मिलने गए थे ?' तब उन्होंने जवाब दिया था कि चक्रवर्ती ने अकेले इतने कपड़े पहन रखे थे कि वे उन दोनों के लिए काफी थे। अंग्रेज के ढोए बेकार के अलंकारों के प्रति गांधी जी ने इस प्रकार का तरस खाया था।

राजनीतिक दृष्टि से गांधी जी ने साम्राज्यशाही को जीवन के एक बड़े शत्रु के रूप में देखा। यह भावना उनमें इतनी गहराई से घर कर गई थी कि साम्राज्यशाही की प्रवृत्ति को मनुष्य के मन से उखाड़ फेंकने के लिए मन के उस थाह की टोह लगाते रहे जिस ओर पहले कभी किसी ने झाँककर भी नहीं देखा था। प्रकृति पर अपना स्वामित्व स्थापित करने की इच्छा रखने वाले मनुष्य के बौद्धिक अहंकार में ही उन्होंने साम्राज्य स्थापित करने की लालसा पाई। मनुष्य की दुर्दमनीय कामुकता में और इस कामुकता का पोषण करने वाली भोग-सामग्री का निर्माण करने वाली नागरिकता में उन्होंने उसकी प्रेरणा को पाया। मनुष्य की पहुँच के बाहर स्वयं-चालित संकीर्ण राक्षस बनती हुई आधुनिक अर्थव्यवस्था में गांधी जी ने साम्राज्य-दाह देखा। इस प्रकार देखते-देखते मनुष्य का भयानक भूत बन जाना उसके सच्चे सुख के लिए अवरोधक बन जाता है—इस सीधे-सादे सत्य को उन्होंने पा लिया। हमारी मृत्यु के समय यदि हमारी सोचने की शक्ति रहेगी तो ऐसा सत्य साफ़-साफ़ दिखाई दे सकता था। मृत्यु नामक सत्य को भुला देने के कारण ही इस प्रकार हर बात को भयानक भूत के रूप में बढ़ा लेने का मोह मन में उत्पन्न होता है। इस सत्य का अहसास करके गांधी जी ने साम्राज्यशाही का यहाँ तक तिरस्कार किया कि स्वयं घुटनों के ऊपर तक ही धोती पहन रखी। वे स्वयं कितना कम खाते थे, कितना कम पहनते थे, कितना अधिक काम करते थे—उस निग्रह की सख्ती के लिए किसी व्यवस्था के तकाजे की मुरव्वत नहीं थी; कड़ी नजर से रखवाली करने वाले प्रभु की आवश्यकता नहीं। जैसे-जैसे प्रभुता घटती जाती है, किसी राज्य के साम्राज्यशाही बनने का प्रलोभन भी तिरोहित हो जाता है। तात्पर्य यह कि जैसे-जैसे आक्रमणशाली इंद्रिय-लालसा घटने लगती है तो वह सरकार रूपी व्यवस्था भी अत्यंत सरल बन जाती है जिसे हम अपने आपको नियंत्रण में रखने के लिए बना लिया करते हैं। गांधी जी ने हमें विश्वास कराया कि इस प्रकार का जीना सुख का निराकरण करना नहीं है; बल्कि मरते दम तक सुखी बनकर ही जीना है।

उनका अनुभव कितना ठोस था इसका अहसास हम सबकी अनुभूति से ही हो जाता है। जब कामुकता की बहुलता होती है तब स्वस्थ काम ही नष्ट हो जाता है। प्यार से उत्पन्न प्रणय के शांत-रस का आस्वादन एक लंपट व्यक्ति नहीं कर सकता। हद से ज्यादा खाने से पाचन-शक्ति ही नाश हो जाती है। तड़क-भड़क पहनावे में मनुष्य का सुंदर दैहिक गठन बनावटी और निस्तेज बन जाता है। विरह के बिना प्रेम नहीं; भूख के बिना स्वाद नहीं। काम की दाह जो प्राप्ति के लिए ही भड़क उठती है वह प्राप्ति के बाद सफल होते ही मिचली-सी होने लगती है। काम-जीवन के बारे में गांधी जी के विचारों से सहमत होना हमारे लिए जरूरी नहीं है। किंतु वह जो कहर ढाता है,

शैतान की तरह हमें सताता है इसका गहरा अनुभव गांधी जी को था। उससे वे इतना दहल गए थे कि जितना सुख पाता है उतना ही सुख देने वाले स्त्री-पुरुष के मैथुन को भी उन्होंने नकारा था। स्वयं स्त्री बन जाने की बलात् साधना में यह निराकरण प्रायः उनके लिए अनिवार्य बन गया हो। हो सकता है कि लोक-मंगल के लिए सारी कामनाओं को एक ही मंजिल की ओर केंद्रित करना गांधी जी के ब्रह्मचर्य की कल्पना रही हो। क्योंकि उनके अनुसार चाहे कितना ही सफल हो जाने पर भी भलाई की वाँछा शेष बनी ही रहती है। इस वाँछा को कभी विसर्जन की तृप्ति होती ही नहीं। सोने के लिए उत्पन्न होने वाली वाँछा सोना नहीं होती; किंतु भलाई के लिए होने वाली वाँछा भली ही होती है। इन सबके अनुभव प्राप्त गांधी जी दहशत में भी बाल-सुलभ मुस्कान की शक्ति को खोए बिना सुख का फव्वारा बनकर रहे। विडंबना यह थी कि उनके बूढ़े शरीर ने ऐसी चुस्ती बनाए रखी थी कि उसे देखकर हर प्रेमी को ईर्ष्या होती थी।

गांधी जी जानते थे कि जो कुछ हम देखना चाहते हैं उसे उसकी अतिरेक अवस्था में देखने की क्षमता यदि हममें हो तो सत्य का द्वार खुल जाता है। इसीलिए अभिप्रायों के अहंकार में या द्वंद्वात्मक आकांक्षाओं में उलझे बिना बड़े सहज सरल उन्मुक्त मन से वे समूची मानवीयता के साथ वार्तालाप कर सके। इस सदी की महत्त्वपूर्ण कृति 'हिंद स्वराज्य' उन्होंने 1908 में लिखी; तब वे दक्षिण अफ्रीका में थे। इसी पुस्तक में उन्होंने स्पष्ट तथा बेझिझक रूप से अपने वांछित मनुष्य को तथा उस मनुष्य को रूपायित करने वाली सभ्यता का दर्शन किया था। उनका विचार इसी मंतव्य से शुरू होता है कि बहु-उत्पादन वाली आधुनिक सभ्यता आकर्षक तो होती है, किंतु वह दूषित होती है। इस दृष्टि से विचार करने पर यह बात स्पष्ट हो जाती है कि अंग्रेजों को हम पर शासन चलाना क्यों संभव हुआ। भारतीय जनता के इस आधुनिक सभ्यता से आकर्षित होने के फलस्वरूप अंग्रेजों को हम पर शासन चलाना आसान हो गया। वे प्रश्न करते हैं कि यदि हमें आधुनिक सभ्यता से चिपके रहना है तो अंग्रेजों को भगाने का क्या प्रयोजन हुआ ? यदि इस प्रकार की सभ्यता को बुरा मानते हैं तो उसका तात्पर्य हुआ कि वह अंग्रेजों के लिए भी बुरा है। इसलिए वे अपने आंदोलन को अंग्रेजों को भी इस प्रलोभन से मुक्त करने वाला आंदोलन मानते हैं। इस नई सभ्यता की खोज में उन्होंने उसके लिए आवश्यक यंत्र को भी खोज निकाला। उन्होंने चरखे का जो शोध किया वह सांकेतिक था, वह ऐसा यंत्र था जो विकेंद्रीकृत व्यवस्था में मनुष्य के वशवर्ती रह सकता था। सुना है कि चरखे के पश्चात् उन्होंने सिलाई मशीन को भी मान्यता दी थी। मतलब यह कि वे यंत्र के विरोधी नहीं थे। इस प्रकार विनूतन ढंग की यंत्र-व्यवस्था का शोध करने वाले गांधी जी आज भी प्रासंगिक बने हुए हैं। ई.एफ. शुमैकर की लिखी पुस्तक, 'स्मॉल इज ब्यूटीफुल', जिसने विश्व के बड़े-से-बड़े विचारकों को भी आकर्षित किया है, उसकी प्रेरणा गांधीजी की यह खोज ही रही है। पर्यावरण के प्रति हमदर्दी रखने वाले उन सभी लोगों को, जो मानते हैं कि इस संसार में रहने का हक़ केवल मनुष्य को ही नहीं, बल्कि जंगली पशु-पक्षियों को भी है, गांधी जी को गंभीरता से लेना होगा।

परमाणु स्थावर के विरोध में जो दार्शनिक लोग आज जूझ रहे हैं उनके लिए आवश्यक सारे विचार गांधी जी के पास हैं।

अपूर्व बुद्धिमान आइंस्टाइन जैसी हस्तियों की जब हम प्रशंसा करते हैं तो वे हमें अतीत से लगते हैं। किंतु जो लोग जिस बात में विश्वास करते हैं उसके प्रति निष्ठा, नित्य जीवन में सादगी की आकांक्षा, पशु-पक्षी, पेड़-पौधों को भी इस संसार के हकदार मानने की भावना, वह कोमल हृदय, जो मानता है कि जब अपने इर्द-गिर्द के लोग संकट में हों तो मैं सुखी नहीं रह सकता—कम-से-कम इतनी मान्यता रखने वाले व्यक्ति के लिए जिनकी तादाद भारत में काफी है—गांधीजी की तरह बनना आदर्श का अतीत नहीं है। अमरीका जो इस संसार की अमरावती कहा जाता है, वहाँ भी मार्टिन लूथर किंग के लिए क्या गांधी जी का जीवन ही प्रासंगिक नहीं बना था ? जो लोग मृत्यु के भय को मात कर देते हैं, जीवन को उसके हर पहलू से प्यार करते हैं, वे गांधी जी के बहुत निकट पड़ते हैं। संभोग, अर्जन, विसर्जन, पचन, ध्यान, राजनीति—इन सबको एकत्र संघटन करके जैसे अन्योन्याश्रित किया जाता है उसी भाव में गांधी जी जिए। हमारी सारी समकालीन व्यवस्थाएँ जो साम्राज्य-दाह बन जाती हैं उनके सामने आज, यहीं पर अधनंगी देह में एक विकल्प बनकर वे दमक उठे, कुसुम से भी कोमल तथा वज्र से भी कठोर।

(अनु.—प्रो. भालचंद्र जयशेट्टी)

डॉ. राममनोहर लोहिया

'जब वे व्याकुल होते हैं तब बचकाने से लगते हैं; जब संकट में होते हैं तो लगता है कि उल्लास चू पड़ रहा हो और जब वे गंभीर होते हैं तब शरारती जैसे लगते हैं।'

इस प्रकार लोहिया के बारे में जब दिल्ली के एक पत्रकार ने कहा था तब उस लेख के संदर्भ में यह गलतफहमी का कारण बन सकती थी। वास्तव में वह बात मार्मिक समीक्षा ही थी। यदि लोहिया को सांकेतिक भाषा में ही कहना हो तो कहा जा सकता है कि राम और कृष्ण, इन दोनों के सत्त्व को अपने व्यक्तित्व में समाहित करने की खटपट लोहिया ने की। राम का ऐसा सीमित व्यक्तित्व था जो लोकतंत्र की निर्धारित सीमा के अंतर्गत संदिग्ध क्रियाओं द्वारा अपने आपको अभिव्यक्त करता था; कृष्ण का व्यक्तित्व सृजनात्मक कलाकार का सीमातीत बचकानापन था। यह हरगिज नहीं सोचना चाहिए कि कुछ लोगों को लोहिया में जो बचकानापन और शरारतें दिखाई देती हैं, उन्होंने उनके व्यक्तित्व को बौना बना दिया है। बल्कि यों सोचना चाहिए कि वह उनके उस व्यक्तित्व के मूल द्रव्यों में से एक अंश था जो क्रियाशील और सृजनात्मक बनकर हर किसी से टक्कर ले सकता था। वह ऐसा अनोखा व्यक्तित्व था जो जीवन के बहुमुखी प्रश्नों के भरमार द्वंद्व में कलाकार की भाँति सचेत और चुस्त रहने का प्रयत्न करता है और साथ ही साथ भारतीय जीवन को मूलतः परिवर्तनशील जानकर उसके लिए जी-जान से जूझ पड़ता है।

मन जो सत्य के अनेक पहलुओं के प्रति अंधा है अर्थात् हास-परिहास और फुर्तीरहित है वह माओ जैसी हस्तियों का सृजन करता है। वह एक ऐसा राक्षसी संकोच बन जाता है जो मनुष्य के व्यक्तित्व को एक उद्देश्य और एक तत्त्व की सतह पर उतार देता है। अपने आपको कलाकार या रसिया बताने वाले गिरगिट की भाँति रंग बदलने वाले गैर-जिम्मेदार आदमी का व्यक्तित्व बिलकुल इसके उलट पड़ता है। लोहिया उस सृजनशील कलाकार की भाँति थे जो समय के हर पल को उस अनन्त के रूप में देखा करता है जो इतिहास के दायरे के बाहर स्थित रहता है। और उन्होंने एक राजनीतिक क्रांतिकारी के रूप में, इतिहास की प्रज्ञा रखने वाले के रूप में यह भी देखा था कि समय गतिशील है, वह बदल सकता है और उसे बदलना ही चाहिए। वे इस संकल्प से निकले थे कि वे अपने दर्शन के अनुरूप, अपनी अनुभूति के अनुरूप ईमानदारी के साथ जिएँगे; इसलिए उन्हें लोकतंत्रवादी और क्रांतिकारी, दोनों बनना पड़ा, कभी

शरारती बनकर, कभी दुखिया बनकर, कभी गंभीर व्यक्ति बनकर, नाना रूपों में उन्हें पेश होना पड़ा। दूसरे शब्दों में यों कहा जा सकता है कि मूर्त और संदिग्ध कर्तव्यों द्वारा भारतीय जीवन-विधान के परिवर्तन के लिए ही उन्हें सदा अपनी चेतना सजग रखनी पड़ी। इस बीच उन्होंने जीवन तथा उसकी वैविध्यपूर्ण संदिग्धता को कभी भुलाया नहीं। निकम्मे उदारवादी की प्रवंचनात्मक सहनशीलता की भाँति एक ही उद्देश्य से प्रतिबद्ध राक्षसीपन को नकारने वाले लोहिया ने राजनीतिक जीवन की एक नई शैली, एक नए जीवन-विधान का साक्षात्कार करवाया था जो अत्यंत क्रियाशील भी था और वांछनीय भी। इसीलिए जिस प्रकार वे नेहरू के विरोधी थे उसी भाँति माओ के रेडगार्ड आंदोलन के भी कड़े विरोधी थे। उदारवादी की वह सहनशीलता जिसमें ढोंगी मासूमियत न हो और क्रांतिकारी की वह एकनिष्ठ दृढ़ कार्य-वृत्ति जिसमें एक ही उद्देश्य के लिए सब कुछ की आहुति चढ़ाने की ललक न हो–इन दोनों में लोहिया ने एक नई समरसता का मेल बिठाने का जो प्रयत्न किया था वह हमारी दुनिया के लिए महत्त्वपूर्ण था। लोहिया के जीवन-भर की यही तलाश रही कि केवल व्यक्तिगत रूप से ही नहीं, वरन्, समष्टिगत कार्यक्रमों में भी इसे कैसे संपन्न किया जाए। वह 'तात्त्विक मनुष्य' जिसने आजीवन अपने आपको एक तत्त्व और एक उद्देश्य के लिए समर्पित कर लिया था उसके प्रति यीट्स कवि की Easter 1916 कविता में अच्छा गहरा परामर्श मिलता है–

Hearts with one purpose alone
Through summer and winter seem
Enchanted to a stone
To trouble the living stream.

किसी एक तत्त्व के लिए समर्पित जीवन का 'अति दीर्घ त्याग' हृदय को पत्थर बना देता है। प्रायः लोहिया को भी इसी प्रकार का भय रहा है। 'मार्क्स, गांधी और सोशलिज्म' नामक पुस्तक की भूमिका में वे लिखते हैं–

'कार्यक्रमों से चिपकी हुई 'समतौल' खोई मेरी ज्यादतियों ने कई बार मुझे ही बेचैन बना दिया है। इससे मेरे विचार स्वीकृत नहीं हो पाएँगे इस खयाल से नहीं; बल्कि इससे अधिक मुझे इस बात की आशंका सताती रही है कि मेरे विचार सत्य के अनेक पहलुओं से मेल न खाकर कहीं स्थगित न हो जाएँ। मुझे सबसे बड़ी नफ़रत इस असहनशीलता से ही है।'

वे मानते हैं कि 'देश में व्याप्त सर्वतोमुखी असत्यता के संदर्भ' ने उन पर इस प्रकार की ज्यादतियाँ ढाईं। 'इस देश के राजनीतिक दलदल में किसी को भी पनाह नहीं, कोई भी गहराई तक जड़ जमाकर सिर नहीं उठा सकता।' लोहिया कहते हैं कि इसीलिए, 'इस मक्कार दलदल में ठोस धरातल को हथियाने के लिए' ही नीति और तत्त्वों के मजबूत खंभों को गाड़कर खड़ा होना पड़ा।

बुद्धिजीवी एवं लेखकों के लिए लोहिया का व्यक्तित्व जो आकर्षक बना था उसका कारण है : देश के राजनीतिक क्षेत्र में डूबे रहने पर भी अपनी ही पार्टी के हाथों बार-बार

आघातों का सामना करने की नौबत भी चाहे आई हो, इनके बीच रहकर भी वे इन सबसे ऊपर उठकर अपने व्यक्तित्व के कलात्मक अंश से सजगतापूर्वक टक्कर भी ले सकते थे। अंतर्राष्ट्रीय राजनीति से डरकर चाहे स्वेट्लाना जैसी महिला को भारत सरकार द्वारा बेशर्मी से बलि चढ़ाने वाली बात हो; साहित्य अकादमी में राजनीतिक लोगों द्वारा कलाओं की अवमानना किया जाना हो—इनके प्रति तत्काल एवं तीव्रता से आवाज उठाने वाला यदि कोई राजनीतिज्ञ था तो वे अकेले लोहिया थे। एक महिला की समस्या की अपेक्षा उन्हें विदेश नीति की समस्या अधिक महत्त्व की नहीं लगी थी।

आज से लगभग पाँच वर्ष पूर्व जब मैं पहली बार लोहिया जी से मिला था तब उन्होंने मेरे साथ अधिकतर बातें साहित्य के बारे में ही की थीं; जिस विषय में मेरी खास रुचि है उसी के बारे में बातें करने का उन्होंने अनुरोध किया था। डी.एच. लॉरेंस के बारे में उन्होंने बार-बार प्रश्न किया; बारहवीं सदी के कन्नड़ के वीरशैव अनुभावी शरणों के बारे में, खासकर बसवण्णा के बारे में उन्होंने ढेर सारे प्रश्न पूछे। नग्न घूमने वाली अक्कमहादेवी के जीवन से, जिन्होंने पुरुषों के साथ आध्यात्मिक समानता स्थापित की थी, लोहिया बेहद प्रभावित हुए थे। मैंने जब उनकी राजनीतिक और तात्त्विक चिंतन-धारा का समर्थन करने वाले कुछ अभिप्राय व्यक्त किए तब उन्होंने उनकी बड़ी संदेहात्मक दृष्टि से जाँच-पड़ताल की थी। उस दिन मुझे बार-बार अहसास होता रहा कि उनका दिल किसी तत्त्व से बँधा जाकर ढँका नहीं गया था। जहाँ तक मैं जानता हूँ कि राजनीतिज्ञों में वे ही एकमात्र ऐसे व्यक्ति थे जो उच्चकोटि के निर्लिप्त शोधकर्ता थे। आमतौर पर बेहद पश्चिमीकृत भारतीय लोग परिहारस्वरूप जिस भावनात्मक 'भारतीयता' की आदत का पोषण करते हैं अथवा जिन्हें पश्चिम के प्रति आत्मविश्वास नहीं होता ऐसे खोखले लोगों द्वारा पोषित भावनात्मक बैर-भाव होता है—ऐसा कुछ भी लोहिया में नहीं था। भले ही काफ़ी विरोधाभास-सा लगता हो, किंतु, यह बात सच है कि भारत की भाँति उन्होंने संसार के प्रजापन के लिए भी बड़ी निष्ठा के साथ अपने आपको मुतबन्ना कर लिया था; उन्होंने स्वयं अहसास किया था कि दोनों को एक साथ साकार किया जा सकता है। असाधारण हिम्मत के साथ खतरा मोल लेने में किसी दहशत के बिना सोच-विचार करने वाले वे एक सूरमा थे। अपनी विचारधारा में कहीं गलती से फँस जाने की झिझक उनमें कभी नहीं होती थी। मनुष्य की लैंगिकता के प्रति लॉरेंस का उन्मुक्त रवैया, मध्यम-वर्ग के खोखले गौरव के प्रति, उसके तिरस्कार के प्रति लोहिया का लगाव देखकर मुझे आश्चर्य नहीं हुआ। किंतु मुझे इस बात की प्रसन्नता हुई कि कोयले की खान के मजदूर के उस बेटे का अपने राजनीतिक विचारों में सोशलिस्टों के पक्ष में न होना लोहिया के लिए परेशानी की बात नहीं बनी। यह ऐसा गुण है जो कम्युनिस्ट समीक्षकों में नहीं पाया जाता। जब मैं वहाँ से निकला तब इस भावना को अपने साथ लेता आया था कि लोहिया और लॉरेंस इन दोनों की चेतना के बीच कोई-न-कोई नाता है। सामाजिक मर्यादा की प्रतिबद्धता से मुक्त लॉरेंस के कुछ पात्रों के जीवोत्कर्ष का स्मरण दिलाते हुए लोहिया मुझे दिखाई पड़े।

उस समय लॉरेंस की निरपेक्ष होकर चर्चा कर पाना मेरे लिए संभव नहीं था—क्योंकि मैं बड़ा उत्तेजित हुआ था, लॉरेंस और लोहिया ने मेरी सारी कल्पना को व्याप लिया था। मुझे आज भी याद है : चैटर्ली के साथ गेमकीपर के संबंधों की चर्चा करते समय 'अश्लील' पद का प्रयोग करते हुए मुझे झिझकते देखकर उन्होंने मेरी सभ्यता को बड़ी नजाकत के साथ छेड़ा था। मैंने उनके साथ लगभग पाँच घंटे का समय बिताया था; इतनी अवधि में उनकी मनोवृत्ति को एक से दूसरी ओर परिवर्तित होते हुए मैंने देखा था—हर्ष, छेड़-छाड़, विषाद, गांभीर्य और क्रोध भी। पार्टी के उन कार्यकर्ताओं पर वे बरस पड़े थे जो उस दिन उन्हें विश्वविद्यालय ले गए थे। वहाँ उन्हें अनिवार्यतः अंग्रेजी में ही बोलना पड़ा था। इसलिए विश्वविद्यालय के अपने भाषण में उस दिन जाति-प्रथा से भरे भारत की संस्कृति के बारे में बड़ा ही शानदार विश्लेषण किया था। उन्होंने कहा था कि शंकराचार्य के पश्चात् कोई मौलिक चिंतन हुआ ही नहीं। हमारा जीवन एकदम सामान्य बन गया है। इसी बात पर अंत में वहाँ एक प्रोफेसर ने लोहिया को 'निराशावादी' करार देते हुए लोहिया के विचारों के प्रति अपना पश्चात्ताप व्यक्त किया था। इतना सब कुछ होते हुए भी लोहिया उस प्रोफेसर के साथ शालीनता से ही पेश आए और उनकी टिप्पणी पर एक विषादपूर्ण मुस्कान बिखेर दी थी।

मुझे इस बात की सुधि है कि लोहिया का चिंतन और साधनाएँ आज भी अधूरी ही रह गई हैं, उन्हें पूरा करने का काम शेष रह गया है। वे जो कुछ छोड़ गए हैं वह भारतीय बुद्धिजीवी लोगों के लिए बड़ा ही प्रचोदनकारी बन सकता है। नीरद चौधरी जैसे मेधावी लोग बड़े मर्मांतक विचार तो कर सकते हैं, किंतु उनका विचार करने का ढंग 'उन्नतोत्तम' कोटि का होता है। फलस्वरूप भारत के उस यथार्थ को समझ न पाकर वे दिग्भ्रांत हो जाते हैं जो बिना किसी उचित ऐतिहासिक दृष्टिकोण के बदलता रहता है। वे अपनी प्रताड़ित—प्रताड़ित होने के कारण ही सुहावनी और अपूर्व-सी लगने वाली—सूक्ष्म संवेदना की ओर बार-बार हमारा ध्यान आकर्षित कर सकते हैं, बस ! पश्चिमी विचारधारा का अनुकरण करने वाले अपने लोग भी 'सूक्ष्म संवेदना वाले भारतीय' मन की अपेक्षा अधिक कुछ नहीं चाहते। भारत में अपने को आवृत्त सड़ाँध के बीच विविक्त होकर खड़े इस सूक्ष्म संवेदना वाले 'उन्नतोत्तम' के अलगावपन को ही हम पगुराते रहना चाहते हैं। लंबे समय से पनपती आई और भावातिसार से भरी भारतीयता की यह एक प्रतिक्रिया मात्र है। किंतु भारत की सदियों पुरानी अवनति का जायजा लेकर नीरद चौधरी के समान ही बेचैन हो उठने वाले लोहिया—जिन्होंने पश्चिमी देशों को अपनी खोपड़ी किराए पर दी थी—आसानी से हमें स्वीकार नहीं हो पाते। क्योंकि वे हमारे चयन को कार्य-रूप में अभिव्यक्त करने की चुनौती देते हैं। लोहिया को सदा ऐतिहासिक ज्ञान से प्राप्त इस बात का विश्वास था कि अपने पथ के गहरे अंधकार में भी भारत के वर्तमान यथार्थ को बदला जा सकता है। इसलिए नीरद चौधरी की भाँति अपने सूक्ष्म मन की अनन्यता को विज्ञापन की भाँति नुमाइश की चीज बनाने वाले लंपट वे नहीं बने—इसीलिए भारतीय बुद्धिजीवियों के वर्तमान फैशन की दृष्टि से

आकर्षक व्यक्ति भी नहीं बने।

भारतीय भाषाएँ, यहाँ की जाति-प्रथा, शंकराचार्य के पश्चात् भारत की प्रज्ञा में आई दरार (मूर्त और अमूर्त के बीच की दरार; 'लौकिक सत्य' जो आध्यात्मिक दृष्टि से अर्थहीन है और 'पारमार्थिक सत्य' जो अमूर्त अवस्था में स्वीकृत होकर भी दैनंदिन जीवन के यथार्थ में पूरी तरह तिरस्कृत है–इन दोनों के बीच आई दरार)–आदि बातों को लेकर उनका चिंतन अनोखा था। मुझे अपने बारे में ही कहना हो तो, मेरे निजी लेखन-कार्य की दृष्टि से तथा अपने कन्नड़ साहित्य की जानकारी प्राप्त करने में मुझे उनकी चिंतन-प्रणाली बड़ी उपयुक्त लगी है। सृजनात्मक बीज-वाक्य-सी बनी है।

अंग्रेजी में लिखने वाला भारतीय लेखक, जो अपने आपमें भारतीय परिवेश से परायापन का अनुभव करता है, उसकी आपूर्ति करने के लिए अथवा पश्चिमी देशों में अपना सौदा बेचने के लिए उसे सुहावना रूप देकर शब्दों के जाल में भारतीयता की हमदर्दी सँजोने की खटपट करता है; अथवा संकोच द्वारा उत्पन्न विडंबना का अभ्यस्त होकर दरार एवं द्वंद्वों से भरे भारतीय जीवन के सत्त्व को अपनी बाँहों में भरने के लिए परिश्रम उठाता है। भारतीय भाषाओं के नव-लेखकों में कुछ लोग (सभी नहीं) पश्चिमी साहित्य के नए-नए आंदोलनों की लहरों की घटिया बेजान नक़ल उतारने की खटपट में हैं। किंतु लोहिया भारत के लिए प्रतिबद्ध थे; फिर भी सदियों से जिस गंदगी ने हमें घेर लिया था उससे वे तिलमिला उठे थे। पश्चिम के तात्त्विक चिंतन में उन्हें गहरी रुचि थी; फिर भी उसके दोषों के निर्मम विरोधी भी थे। वे सत्य की बहुमुखता के प्रति सजग थे; फलस्वरूप मानव-जीवन की संकीर्णताओं से भली-भाँति अवगत होने के लिए जिस 'समस्थिति' की आवश्यकता है तथा साथ ही साथ अपने साकार को बरकरार रखने के लिए जिस निश्चितता की आवश्यकता थी–उसकी सूचना उन्होंने दी थी। फिर भारत में जीवन को पुनः समृद्ध एवं सुंदर बनाने के लिए जिस ठोस प्रयत्न एवं तीव्रता की आवश्यकता थी उसे उन्होंने अपने उस अटल संघर्ष में पाया जो उनके जीवन के अंत तक दृढ़ता के साथ चलता रहा था।

(अनु.–प्रो. भालचंद्र जयशेट्टी)

मास-मीडिया का अपना यह युग

साहित्य एवं संवहन के लिए आधुनिकीकरण से जो समस्या उत्पन्न हो रही है उसके बारे में बोलते समय अधिक सावधानी बरतने की आवश्यकता है। वरना हमारे विचारों में स्पष्टता नहीं आ पाएगी। टेलीविजन के प्रवेश से पहले ही नगरीकरण की प्रक्रिया पूर्ण हो चुकी थी न ? टेलीविजन से पहले मनुष्य उपभोगी मात्र बन गया था न ? वह अपने माहौल से पराया बन चुका था, alienate बन चुका था। आदमी के केवल कंज्यूमर बनने की अवस्था ने भी साहित्यकारों को परेशान किया है न ? ब्लेक ने औद्योगिकीकरण से भी पहले ही औद्योगिक क्रांति का कड़ा विरोध किया था। उसने कहा था कि औद्योगिकीकरण विनाश का रास्ता है।

इसलिए सारी समस्या को टेलीविजन-प्रवेश के पूर्व और प्रवेश के पश्चात्, इन आयामों में विभाजित करके देखना उचित होगा। डी.आर. नागराज ने उन दिनों रिपीटेशन के बारे में कहा था। मौखिक परंपरा में वह कोई समस्या है ही नहीं। उसमें जितना रिपीट करेंगे उतना ठीक रहता है। कभी-कभी रिपीट करके कहने से उससे नए अर्थ निकलते रहते हैं। किंतु आधुनिक लेखन में रिपीटेशन बड़ी उलझन है। लगातार दस वर्षों तक एक ही ढर्रे पर लिखते रहने से आदमी बोर हो जाता है। आधुनिक संदर्भ में सृजनात्मकता चिंता की बात है। चिंता इस बात की कि गत वर्ष जिस ढंग से लिखा गया था उस ढंग से इस वर्ष नहीं लिखा जाना चाहिए। यदि ऐसा लिखेंगे तो एक और चिंता होगी कि उसे कोई पढ़ेगा नहीं। तात्पर्य यह कि कुछ-न-कुछ परिवर्तन करते ही रहना पड़ता है।

उस समय मौखिकता के बारे में प्रसन्ना ने ठीक ही कहा था। सभा में यदि मैं कोई गाना गाऊँगा तो सारे सभिकों का उसमें सहभागित्व होता है। इसलिए रिपीट करते हैं। जनता के सहभागित्व के कारण रिपीट किया जाना सृजनात्मक प्रक्रिया बन जाता है, चिंता का विषय नहीं। टेलीविजन की समस्या यह है कि वहाँ सारा-का-सारा घिसा-पिटा-सा बन जाता है, बात घिसी-पिटी, मिथ घिसा-पिटा।

Intervention के बारे में

ऐसा एक प्रयास इंग्लैंड में किया गया था। *स्क्रूटनी* पत्रिका के बारे में आपने सुना होगा।

उस समूह के लोग सेकेंडरी स्कूलों के अध्यापक के रूप में भर्ती हो गए। छोटी आयु में ही छात्रों को साहित्य की पढ़ाई का ढंग सिखाना उनका उद्देश्य था। प्रधानतः वे बातें कहा करते थे—to discriminate और to resist.

to discriminate का तात्पर्य—उदाहरण के लिए, विज्ञापन से एक पंक्ति ले लें और काव्य से भी एक पंक्ति ले लें, फिर दोनों के बीच के अंतर को पहचानने का प्रयत्न करें। उन पंक्तियों में manipulate करने वाले गुण को खोज निकालें। जो तुम्हारे मन को manipulate करने की चेष्टा करता है, वह घटिया काव्य होता है।

to resist से तात्पर्य है जो बेहद लोकप्रिय है, जो एकदम निरायास प्राप्त हो सकता है, उसका प्रतिरोध करना।

निकम्मा बनाने वाला यथार्थवाद

रक्तपात दिखाने के लिए रक्त की नदी ही बहानी पड़ेगी और गर्भपात का मतलब है चारेक बार भयानक गर्भपात का प्रदर्शन करें—ऐसी जो परिस्थिति है वह यूरोप में भी थी। उन्नीसवीं सदी के अंत में आए हुए जर्मनी के यथार्थवादी उपन्यास इस प्रकार के लेखन के लिए विख्यात थे। इन उपन्यासों से बौखलाकर अर्नोल्ड टॉलस्टॉय का 'आन्ना कारेनिना' पढ़ता है—अंग्रेजी में नहीं, फ्रेंच भाषा में।

आन्ना कारेनिना पढ़ने का अपना अनुभव अर्नोल्ड लिख डालता है। सबको निकम्मा बना देने वाले (Enervation) यथार्थवाद की परिस्थिति के बारे में ही अपना लेखन-कार्य आरंभ करता है। अर्नोल्ड का कहना है कि जर्मन उपन्यास तथा उस कोटि के अन्य साहित्य द्वारा हम ऐसी मनोदशा को पहुँच जाते हैं कि किसी को स्पर्श तक नहीं कर सकते। ऐसी परिस्थिति में स्पर्श करने का तात्पर्य है—सामने वाले की बोटी-बोटी काटकर दिखाना होगा।

यौन-प्रचोदक साहित्य की भी यही समस्या है। पहले पृष्ठ पर यौन-प्रचोदना की थोड़ी-सी बात जो छेड़ी कि बस, उस गर्मी को बनाए रखने के लिए दूसरे पृष्ठ पर और भी अधिक यौन-भावना का वर्णन करना पड़ता है। उपन्यास के अंत तक पहुँचते-पहुँचते ऐसी हालत बन जाती है कि कोई नंगी औरत वास्तव में सामने आ जाने पर ही मानो गर्मी टिक सकती है। मतलब यह कि भाषा को ही वर्जित करने की स्थिति तक उपन्यासकार को पहुँचना पड़ता है। हमारे पूर्ववर्ती साहित्यकार इस समस्या से अवगत थे। लगता है कि भाव और रस के अंतर की ओर इशारा करते हुए इस समस्या को अवगत कर लिया था।

टॉलस्टॉय के बारे में लिखते हुए अर्नोल्ड कहते हैं, 'उन्होंने हमें पुनः भाव-विभोर कर दिया है।' इस कथन का आशय यह है कि हम ऐसे साहित्य का सृजन करें जिससे हमारे लिए फिर से चिंतन करना संभव हो सके, प्रेम के प्रति फिर से संवेदनशील होना संभव हो सके, वेदना के प्रति स्पंदित हो उठना संभव हो सके। जब हेनरी जेम्स

cultural intervention की बात करता है तब सूक्ष्म से भी सूक्ष्म की ओर उसका झुकाव लक्षित होता है। वह कहता है, 'मेरे लिए उपन्यास में घटना का अर्थ क्या है ? घटना का अर्थ यह नहीं कि भारी भूकंप हो जाए। एक ओर जब वह अपना हाथ किसी खास अंदाज में ऊपर उठाती है और उसकी छाती में उतार-चढ़ाव आने लगता है तब वहाँ मुझे सारा संसार ही दिखाई देने लगता है।'

टी.वी. वाले जो काम करते हैं वह हमें नहीं करना चाहिए। हमें resist करना चाहिए, discriminate करना चाहिए।

किंतु यहाँ भी एक समस्या सामने आती है। जब रेजिस्ट की बात करते हैं तो हमारे दूसरे छोर को पहुँचने की संभावना भी होती है; अर्थात् अपने आपको 'सृजनात्मक अल्पसंख्यक' वर्ग (creative minority) मानने लगते हैं। सृजनात्मक अल्पसंख्यक बनने के बारे में कई लोगों को आशंकाएँ हैं।

जब हम लोग 'साक्षी' में लिखा करते थे तब हमें बहुत बड़ा विश्वास था। हमारा विश्वास था कि हर समाज में एक सृजनात्मक अल्पसंख्यक वर्ग होता है। इस प्रकार सृजनात्मक अल्पसंख्यक बन जाने के बाद अपने संयम के प्रति गहरा विश्वास बढ़ जाता है।

इस कल्पना की जड़ कहाँ है ? बाइबिल में ही इसकी शुरुआत होती है। वहाँ नोवा नामक व्यक्ति का उल्लेख है। प्रलय के समय छोटी-सी नौका बनाकर उस नौका में सभी जीवों के नमूने रखकर तैरते निकलता है। परवर्ती समाजवादियों ने इस कल्पना को अस्वीकार किया। उन्होंने कहा कि नोवा की भाँति सत्त्वयुत तत्त्वों की रक्षा करते हुए प्रलय के थमने की प्रतीक्षा करते रहने वाली बात सरासर झूठ है, क्योंकि तुम्हारे इर्द-गिर्द की दुनिया तुम्हारे संपर्क में आए बिना नहीं रह सकती। उन्होंने आगे कहा कि दूरदर्शन, सिनेमा आदि के लिए अपना मन खुला रखो, उनसे भी यदि कुछ सीखना संभव हो तो सीखो। व्यक्तिगत रूप से मैं भी 'प्रतिरोध' लाने के विचार में विश्वास रखने वाला था। फिर भी हमें एक और मंतव्य के बारे में गंभीरता से सोचना होगा।

रिचर्ड होगार्ट अपने 'समकालीन संस्कृतियों के अध्ययन' के एक संदर्भ में यह प्रश्न उठाता है। क्या इस प्रकार की एक माइनॉरिटी का होना संभव है ? संस्कृति में जिस चीज को बचाना है उसका निर्णय मैं करूँगा, उसके सत्त्व की रक्षा करता रहूँगा—इस प्रकार की बातें क्या दुरहंकारपूर्ण नहीं लगतीं ? क्या यही दुरहंकार अंततोगत्वा अ-सृजनात्मक नहीं बनता—इसी प्रकार के प्रश्न उठाता है।

मास-कल्चर के बारे में

एक बार जब हम मास-कल्चर के बारे में बातें कर रहे थे तब पूर्णचंद्र तेजस्वी ने कहा था, 'हमारे लिए टेलीविजन आदि बहुत उपयोगी हैं, जाति-पाँति के विरोध में हम लड़ नहीं पा रहे हैं, यदि मास-कल्चर को उकसाया जाएगा तो ये सारे-के-सारे नष्ट हो जाएँगे।'

छठे दशक में मैं इंग्लैंड में Z cars नामक धारावाहिक बड़े चाव से देखा करता था। रनिवास से लेकर मजदूर वर्ग तक सभी उसे देखा करते थे। और यदि पुराने इंग्लैंड की ओर जाएँगे तो पता चलेगा कि वर्ग-विभेद कितने सूक्ष्म ढंग से अपनी-अपनी कलाओं का निर्वाह करते आ रहे हैं। उनका डायनिंग टेबुल देखना ही काफी है : यदि डायनिंग टेबुल ओक का बना हो तो वह मजदूर वर्ग का होगा; सागौन का हो तो मध्यम-वर्ग का होगा और यदि सीसम का हो तो आसानी से पहचाना जाएगा कि वह धनी वर्ग का होगा। वर्ग-भेद चाहे कुछ भी हो, किंतु पुरानी संस्कृति में तीनों लकड़ी के ही तो होते थे। आज हर किसी के घर में टेबुल की ऊपरी सतह फार्मिका की होती है। मास-कल्चर के कारण एक प्रकार की वर्गातीतता आई है।

पुरानी परंपरा में भला भी था, बुरा भी था। सबसे बढ़कर कुछ विशेषता थी। कोई मड़ुआ (रागी नामक एक अनाज) की लपसी और साग का सांबर खाता था तो दूसरा कोई किसी और ढंग का खाना खाता था। दोनों वास्तव में सच्चे आहार ही होते थे। आज सभी लोगों ने अमरीका की भाँति एक ही ढंग का फास्ट-फूड खाना शुरू किया है। टेलीविजन द्वारा मास-कल्चर बड़ी तेजी के साथ अमल में आने लगती है। (बगल में बैठी सुश्री सर्वमंगला को दृष्टि में रखकर) सर्वमंगला को उन दिनों शायद पता नहीं था कि जापान कहाँ है, आज उनके घर का बच्चा भी जानता है। एक दलील भी है कि टेलीविजन के बिना यह सब संभव नहीं था।

बातों के बारे में

बातें बातें बातें...बेकार की बातें करते ही जाते हैं। बार-बार वे ही बातें दुहराते रहते हैं। कोई बोल रहा हो तो उसे ध्यान से बहुत कम सुना करते हैं। यह जो सुनने की प्रक्रिया है, हममें बहुत कम है। यदि सुनने की आदत न हो तो बातूनी आदमी बेहद बातूनी बन जाता है। (बगल में बैठे रामचंद्र शर्मा की ओर मुड़कर मुस्कुराते हुए) इन रामचंद्र शर्मा की भाँति।

ऐसी हालत में कहना शुरू कर देते हैं कि जो भी हो सुने बिना रहा ही नहीं जा सकता। दिल्लगी में मनोरंजक बातें, तरह-तरह का भेष डालना शुरू हो जाते हैं। हम सभी ऐसा करते हैं। लगता है कि मैं भी करता हूँ। listening culture के आ जाने के बाद ही इस बीमारी का इलाज हो सकेगा। सच्चा विचार-संकिरण अधूरी बातों से ही होना चाहिए, श्रोताओं की समझ में आ जाना चाहिए; सारी बात कहने की आवश्यकता न पड़े।

जब हम इस धारणा से बातें करते हैं कि मेरा कहना ज्यादातर आप पहले से ही जानते हैं, तब यह बहुरूपियापन, चिकनी-चुपड़ी बातें करना आदि कम हो जाएगा। हमें ऐसे सेमिनारों के लिए, वार्तालाप के लिए तैयार होना पड़ेगा। अच्छे वार्तालाप के लिए हमारा यह अहसास जरूरी है कि जो बातें हो रही हैं वे हम समान मनोभाव रखने वालों

के बीच हो रही हैं।

मैंने एक और बात पर गौर किया है : या तो हम एकदम abstract बनकर बातें करते हैं या एकदम व्यक्तिगत होकर। पहले प्रकार में बात कहीं-की-कहीं पहुँच जाती है और ऐसी अवस्था को पहुँच जाती है कि मानने या न मानने के दायरे को पार कर जाती है। एकदम व्यक्तिगत बना देने पर भी वार्तालाप संभव नहीं हो पाता।

आजकल साहित्य अकादमी से जुड़े रहने के कारण सैकड़ों सेमिनारों में जाया करता हूँ। बेंगलूर, दिल्ली आदि जगहों में हम देखा करते हैं कि सब बेकार है; तिस पर बेहद खर्च अलग; यात्रा का भत्ता, खान-पान का खर्च। चर्वित-चर्वण की बातें करते रहते हैं, घिसा-पिटा लिखा करते हैं, एक ही राग बार-बार अलापते रहते हैं।

अडिग जी और हम जब मिला करते थे तब जहाँ तक मुझे याद है, जब कभी वे कह उठते, 'मुझे यह पंक्ति बहुत अच्छी लगी, यार,' तब ऐसा लगता था कि बहुत कुछ कह गए।

हममें से कोई भी यदि अपनी प्रतिष्ठा के पीछे पड़ जाता है तो सारा सेमिनार किरकिरा कर जाता है, केवल अपनी ओर ध्यान आकर्षित करने की एक साजिश बन जाता है। क्या ऐसी स्थिति से बाज आकर बोलना संभव है ? गंभीरता से बोलना संभव है ? मतभेदों को किसी अधीरता के बिना, आत्म-प्रतिष्ठा के बिना क्या अभिव्यक्त कर सकेंगे ? Is talking a spiritual necessity ?

अडिग जी का संस्मरण

हम सबकी आयु ढलने लगी है। हममें से कोई भी अनन्त काल तक जीने वाला नहीं है। यदि कुछ घटनाएँ घटती हैं और यादगार के रूप में उन घटनाओं को टिकना है तो इस प्रकार का लेन-देन संभव होना चाहिए।

पुणे में नई कविता के बारे में एक सेमिनार हुआ। स्व. प्रभाकर पाध्ये ने उस सेमिनार का आयोजन किया था, प्रायः साठोत्तरी दशक में। उस दिन अडिग जी आए थे। उन्हीं दिनों उनके 'भूमिगीत' का प्रकाशन हुआ था। भारत के विभिन्न भागों से नए कविगण आए थे। मुझे पूरी तरह याद है कि उस दिन कौन-कौन बोला था और क्या बोला था। सब कुछ नया था, नए विचार थे।

आज की हालत देखिए, न बंडाय (विद्रोह) के बारे में बोला जा सकता है और न नव्य (नई कविता) के बारे में। एक प्रकार से यह ठीक भी है। यदि मुँह पर ताला पड़ने का-सा अहसास हो रहा हो तो कोई परवाह नहीं; जब ताला खुल जाएगा तब उसमें अर्थ आ चुका होगा।

एक दिन हम काफ़ी हाउस में जमे थे। अडिग जी आमतौर पर बच्चों के लिए चबेना खरीदने दुकान जाया करते थे—चबेना पैक करवाकर जब बस की प्रतीक्षा में रहते तब उनके साथ में एक बैग होता था। मुझे अच्छी तरह से याद है; सहसा अडिग जी

बोल उठे थे, 'मुझे लग रहा है कि अब मुझसे लिखा नहीं जाएगा।' It is impossible I cannot just write—जल्दबाजी करते हुए उन्होंने कह डाला। इस प्रकार कहने के पंद्रह दिनों बाद ही 'कूपमंडूक' लिख डाला था।

अडिग जी को इतनी गंभीरता से, इतनी गहराई से अहसास हो गया था कि अब अपने से सृजन-प्रक्रिया संभव ही नहीं, और ऐसे अहसास का परिणाम यह हुआ कि उनकी नई रचना 'कूपमंडूक' फूट पड़ी।

(अनु.—नंदकुमार हेगड़े एवं प्रो. नूरजहाँ बेगम)

मेरा लेखकीय कार्य

एक बार किसी बात पर श्रीकृष्ण ने भीम को बुरी तरह डाँट दिया था। भीम इतना आहत हुए थे कि तुरंत मुँहतोड़ जवाब दिया था, 'कृष्ण महाराज, आप तो गहरे पानी पर तैरती नाव हैं। क्या नाव कभी उस पानी की गहराई जान पाती है जो उसे तैराए रखता है ? यह तो आपके प्रति हमारा गहरा आदर भाव है जो आपको डूबने से बचाए हुए है।'

मैंने यह दृष्टांत अपने एक महान कवि श्री पु.ति. नरसिम्हाचार (पुतिन) जी से सुना था, जो नब्बे वर्ष के हैं। (मैंने कहा कि इसे 'सुना' था, क्योंकि जैसा कि विख्यात कवि श्री ए.के. रामानुजन ने एक बार कहा था, कोई भी भारतीय व्यक्ति महाभारत या रामायण को 'पहली बार' नहीं 'पढ़ता'।) पुतिन जी ने यह कहानी मेरी पीढ़ी के एक लेखक को और शायद मुझे भी हँसी-मजाक में फटकारते हुए सुनाई थी, क्योंकि हम लोग अपने आपको 'नव्य' पीढ़ी के कहा करते थे। यह नया साहित्य हमारे पूर्ववर्ती महान साहित्य की आलोचना करने वाला था, किंतु उस समय एक नया रास्ता बनाना तथा हम जिस वर्तमान में जी रहे थे उस वर्तमान के दबावों के प्रति सचमुच ही संवेदनशील होना बहुत जरूरी था। अब, जबकि हम मुड़कर देखते हैं तो लगता है कि इन चार दशकों के साहित्य में जो समय की कसौटी पर खरा उतरा है, वह किसी-न-किसी रूप में एक नए ढंग से परंपरा से भी जुड़ता गया है।

इसीलिए मुझे यह दृष्टांत परंपरा और आधुनिकता के बीच संबंध जोड़ने वाला एक अद्‌भुत रूपक जान पड़ा। हमारे 'पूर्वसूरी' (पूर्व-पुरुष) हमें तैराते रखते हैं और उन्हीं के अनुग्रह से हम यह भूलने की हिमाकत कर पाते हैं कि उनका जो निरंतर उत्तोलन विद्यमान है उसी के फलस्वरूप ही तो समय-सागर की सतह पर हम दृश्यमान हैं।

इस दृष्टांत की विशेष सीख यह है कि पूर्ववर्ती लेखकों के लिए भी एक हल्की-फुल्की फटकार इसमें विद्यमान है। कालिदास के बिना कन्नड़ का पम्प कवि कहाँ ? और व्यास या वाल्मीकि के बिना कालिदास कहाँ ?

किंतु यह भी सच है कि यदि आपका अपनी परंपरा से कोई झगड़ा नहीं होगा तो वर्तमान में आपसे कोई सृजन-कार्य भी नहीं हो पाएगा। और मैं यहाँ यह भी जोड़ देना चाहूँगा कि यह झगड़ा खुद अपने आपसे भी हो सकता है। इस तरह हर नई रचना एक प्रस्थान होती है, एक नए जीवन में तिरोधान होता है। और साथ ही एक अधिक

समृद्ध वापसी भी, अपने उन पूर्व-पुरुषों की ओर जिन्होंने हमें तैराए रखा।

वह भाषा जिसने लेखक के लिए यह संभव किया है, केवल उसकी नहीं बल्कि उसके पूर्वजों और उसके अपने समय के लोगों की भी सृष्टि है। इस तरह भाषा स्मृति का एक नैरंतर्य बनाए रखती है—दुःख झेलने का, बढ़ती उम्र की कठोर परीक्षाओं और तनावों का सामना करने का, और फिर परिपक्व होकर जीवन में अपनी नियति का सामना करने की स्मृति का नैरंतर्य। मेरे लिए यह कन्नड़ ही है जिसने लोक-स्मृतियों को, संस्कृति की कालजयी स्मृति को जीवित रखा है और खुद हमारे समय में हमें यूरोप के आप्लावक प्रभाव से उबरने और उसे पचाने का 'उपाय' भी सिखाया है। ऐसी जीवंत परंपरा में खुद मैंने अपनी रचनाओं के जरिए जो भी जोड़ा है उसे केवल विलियम ब्लेक के शब्दों में ही रखा जा सकता है : 'यह मेरा है, फिर भी मेरा नहीं।'

मुझे अतीत के और खुद अपनी पीढ़ी के अपने समवर्तियों और वरिष्ठ जनों की उपस्थिति का गहरा अहसास है जिनके कारण मैं वह हो सका हूँ जो हूँ, और जिन्होंने मुझे जल-सतह पर थामे रखा और नजरों से ओझल नहीं होने दिया। इसलिए मैं इस सम्मान को विनम्रता से स्वीकार करता हूँ; क्योंकि मुझसे पहले ज्ञानपीठ पुरस्कार पाने वाले महान भारतीय लेखकों के समुदाय में प्रवेश पाना कोई मामूली बात नहीं है।

मैं कन्नड़ भाषा में लिखता हूँ जिसकी कम-से-कम एक हजार वर्ष की जीवंत परंपरा है। अतीत या वर्तमान में मेरी भाषा के किसी भी लेखक को कभी इस पर संदेह नहीं रहा कि वह भारतीय लेखन की मुख्यधारा में है। बालक के रूप में जब मुझे अक्षर-ज्ञान कराया गया था, तब मैंने जो पहली कविता पढ़ी और जिसे पढ़कर मेरे आँसू आ गए थे, उसमें कर्नाटक को पूरे भूमंडल के केंद्र में स्थित बताया गया था। यह कविता एक गाय के बारे में है जिसमें गाय अपनी सचाई और ईमानदारी के द्वारा एक शेर का कठोर हृदय जीत लेती है। किसी अज्ञात लेखक की लिखी यह कविता सचमुच ही हृदय-परिवर्तनकारी गांधीवादी कविता है। इस अज्ञात कवि के लिए कर्नाटक पूरे भूमंडल का केंद्र है। उस देश में एक ग्वाला है और उस ग्वाले का नाम है कालिंग। इस प्रकार कविता एक 'लोंग शॉट' से शुरू करके उस ग्वाले को 'क्लोज़ अप' में दिखाती है और जिन गायों को वह याद करता है उनके नाम भारत की महान नदियों के नाम पर रखे गए हैं। मुझे जब यह कविता पढ़ाई गई थी, उन दिनों हम कर्नाटक की सह्याद्रि पर्वत-शृंखला के एक घने जंगल के बीचो-बीच रहा करते थे। इस प्रकार भारत की महान नदियों का परिचय मुझे इस कविता की गायों के नामों द्वारा मिला। मैंने अपने पिता को कभी आँसू बहाते नहीं देखा, सिवा उस एक अवसर के, जब उन्होंने मुझे यह कविता पढ़ाते समय बहाए थे। ज्यों ही वे उस मार्मिक प्रसंग पर पहुँचे जहाँ गाय अपने बछड़े से विदा लेती है और अपने दिए वचन को निभाने की खातिर शेर का भक्ष्य बनने के लिए प्रस्तुत हो जाती है, वे रो पड़े थे।

ये मेरी बिलकुल शुरू की स्मृतियाँ हैं, लेकिन अपने समाज और संस्कृति की कठोर

यथार्थताओं द्वारा मेरी अबोधता में खलल पड़ने में कुछ और वर्ष लग गए। उन दिनों मैं अपने अग्रहार से हाईस्कूल की पढ़ाई के लिए पास वाले एक छोटे-से सुंदर शहर तक पैदल जाता था। वहाँ के कॉलेज के पढ़े-लिखे शिक्षकों में से एक शिक्षक इस बात की प्रामाणिकता पर संदेह व्यक्त करते रहते थे कि युद्ध-भूमि में अर्जुन को भगवद्गीता पढ़ाई गई। मुझ जैसे एक सनातनी ब्राह्मण बालक का इस बात पर परेशान होना स्वाभाविक था। अग्रहार को लौटते समय रास्ते में एक डॉक्टर की दूकान पड़ती थी जहाँ मैं अग्रहार के अपने पड़ोसियों के लिए विभिन्न रंगों और आकारों वाली शीशियों में दवा लेने जाया करता था। वहाँ मुझे एक बहुत आकर्षक व्यक्ति मिला जिसने रेडियो द्वारा अंग्रेजी सीखी थी। वह रेडियो डायनमो से चलता था, क्योंकि उन दिनों हमारे कस्बे में बिजली नहीं पहुँची थी। उसने मुझे जॉर्ज बर्नार्ड शा तथा इंगरसोल नामक प्रसिद्ध नास्तिक विचारकों के बारे में बताया। अग्रहार लौटकर मैं अक्सर एक मठ में द्वैतवादी और अद्वैतवादी पंडितों के बीच शास्त्रार्थ सुना करता था। कभी-कभी वहाँ आर्यसमाजियों तथा सनातनियों के बीच इस बात पर बहस छिड़ जाती थी कि पृथ्वी गोल है या चपटी। लगता है कि मैं गैलीलियो का समकालीन हो सकता था ! मेरे स्वयं-शिक्षित पिता, जो अपने केश-विन्यास में भी कभी सनातनी तो कभी आधुनिक हो जाया करते थे, महात्मा गांधी की पत्रिका 'हरिजन' पढ़ा करते थे और अपने दोस्तों को उसका अनुवाद करके सुनाया करते थे।

महात्मा गांधी की उपस्थिति हमें उद्वेलित करती थी; क्योंकि एक ओर जहाँ वे हमें देवतुल्य संत लगते थे, वहीं वे मंदिर में हरिजन-प्रवेश की भी हिमायत करते थे जिससे 'वर्ण-संकरता' पनपती।

एक बार कस्बे में प्लेग फैल गया और टीका लगाने जो डॉक्टर आया था वह गाँव के बाहर बसने वाले अछूतों की बस्तियों में गया ही नहीं। प्लेग से हरिजन मरने लगे और इधर दकियानूसी अग्रहार के कुछ अंधविश्वासी लोग उन हरिजनों की मृत्यु के लिए उनके मंदिर-प्रवेश के पाप को दोषी ठहराने लगे। गांधी जी की प्रेरणा से यह भावना कुछ दूर हुई थी। उनकी नजर में गांधी जी संत के भेष में दरअसल कलियुग ही थे।

उन्हीं दिनों मैं अग्रहार में एक हस्त-लिखित पत्रिका निकालने लगा था और उसमें मैंने इसी विषय पर एक कहानी लिखी। कहानी निहायत 'रूपकात्मक' ही थी; क्योंकि ऊँची जातियों की हृदयहीनता के बारे में सच्ची बात लिखने की मुझमें हिम्मत नहीं थी। उस कहानी का सारांश यह था : हरिजन जब मरने लगा तब उनके कुनबे की एक सुंदर युवती घर से भाग निकली। मुझे पता था कि वह क्यों भागी। सिर्फ मैं ही यह रहस्य जानता था। अग्रहार में एक नौजवान था जो सेना की सेवा से मुक्त होकर आया था; युवती के साथ उस नौजवान के अवैध संबंध थे। इसमें मुझे लगा कि मत्स्यगंधा जैसी दिखने वाली वह काली खूबसूरत औरत अपनी बस्ती के दूसरे लोगों की तरह हाथ पर हाथ धरे मरने को तैयार नहीं थी; क्योंकि उस अछूत को 'छुआ' जा चुका था और इस 'स्पर्श' ने उसे 'जाग्रत' कर दिया था।

30-32 वर्ष की आयु में शोध-छात्र के रूप में मैं इंग्लैंड में था जहाँ मैंने अपने शोध-निरीक्षक के साथ बर्गमैन की फिल्म 'सेवेंथ सील' देखी। उस फिल्म में सब-टाइटिल नहीं थे। इसलिए मैं बहुत अस्पष्ट ढंग से ही उसे समझ पाया। ग़लतफहमी कभी-कभी अत्यंत रचनात्मक साबित होती है। मैंने अपने निरीक्षक से कहा कि एक यूरोपीय व्यक्ति अपने मध्य-युगों की स्मृति पाने के लिए विद्वत्ता का सहारा लेने को बाध्य होता है, जबकि मेरे जैसे भारतीय के लिए सभी युग साथ-साथ विद्यमान रहते हैं—दूसरी ओर, यूरोप में युग एक के बाद एक रैखिक क्रम में आते हैं। इस अहसास ने मुझे हाईस्कूल के दिनों की हस्तलिखित पत्रिका में लिखी अपनी कहानी पुनः लिखने के लिए प्रेरित किया। वही मेरा उपन्यास 'संस्कार' बना।

यह बात मैंने कुछ विस्तार से कही है क्योंकि, मैं अपनी परंपरा के साथ अपने खुद के झगड़ों को स्पष्ट करना चाहता था। परंपरा से मेरा झगड़ा किसी बाहरी व्यक्ति का-सा नाता नहीं रखता; बल्कि उसके भीतर बसे व्यक्ति-सा नाता रखता है। इसीलिए मैं अपने आपको एक आलोचनाशील अंतर्वासी मानता हूँ। कन्नड़ साहित्य की परंपरा से भी मुझे अपने इस प्रयत्न में मार्गदर्शन मिलता है। हमारे आदि कवि पम्प स्वयं जैन होते हुए भी एक हिंदू राजा के दरबार में रहे और कन्नड़ में महाभारत महाकाव्य की रचना की। पम्प की दृष्टि में समूची मानव-जाति एक है और उनके महाकाव्य का वास्तविक नायक कर्ण था, जो स्वयं वर्ण-व्यवस्था के ऊँच-नीच का शिकार हुआ था। बारहवीं सदी के हमारे महान शिव-भक्त वचनकार संत कवि वर्ण-व्यवस्था की अपौरुषेयता को चुनौती देते हैं। उन्हीं दिनों महाकवि बसवण्णा ने एक ब्राह्मण कन्या का विवाह एक अछूत से कराया था।

अभी मैंने कहा कि अग्रहार में पलकर बड़ा होते समय मुझे अपने अस्तित्व की सामाजिक और सांस्कृतिक यथार्थताओं का भान होने लगा था। किंतु प्रधानतः यह स्वातंत्र्य पूर्व युग में महात्मा गांधी के प्रभाव से हुआ था। उन्हीं दिनों मैंने कन्नड़ में अपने दो बड़े लेखकों के उपन्यास भी पढ़े। कुवेंपु के 'कानूरु हेग्गडति' और शिवराम कारंत के 'चोमन दुडि' से मुझे यह अहसास हुआ कि ऊँचे और नीचे तमाम लोगों का अपना एक गहरा आंतरिक जीवन होता है। इसके अलावा, मैं जिस दैनंदिन संसार में था उसका अपना भी एक 'तेजस' था। आँख खोलकर देखते ही चारों ओर का यथार्थ सामने आ जाता था। लेकिन विपर्यास यह भी है कि मैं खुद भी, जो तब एक निरा अधकचरा क्रांतिकारी था, उन मान्यताओं को चुनौती देने लगा था जिन्हें परम पावन माना जाता था। इस तरह मेरे तईं मिथक और यथार्थ, दोनों गड्डमड्ड होने लगे थे। वृक्ष के नीचे जो पत्थर रखा रहता था और जिससे डरकर यह माना जाता था कि वह एक शक्तिशाली 'भूत' है जो दोषी काश्तकारों, और बेवफा पतियों तथा पत्नियों को दंड देता है—मैं सोचता कि क्या सचमुच उसमें वह सामर्थ्य है ? चोरी-छिपे मैं उसे गंदा कर देता और फिर भयभीत होकर सोचने लगता कि मुझे दंड मिलेगा या नहीं ! इस तरह की घटनाओं ने ही मुझे ऐसा लेखक बनाया जैसा कि मैं हूँ।

मेरे पिताजी चाहते थे कि मैं गणितज्ञ होकर शांत और मननशील जीवन बिताऊँ। लेकिन डॉ. राममनोहर लोहिया के अनुयायी समाजवादियों के प्रभाव में आकर जब एक किसान-संघर्ष में जूझ पड़ा तब किशोर-सुलभ उलझाव मुझे एक दूसरी ही दिशा में ले गया और मुझे एक लेखक बना दिया। डॉ. लोहिया की रचनाओं से मुझे सांस्कृतिक और सामाजिक प्रश्नों की जो जानकारी प्राप्त हुई, उसके लिए मैं आज भी उपकृत हूँ; क्योंकि उसी ने मुझे क्रांतिकारिता के पश्चिमी विचारों का अंधानुगामी बनने से बचाया। कहना चाहिए कि लोहिया के माध्यम से ही मैं गांधी तक पहुँच पाया जो कि हमारे युग के महत्तम सृजनशील व्यक्तित्व थे।

मैं उन्हीं स्मृतियों के सहारे जीता और लिखता हूँ जो मेरे लिए रूपकों का भंडार बन गई हैं—एक मठ के पास रिहाइश, संध्या समय विस्तृत पूजा-पाठ, कार्तिक महीने के महोत्सव, पांडित्यपूर्ण प्रवचन और हरिकथाएँ, मेरे कुछ एक पड़ोसियों की सीधी-सादी धर्मप्रवण जीवन-शैली और दूसरी ओर इसी के साथ-साथ जातिगत ऊँच-नीच की मान्यता पर मूर्खतापूर्ण अभिमान, हमसे भिन्न लोगों के प्रति उदारता का अभाव और गरीब काश्तकारों के साथ भू-स्वामी और मठाधीशों के अंतहीन मुकदमों जैसी चीजों के कारण उत्पन्न एक तरह का संकुचन और बंधन का अहसास भी इसमें शामिल हैं।

अपने आरंभिक जीवन की स्मृतियों ने मेरे मन में अपनी संस्कृति के प्रति हमेशा एक दुविधा का भाव उभारा है। मैं ऐसा इसलिए कह रहा हूँ कि रूढ़िवादी परिवेश में रहना केवल दमघोंटू नहीं था; इसी छोटी-सी दकियानूसी दुनिया में मुझे कुछ ऐसे अनुभव भी हुए हैं जो आध्यात्मिक दृष्टि से मेरे लिए आज भी मार्मिक और रहस्यपूर्ण हैं। मठ में रहने वाला एक तपस्वी साधक कट्टर अपरिग्रही था, जो प्रतिदिन एक छोटे-से कटोरे-भर भिक्षा पर जीता था और पूरे साल कपड़े के सिर्फ दो टुकड़े पहने रहता था और रात-भर मंदिर की दीवार में बने एक आले में तेल के दीये की रोशनी में पढ़ता रहता था। जब तक बत्ती जलती रहती वह पढ़ता; रोशनी बढ़ाने के लिए उसने कभी भी बत्ती ऊँची नहीं की। वह मेरे संस्कृत के अध्यापक थे।

मैं यह सोच-समझकर हैरान हो जाता था कि यह बाल-ब्रह्मचारी जो तपस्या में जला जा रहा है वास्तव में उस समय क्या अनुभव करता होगा जब मुझे शाकुंतल के शृंगारपरक प्रसंग पढ़ाता था। एक बार कोई राहगीर उनके पास आया और उनका अँगौछा माँगने लगा। उन्होंने तुरंत अँगौछा निकालकर दे दिया और स्वयं सारा जाड़ा अधनंगे होकर बिताया; क्योंकि वे ऐसे साधक थे कि दूसरा अँगौछा वे अगले वर्ष ही माँग सकते थे। एक बार उन्हें महसूस हुआ कि उनका 'बुलावा' आ गया है। उन्होंने अश्वत्थ (पीपल) का एक पत्ता उठाया और आँखें बंद करके उसे जमीन पर छोड़ दिया। पत्ता जिस ओर गिरेगा उसी पर उन्हें निर्णय लेना था कि वे हिमालय के लिए प्रस्थान करें या नहीं। पत्ते ने संकेत दिया कि जाओ, तो वे चले गए। हमने उन्हें फिर कभी नहीं देखा।

समापन करते हुए मैं यहाँ वह बात दोहराना चाहूँगा जो मैंने किसी और प्रसंग में कही थी। भूमंडलीकरण और विवेकहीन पश्चिमीकरण की आपाधापी के इन दिनों में हम ऐसे किसी निजी एकांत जीवन की आशा नहीं कर सकते जिस पर सार्वजनिक घटनाओं की छाया न हो। अगर हम यह सोचें कि लेखक के रूप में हम कुछ विशिष्ट प्रकार के व्यक्ति हैं और इसलिए अपनी कला के परिष्कार में जुटे रहे, तो हम क्षुद्र सौंदर्यवाद के गर्त में पड़ सकते हैं। जीने का अर्थ है—लगाव—अपने नियंत्रण से परे घटनाओं से निकटता; लेकिन लेखन के लिए एक प्रकार की दूरी आवश्यक है और ऊपर से देखने की क्षमता न केवल दुष्प्राप्य, बल्कि नैतिक दृष्टि से वर्जनीय भी है। यीट्स ने कभी कहा था :

> असल सवाल वही है—या तो पक्षी की तरह उड़ते हुए हम आम नजरों से ओझल हो जाएँ, या फिर हाट-बाजार की गाड़ियों के पीछे हो लें; लेकिन हमें यह ध्यान रखना होगा कि आत्मा हमारे साथ-साथ चले...अगर गाड़ियों ने हमें रिझा लिया है तो हमें आत्मा को अपनी देह के भीतर कसकर पकड़े रहना होगा क्योंकि, आत्मा सूक्ष्म स्पंदनों के द्वारा संचित सौंदर्य पर इस तरह मुग्ध हो चुकी है कि एक लंबे अरसे तक मात्र शक्ति, मात्र व्यक्तित्व, मात्र रक्त के तुमुलनाद के लिए हमारी तृष्णा पर यह उद्विग्न होती रहेगी।

यदि हम हाट-बाजार की गाड़ियाँ चुनें तो हम यह भी याद रखें कि हमारे पास समाजशास्त्रियों और अर्थशास्त्रियों वाली विश्लेषण शक्ति या उपकरण नहीं हैं, न ही राजनीति के परम रणनीतिज्ञों के कुटिल कौशल हमारे पास हैं। हमें सार्वजनिक विभूति बनने से भी बचना चाहिए, क्योंकि तब हम केवल अपने प्रशंसकों की आशा-आकांक्षाओं के गुलाम बनकर रह जाएँगे। मुझे लगता है कि यदि हम अपनी हर नई पुस्तक के बाद अपने कुछेक प्रशंसक नहीं खोते हैं तो जरूर ही हम लेखकों के साथ कोई गड़बड़ है। क्योंकि अन्यथा हम या तो अपना ही अनुकरण कर रहे हैं, या फिर अपने प्रति हमने अपनी जो सार्वजनिक छवि बना ली है उसी को भुना रहे हैं। वक्तृता खतरनाक है; क्योंकि यह सार्वजनिक भावावेश को, भीड़ के भावावेश को उभारती है। झूठ सुनते हुए लोग सुरक्षित और निश्चिंतता का अनुभव करना चाहते हैं, लेकिन उनकी आत्माएँ दरअसल सच सुनने को व्याकुल रहती हैं। निपट एकांत में जिन चीजों के प्रति हमारी निष्ठा है, उनके बारे में भरी सभा में कहने का साहस हमें कभी नहीं खोना चाहिए। अगर हम इस कदर भटक जाएँ कि खुद से ही झूठ बोलने लगें, और उस झूठ पर विश्वास भी करने लगें तो हमें कोई नहीं बचा सकता। सार्वजनिक व्यक्तित्व या विभूति, राजनीतिक दलों के प्रवक्ता और सत्तारूढ़ वर्ग के राजकवि होने के यही सब खतरे हैं। जैसा कि किसी ने कहा है, छिपने के लिए अब भी कला एक अच्छी जगह है। इसी से यह संभव हुआ कि सोल्जेनित्सिन आस्तिक रह सके, और इसी ने धार्मिक असहिष्णुता एवं कट्टरता के जमानों में अनेक नास्तिकों को अपनी निष्ठा बचाए रखने का सामर्थ्य

दिया। जैसा कि जेम्स जॉयस ने कहा है, कलाकार अपने लिए 'मौन, निर्वासन और चालाकी' से शक्ति अर्जित करता है। इस तरह कलाकार एक छापामार भी है और धर्म-योद्धा भी। मैं यह भी जोड़ना चाहूँगा कि एक सच्चे लोकतांत्रिक समाज में जो अपनी स्मृति का नैरंतर्य सँजोकर रखना चाहता है उसमें लेखक एक सौम्य मननशील सह-नागरिक भी होता है, जिसे विश्वास है कि दूसरों से अपनी बात मनवा लेने की क्षमता उसके शब्दों में है।

(अभिभाषण : 30वाँ ज्ञानपीठ पुरस्कार से सम्मानित होने पर)

संस्कृति और नियति

संस्कृति और नियति पर बोलने में खतरा यह है कि आप या तो भारतीय संस्कृति के संबंध में पूरे श्रद्धा-भाव से सारी घिसी-पिटी बातें कहकर चुप हो जाएँ या हर बात पर शंकालु रुख अपना लें। जैसा भी उस समय आपका मूड हो, अर्थात् उस समय आपको विरोध किसका करना है, यह इसी बात पर निर्भर करेगा। हाल ही में केरल में आयोजित एक परिसंवाद में स्व. दीनदयाल उपाध्याय के एक अनुयायी ने अपनी उत्तेजनापूर्ण आलंकारिक भाषा में राजनीति के आध्यात्मीकरण और हिंदू संस्कृति के उच्च आदर्शों की ओर वापस जाने की वकालत की लेकिन अपने पुनरुत्थानवादी आवेग में इतिहास में उनकी याददाश्त केवल शिवाजी के समय तक ही गई। मैं समझता हूँ, ऐसे व्यक्ति के लिए वे कठिनाइयाँ और जटिलताएँ कोई महत्त्व नहीं रखतीं जिनका सामना याज्ञवल्क्य ने अपने साहसिक अनुमानों में अपने समय में किया था। वे सज्जन अपनी वर्तमान संस्कृति की छुआछूत, धन और सम्पन्नता का अश्लील प्रदर्शन, विवाह जैसी संस्थाओं में आई हुई विकृतियाँ और धार्मिक व्यवहार में उत्पन्न घिसे-पिटे यांत्रिक रीति-रिवाज जैसी किसी भी समस्या से तनिक भी परेशान नहीं दिखाई दे रहे थे। जबकि इन समस्याओं ने महात्मा गांधी को उस समय भी परेशान किया था जब वे पश्चिमी आधुनिक सभ्यता के विरोध में प्राचीन भारतीय सभ्यता को पूरी श्रद्धा के साथ प्रस्तुत कर रहे थे। यदि पुनरुत्थानवाद के हिमायती सज्जन की बात मुझे अपने समय में भी राजनीतिक चालबाजी के एक पक्ष के रूप में खोखली लग रही थी तो उनके विरोधी कम्युनिस्ट सज्जन की ऊपर से तर्कसंगत दिखने वाली सुधारवाद के विरोध में कही गई आक्रामक बातें भी उतनी ही खोखली लग रही थीं। वे कह रहे थे—क्या भारतीय धर्म केवल 'जाति का धर्म' और भारतीय संस्कृति केवल 'जाति की संस्कृति' नहीं थी और क्या दोनों शोषण पर आधारित नहीं थे ? क्या वह बुर्जुवा भूस्वामी वर्ग की विचारधारा नहीं थी ? क्या हमें गए-गुजरे जमाने की मिथ्या चेतना के साथ होना चाहिए या एक तर्कसंगत वैज्ञानिक विचार-पथ पर आगे बढ़ना चाहिए ? भारतीय संस्कृति तार्किक जिज्ञासाओं और अध्ययन के लिए अच्छी वस्तु हो सकती है लेकिन वैज्ञानिक समाजवाद की श्रमिक वर्ग की विचारधारा के आधार पर समानतावादी समाज की स्थापना के संघर्ष में वह हमारा साथ नहीं दे सकती इत्यादि। यदि पुनरुत्थानवादी सज्जन केरल में अपने विरोधी कम्युनिस्ट की ओर ईर्ष्या और क्रोध की दृष्टि से देख रहे थे, जैसा कि उन्होंने बीच में विरोध में अपनी

बहुत पवित्र लगने वाली अपील की भी थी, तो वहीं कम्युनिस्ट बुद्धिजीवी अपने तार्किक और वैज्ञानिक विचारों के जाने-माने घिसे-पिटे तर्कों के द्वारा केवल उस चीज को वहीं का वहीं दफना देना चाहते थे जिसके कारण केरल के राजनीतिक और सांस्कृतिक दृश्य पर प्रमुख बुद्धिजीवी होने की उनकी स्थिति को धक्का लग सकता था। भारतीय संस्कृति को लेकर इस तरह के संघर्ष में मैं खाली बैठा रहता हूँ और ईमानदारी से समझ नहीं पाता कि क्या कहूँ, क्योंकि मेरे पास तो वर्तमान संस्कृति के बारे में वह सब कहने के लिए है जिसका कुछ हिस्सा तो दोनों को खुश करेगा और दोनों ही उसके कुछ हिस्से को लेकर नाराज हो जाएँगे जबकि मैं दोनों में से किसी को भी खुश नहीं करना चाहता। मुझे भय है कि वे दोनों मुझे इस तरह निगल जाएँगे कि उस स्थिति में मुझमें कोई सूक्ष्म नैतिक अर्थ-भेद साबुत नहीं रह जाएगा।

भारतीय संस्कृति के उस व्यवहृत पक्ष के बारे में, जो हमारा मौजूदा स्वरूप निर्धारित करता है और जिससे हमारी नियति और भविष्य जुड़ा हुआ है, जब मैं अपनी बात कहने के लिए ध्यान केंद्रित करके बैठता हूँ तो लगभग कान फाड़ने वाली उस निरंतर आती हुई आवाज के कारण झुँझलाहट से भर जाता हूँ जो मुझे लिखने नहीं देती। रात के ग्यारह बज चुके हैं। कुछ लोग मुहल्ले में लाउडस्पीकर के द्वारा अय्यप्पा के भजनों से रात्रि की शांति को टुकड़े-टुकड़े किए दे रहे हैं। मैं इस नए संप्रदाय से क्या ग्रहण करूँ जो यहाँ चारों ओर फैलता जा रहा है। एक ऐसा संप्रदाय जो ठेठ कम्युनिस्ट केरल में जन्मा। बहुत से जवान लोग जिन्हें मैं जानता हूँ वे एस.एफ.आई. ज्वाइन न करके अय्यप्पा के समर्थकों में शामिल हो गए हैं। वह लगभग चालीस दिनों तक हजामत नहीं बनाता। केवल एक काली लुंगी पहनता है और किसी भी युवा स्त्री की तरफ इस डर के कारण नहीं देखता कि यदि वह उस समय मासिक धर्म में है तो वह भ्रष्ट हो जाएगा और अंत में वह केरल की एक दुर्गम और खतरनाक पहाड़ी पर चला जाता है। तब वह वहाँ उस अय्यप्पा के दर्शन करता है जिसके जन्म के बारे में बहुत अजीब कहानी है। वह दो पुरुष देवताओं विष्णु और शिव की संतान है। जब शिव विष्णु के मोहनी रूप पर आसक्त हुए। कर्नाटक में बारहवीं शताब्दी के भक्ति संप्रदाय ने वीर शैव रहस्य के महान वचनों को और चौदहवीं तथा पंद्रहवीं शताब्दी में वैष्णव कवियों के मधुर गीतों को जन्म दिया, लेकिन यह अय्यप्पा संप्रदाय क्या पैदा कर रहा है ? केवल जगमगाती रोशनी से भरा हुआ पंडाल जो हर खाली जमीन के टुकड़े पर कुकुरमुत्ता जैसा दिखता है, कर्ण कटु ऊँची आवाजें और भजनों के निरर्थक शब्दों की उछलकूद के साथ कान-फाड़ू संगीत और फिल्मी गीतों की धुन पर गाए जाने वाले परेशान करने वाले भावुक गीत। फिर भी इस संप्रदाय में कुछ बातें तो हैं जिन्हें अपनी संस्कृति का आलोचक नजरंदाज नहीं कर सकता। सभी वर्गों और जातियों के लोग इस ओर आकर्षित हो रहे हैं। अछूत जातियों के लोग भी यहाँ आते हैं और जिन दिनों वे काली पोशाक पहनते हैं, वे न तो शराब पीते हैं न धूम्रपान करते हैं और काम-वासना से भी दूर रहते हैं। उन दिनों में उन्हें उनके नामों से नहीं, 'स्वामी' कहकर पुकारा जाता है और कम-से-कम

जब तक व्रत चलते हैं वे जातिहीन हो जाते हैं और एक आध्यात्मिक भाईचारे में बँध जाते हैं। विश्वविद्यालय में शौचालय साफ़ करने वाली एक हरिजन महिला ने मुझे बताया कि आजकल उसका पति घर पर नहीं सोता क्योंकि वह स्वामी हो गया है। कम-से-कम उतने दिनों के लिए न वह शराब पीता है और न बीवी-बच्चों को पीटता है। लेकिन जब वह वापस आता है तब क्या होता है ? इसके उत्तर में अक्सर यही सुनने को मिलता है कि आप कुत्ते की पूँछ को हमेशा के लिए सीधा थोड़े ही कर सकते हैं, लेकिन मैं संतुष्ट नहीं हूँ। ठीक है कि वह नहीं बदले, लेकिन हमारी संस्कृति में और है भी क्या जो उसे एक नई पहचान दे सके। अपने होने का एक बोध दे सके, कुछ नया साहसपूर्ण करने की उत्तेजना दे सके और कठोर संयम का एक अनुभव दे सके ? इसलिए जब मैं अय्यप्पा के भजनों की भोंडी, अनाकर्षक और अश्लील आवाजें सुनता हूँ तो समझ नहीं पाता कि मैं हिंदू संस्कृति के इस नवीन संस्कृति-रूप की आलोचना किस तरह करूँ। यह एक ढर्रा-सा बन गया है कि हिंदू संस्कृति का विद्यार्थी युगों से भक्ति के आनंदातिरेक के सभी रूपों व भाईचारे से और अंत में पुण्य के लिए की जाने वाली खतरों से भरी तीर्थ-यात्राओं से भली-भाँति परिचित होता ही है। यह बहुत स्वाभाविक है भी और यह भी भारतीय संस्कृति का एक हिस्सा ही है कि उसकी अद्वितीय कविता और बारहवीं शताब्दी में उसके मूलभूत सामाजिक आंदोलन के कारण मैं उसको महत्त्व देता हूँ। फिर भी संस्कृति का यह नवीनतम रूप बावजूद उसके अनुयायियों की लगन के मुझे खोखला लगता है। और भी बहुत-सी चीजें इसी तरह की हैं जैसे राघवेंद्र स्वामी के प्रति बढ़ता हुआ श्रद्धा-भाव और उस साईं बाबा के चमत्कारी चरणों की चापलूसी जिसने स्वयं का शेषशायी के रूप में चित्र खिंचवाया है। मैं यह सोचे बिना नहीं रह सकता कि उनकी जिस तस्वीर में पूजा की जाती है उसमें पाँच फनों वाला शेषनाग गत्ते का बना है और वह देवता पुरुष बिना किसी लज्जा के कैमरे की क्लिक के साथ मुस्कुराता है। इसके बाद भी हमारे समय के कन्नड़ के महानतम कवि ने साईं बाबा पर कविता लिखी और वे उस गत्ते के शेषनाग को लेकर जरा भी विचलित नहीं हैं। मैं अपनी संस्कृति के इस विलक्षण रूप के प्रति कैसे अपनी प्रतिक्रिया व्यक्त करूँ जिसके लिए अपनी विवेक-बुद्धि अनुपयोगी हो चुकी है। जब मेरे एक मित्र ने उनसे पूछा कि आप साईं बाबा का गुणगान कैसे कर सके तो कवि ने ऐसा उत्तर दिया जो हममें से उन सबों को जो अपनी परंपरा के संपर्क में नहीं हैं बेहद पुरातनपंथी लगेगा। उन्होंने कहा कि साईं बाबा एक ऐसे पवित्र पुरुष हैं जो नाई जाति के हैं और मैं ब्राह्मण जाति का हूँ, अतः परंपरा के अनुसार साईं बाबा को मेरा सम्मान करना चाहिए और उन्होंने ऐसा किया। और इसलिए मेरा यह कर्तव्य था कि मैं नाई जाति में उत्पन्न संत को प्रत्युत्तर में सम्मान देता, अतः मैंने भी वैसा ही किया। कन्नड़ के एक और सुप्रसिद्ध बुद्धिजीवी और कवि जिनकी शिक्षा इंग्लैंड में हुई, श्री अरविंद के अन्यतम अनुयायी हैं और वे अब साईं बाबा के भक्त हो गए हैं। मैंने सुना है कि जब उन्होंने साईं बाबा के अनुयायी होने के लिए पांडिचेरी आश्रम की माँ से अनुमति

माँगी तो उनसे कहा गया कि साईं बाबा लोक-गुरु हैं यानी जनसाधारण के गुरु हैं। अतः ऐसी हालत में उनका सम्मान करना अनुचित नहीं है, हालाँकि आध्यात्मिक विकास में श्री अरविंद से बहुत नीचे हैं क्योंकि श्री अरविंद संपूर्ण ब्रह्मांड के गुरु हैं—या इसी तरह की कोई बात उनके बारे में कही गई। हमारे यहाँ दोनों के लिए जगह है। अब मैं रेमंड विलियम की 'मार्क्सिज्म और लिटरेचर' के 'हेगीमनी' अध्याय को पढ़ते हुए बहुस्तरीय भारतीय संस्कृति की प्रक्रिया को समझने का भरसक प्रयास कर रहा हूँ।

मैं अपनी संस्कृति के इस तरह के तत्त्वों के प्रति कोई सकारात्मक प्रतिक्रिया व्यक्त करने में विफल क्यों होता हूँ ? क्या मेरी यह कल्पना गलत है कि अय्यप्पा संप्रदाय और साईं बाबा की, रहस्यात्मकता जैसे संस्कृति के नए रूपों की हमारे प्राचीन आचार्यों द्वारा कठोर आलोचना की जाती है ? शंकर और रामानुज ने अपने शिष्यों को समझाने के लिए अपनी व्यक्तिगत सूझ को श्रुति और स्मृति के साथ जोड़ने का कठिन संघर्ष, कठोर तर्कों, दार्शनिक जिज्ञासाओं और अपनी व्याख्या के माध्यम से उन्हें जागरूक बनाकर ही किया। कोई दूसरा सरल रास्ता उन्होंने नहीं निकाला। हमारे समय में गांधी जी ने अपनी संस्कृति की जीवित परंपराओं में जो कुछ चुना वह श्रेष्ठतम था। मेरे इस कथन का आशय एक घटना से स्पष्ट होगा। जब गांधी जी दक्षिण अफ्रीका से लौटे तो वे भारतीय जनता के गरीब और दलित तबके के तन-मन और आत्मा तक सीधे पहुँचने का रास्ता खोज रहे थे। एक विद्वान पुरोहित ने महात्मा गांधी को सलाह दी कि एक शक्तिशाली महात्मा के छोटे-छोटे बालों वाले सिर को पश्चिमी नहीं दिखना चाहिए, उन्हें शिखा रखनी चाहिए और यज्ञोपवीत पहनना चाहिए। महात्मा गांधी ने कहा कि वे सिर पर छोटे-छोटे बाल इसी भय के कारण रखते थे कि कहीं वे हास्यास्पद न लगने लगें। वे शिखा रखने को तो सहमत हो गए लेकिन उन्होंने यज्ञोपवीत पहनने की कोई आवश्यकता अनुभव नहीं की, क्योंकि भारत में वे लाखों लोग जो जातीय सुविधाओं से वंचित थे बिना यज्ञोपवीत के ही सदाचारी और धार्मिक जीवन बिता रहे थे। मेरा ध्यान जिस बात की ओर जाता है वह यह है कि गांधी जी ने शिखा तो धारण की लेकिन यज्ञोपवीत को ठुकरा दिया, जबकि आज भारत की दो प्रमुख विचार-शैलियों में एक पश्चिमीकरण की वकालत कर रही है तो दूसरी ब्राह्मणीकरण की—इन दोनों को या तो पूरी तरह ठुकराना होता है या पूरी तरह स्वीकार करना होता है। चुनाव कर सकने की यह विवेक-बुद्धि ही किसी जीवंत संस्कृति का चिह्न होती है जो कि महात्मा गांधी के पूरे जीवन में दिखाई पड़ती है। उसी आलोचनात्मक और अनासक्त नैतिक-बोध के कारण ही वे भीतर और बाहर कठोरता से उच्चवर्ण ब्राह्मणों और अंधविश्वास में डूबे शूद्रों तथा साम्राज्यवादी अंग्रेजों से लड़ सके। कर्नाटक में बारहवीं शताब्दी में वचनकारों ने भी एक ऐसी सांस्कृतिक प्रवृत्ति के लिए संघर्ष किया जो कि उस समय की बड़ी और छोटी परंपराओं (यानी संस्कृति से उत्पन्न और साथ ही जातीय व स्थानीय विचार-पद्धति) दोनों के विरोध में थी। सून्य सम्पादने से यह पता चलता है कि उस आंदोलन के नायक अल्लामा ने कितनी बुरी तरह से अपनी ही बिरादरी के लोगों की आलोचना की थी।

चीजों को अलग-अलग पहचानने वाली उस आलोचनात्मक शक्ति के बिना आप परेशानी में पड़ जाते हैं, जिसके सहारे आप संस्कृति के भीतर चुनाव कर पाते हैं और जहाँ नेतृत्व हेगीमनी (देखिए—रेमंड विलियम) को लेकर कई विधियाँ एक साथ चलती हैं और उनमें आपस में क्रिया-प्रतिक्रिया भी होती है। किसी एक विशेष समय में दी हुई चीजों को आप न तो पूरी तरह स्वीकार कर पाते हैं और न पूरी तरह अस्वीकार। आप यदि आज भी संसार में छाई हुई साम्राज्यवादी आधुनिक पश्चिमी सभ्यता के पक्षधर हैं और यह मानते हैं कि आज संसार के सामने एकमात्र यही तर्कसंगत और वैज्ञानिक विधि है तो आपके सामने कोई समस्या ही नहीं होगी। आप बहुत आसानी से आज के पलायनवादी और भ्रामक धार्मिक आंदोलनों की मिथ्या चेतना को दया के भाव से देख सकते हैं। लेकिन यदि आप यह जानना चाहते हैं कि आखिर लोग संस्कृति के रूपों के पीछे क्यों भागते हैं, भले ही वे सब कितने ही आधारहीन क्यों न हों, भले ही गए-गुजरे समय के उत्पादन-संबंधों से जो जुड़े हों और जो अब धीरे-धीरे अधिक प्रगतिशील और तर्कसंगत उत्पादन-विधियों के द्वारा विस्थापित किए जा रहे हों—तब इस प्रश्न का उत्तर पाने के लिए अपने हृदय को ही टटोलना होगा। हमारी स्मृति में ये यादें अभी ताज़ा ही हैं कि जब हमने महात्मा गांधी में एक घुमक्कड़ कर्मयोगी को देखा। ध्यानस्थ ज्ञान-योगी को रमण में देखा और आनंदातिरेक में डूबे गाते और नाचते हुए भक्ति-योगी को रामकृष्ण में देखा। ये सब हमारे समय में ही, हमारे तेजी से बदलते हुए समय में ही तो डटे रहे। प्राचीनकाल के दशरथ और जनक की तरह हमारे वर्तमान शासक आज भी हमारे संतों को सम्मान देते हैं। अपने व्यस्त कार्यक्रम में भी हेलीकॉप्टर से उनके पास जाते हैं। विनोबा जी घूमते भी हैं और क्षत्र-संन्यास धारण कर एक ही जगह पर रहते भी हैं और प्रायोपवेश के समय इच्छा-मरणी की तरह मर भी जाते हैं। काँची के शंकराचार्य जिन दिनों नदी के किनारे चतुर्मास मना रहे होते हैं तब वहाँ भी वे दिल्ली और ग्रीस के शासकों को आकर्षित करते हैं। पदमुक्त होता हुआ राष्ट्रपति शांतिपूर्ण वानप्रस्थ में प्रवेश करने से पहले उनसे आशीर्वाद प्राप्त करता है और यहाँ मेरी खिड़की के बाहर गहराती ठंडी रात में काले-काले गँवार युवा नाचते-गाते हुए अय्यप्पा की भक्ति में भजन गा रहे हैं। और अय्यप्पा स्वयं एक ऐसे देसी देवता हैं जिनमें आर्यों और द्रविड़ों के नेतृत्व-संघर्ष का समाधान हो गया है। यह किसी भी तर्कसंगत व्यक्ति को काम की विकृति के एक अनुत्पादक रूप की तरह दिखाई देता है। लोकायत परंपरा के महान गुरु पेरियार (ई.वी. रामास्वामी नायकर) की भूमि के अनेकों रिक्शा चलाने वाले काले कपड़ों में रहते हैं और दिन में तीन बार स्नान करने के बाद उनके माथों पर भभूति लगी होती है और दाढ़ियों के साथ उनके काले चेहरे प्राचीन मुनियों की तरह दिखाई देते हैं। हम और आप इन्हें हैरत से देखते हैं क्योंकि हमने पश्चिम की उदार और तर्कयुक्त विचार-विधि प्राप्त कर ली है जिसके कारण अपने विचारों में अपनी जड़ों से कट जाने की बढ़ती हुई भावना से हम अपने आपसे असंतुष्ट और असहज रहते हैं, और यह असंतोष भी संभवतः पश्चिम के बढ़ते हुए असंतोष

के कारण ही हममें घुस गया है। उनमें भारतीय संस्कृति के वही पुराने तत्त्व हैं, लेकिन क्या वे अपने मूल रूप में वैसे ही हैं ? और क्या उनका भ्रष्ट हो जाना अपरिहार्य है ? अंततः हममें जो भी श्रेष्ठ हैं उन्होंने अपने देश की जनता में घुलना-मिलना बंद कर दिया है। यहाँ तक कि आधुनिक सभ्यता के जड़हीन अकेलेपन से उपजे अपने असंतोष में भी, जिसकी अर्द्धजातीय संतानें हम हैं, क्या हम यह उम्मीद मन ही मन नहीं करते कि भारत की भावी संस्कृति हमारे रास्ते पर चले ? लेकिन हमने एक लेखक और कलाकार के रूप में, पश्चिम से इतने प्रभावित होने के बाद अपनी संस्कृति और परंपरा के जीवंत रूपों को अपने वैयक्तिक अनुभवों के द्वारा पुनः निर्मित करने के लिए किया क्या है ? आपको जो कुछ भी अपनी परिष्कृत अनुभूतियों के बाहर दिखाई देता है यदि वह सब केवल कीचड़ है, तो क्या कमलों को ऊपर उठाने के लिए कीचड़ की जरूरत नहीं होती ? तो क्या हम ऐसे उपजाऊ कीचड़ में गिरने की और उससे पुनः उगने की हिम्मत कर सकते हैं ? जब हम अपने आसपास के फैलते हुए संस्कृति-रूपों के प्रति प्रतिकृत होंगे तो ये प्रश्न हमें परेशान करेंगे। यदि हम ईमानदार हैं तो हमें कहना चाहिए कि हम गांधी जी की तरह चुनाव करने के रास्ते से बहुत दूर जा पड़े हैं। इतना ही नहीं जिस तरह से हमने अपने आपसे उपरोक्त प्रश्न किए हैं, उसी तरह से निष्कलंक ईमानदारी उतनी ही मुश्किल है। आधुनिक सभ्यता जिसने कि हमारे अत्यंत परिष्कृत और संवेदनशील विरोध तक को पाला-पोसा है, वह भी हमारी धरती को, हमारे जल को और हमारी वायु को प्रदूषित कर रहा है और हम जो भी पश्चिम का धार्मिक और सांस्कृतिक विरोध अपने लोकप्रिय भारतीय रूपों में देख रहे हैं वह आधुनिक सभ्यता के मोहाकर्षण का सच्चा विरोध भी नहीं है। जिसका अर्थ यह हुआ कि हमें महात्मा गांधी की उस नैतिक दृष्टि की पुनः आवश्यकता है जो कि अत्यंत सूक्ष्म स्व-परीक्षण से उत्पन्न हुई थी और जो अपने आसपास बिखरे उन सांस्कृतिक तत्त्वों में से अर्थवान रूपों को तलाश करने का संघर्ष करती थी, जिनकी जड़ें प्राचीन भारत में तो हैं लेकिन जिनकी अभिव्यक्ति आज विकृत और बुद्धि-विरोधी हो गई है।

उदाहरण के लिए, हम दक्षिण के लोकप्रिय अभिनेताओं को ले सकते हैं जिन्हें बेहिसाब राजनीतिक महत्त्व केवल आज की लोकप्रिय संस्कृति पर व्यापक प्रभाव के कारण मिल रहा है। कर्नाटक में हमारे यहाँ राजकुमार है जिसे मैसूर विश्वविद्यालय ने डॉक्टर की उपाधि से सम्मानित किया है। श्रवण बेलगोला की नग्न जैन मूर्ति बाहुबली के बाद कार्डबोर्ड की बनी हुई राजकुमार की आकृति से बड़ी और कोई मानवाकृति नहीं है जो कैम्पे गौड़ा रोड पर बैंगलोर के सिनेमाघर के सामने दिखाई देती है। उसे चाहने वाले हजारों की तादाद में सारे कर्नाटक के गाँवों, तहसीलों, कस्बों और शहरों में हैं। हर उम्र के स्त्री-पुरुष में उसकी आकृति को तारों से सजाने की होड़ लगी रहती है। उन्होंने उसे पौराणिक भूमिकाओं में खूब सजे-धजे रूप में देखा है। राघवेंद्र स्वामी, बेदारा और कनप्पा की संतों की-सी साधारण वेश-भूषा में देखा है, आधुनिक समय के ऐसे रोमांटिक युवा पुरुष के रूप में देखा है जो देशभक्ति में डूबा हुआ भ्रष्टाचार और तस्करी के विरुद्ध एक गरीब माँ का सपूत होकर

शूरवीरों की तरह लड़ता है। दूसरे शब्दों में ये सारी भूमिकाएँ उसे अतीत और वर्तमान के मूल्यों का ऐसा घुला-मिला रूप प्रदान करती हैं जिन्हें जनता अपने हृदय में सँजोए रहती है। वह उनके लिए एक मिथ बन गया है और उनके सामने कोई उसकी आलोचना नहीं कर सकता। कन्नड़ फिल्म उद्योग में नए प्रयोग करने वाले लोगों को उसकी एकाधिकारी प्रवृत्ति के विरुद्ध बहुत संघर्ष करना पड़ा। कन्नड़ साहित्य के बुद्धिजीवियों ने उसे कभी पसंद नहीं किया और वे उससे हमेशा अपने अभिमान में इसलिए दूर रहे कि उसने लोगों में बहुत ही सस्ती रुचि पैदा की है। राजकुमार हीरो के तौर पर अपनी फिल्मों में कभी सिगरेट नहीं पीता, शराब नहीं पीता, दूसरों की स्त्रियों को भ्रष्ट नहीं करता। वह गुणों की आदर्श मूर्ति है, ठीक तमिलनाडु के एम.जी.आर. की तरह। लेकिन एम.जी.आर. तमिलनाडु की द्रविड़ कषग़म की विशेषताओं में पला-पुसा है इसलिए राजकुमार की तरह उसकी पौराणिक छवि नहीं है। एम.जी.आर. भी फिल्मों में न शराब पीता है न दूसरों की स्त्रियों को भ्रष्ट करता है। किंतु यहीं से फिल्म उद्योग में समस्या पैदा होती है। दर्शक अपने हीरो की छवि धूमिल होते नहीं देखना चाहते और फिर भी वे फिल्मों में कैबरे के दृश्य चाहते हैं। यह समस्या आसानी से सुलझ भी जाती है। एम.जी.आर. स्वयं दूसरी स्त्री को भ्रष्ट नहीं करते लेकिन अन्य स्त्री उसे चाहती है। तब वह सुंदर स्त्री दिवास्वप्न देखती है जिसमें वह अपनी समस्त छिपी हुई इच्छाएँ पूरी करती है। इस तरह आपकी (दर्शकों की) दोनों इच्छाएँ पूरी हो जाती हैं। आपको केक मिल जाता है और आप कितनी ही बार उसका स्वाद भी ले सकते हैं।

डॉ. राजकुमार ने कुछ महीनों पहले सार्वजनिक महत्त्व की एक समस्या में जो भूमिका अदा की उसने मुझ जैसे कई लोगों को दुखी ही नहीं, भयाक्रांत भी कर दिया। कर्नाटक में भाषा-समस्या को लेकर एक आंदोलन हुआ, जिसे अब सभी गोकाक आंदोलन के नाम से जानते हैं। डॉ. गोकाक ने कर्नाटक सरकार के लिए भाषा-समस्या को लेकर एक रिपोर्ट तैयार की थी जिसमें कन्नड़ भाषा को कर्नाटक क्षेत्र की एकमात्र भाषा बनाने का सुझाव दिया गया और परीक्षाओं में उसके लिए 150 अंक तथा द्वितीय और तृतीय भाषा के लिए क्रमशः 100 और 50 अंक निर्धारित किए गए। इस बात ने उन लोगों को आंदोलित किया जिनकी भाषा कन्नड़ नहीं है। ये मुख्यतः वे लोग हैं जो घर में उर्दू, मराठी या तमिल बोलते हैं। इन लोगों ने गोकाक रिपोर्ट के विरोध में जुलूस निकाले। कुल मिलाकर इन लोगों का तर्क काफी विवेकसम्मत था। उन्होंने कहा कि वे कन्नड़ को राज्य भाषा के रूप में चाहते हैं जिसका पढ़ना विद्यालयों में अनिवार्य हो, लेकिन प्रथम भाषा का दर्जा उनकी मातृभाषाओं को मिले। दरअसल हर आदमी अंग्रेजी चाहता था लेकिन दिक्कत यह थी कि यदि एक मुस्लिम लड़का 100 अंक की उर्दू लेता है तो उसके पास 50 अंक की अंग्रेजी ही बचती है और इस तरह का संयोग कन्नड़ भाषा-भाषी परिवारों के सामने कभी आता ही नहीं। हममें से कुछ लोगों ने जो इनसे सहानुभूति रखते थे, यह सुझाव दिया कि तीनों भाषाओं को समान रूप से 100 अंक दिए जाएँ। मेरे जैसे लोग अल्पसंख्या में थे और लगभग सभी कन्नड़ लेखक चाहते थे

कि केवल कन्नड़ को ही प्रथम भाषा का दर्जा 150 अंकों के द्वारा दिया जाए। गोकाक रिपोर्ट को पूरी तरह लागू किया जाने वाला आंदोलन जब बैठने लगा तब डॉ. राजकुमार ने इस आंदोलन में प्रवेश किया और सारे आंदोलन का रूप ही बदल गया। सारे कर्नाटक में विशाल जुलूस निकाले गए। डॉ. राजकुमार को जुलूसों में ले जाया गया। चारों ओर ऐसा लगा जैसे जनता को दौरा पड़ गया और सारा आंदोलन फ़ासिस्टों के मार्च जैसा लगने लगा। हममें से कुछ को सर्वाधिक तकलीफ कन्नड़ के बुद्धिजीवियों की चापलूसी भरी भूमिका के कारण हुई। लंकेश, चंद्रशेखर पाटील और तेजस्वी जैसे लेखक जो अपने आपको लोहियावादी बताते हैं, डॉ. राजकुमार के नेतृत्व की सराहना में बोलने लगे। साहित्यकारों में डॉ. राजकुमार के साथ दिखाई देने में होड़ लग गई। केवल कम्युनिस्ट पार्टी और हम लोगों में से कुछ के अलावा इस आंदोलन की आलोचना करने की हिम्मत किसी की नहीं हुई। अंततः सरकार को झुकना पड़ा और समझौते के चक्कर में कन्नड़ को अतिरिक्त 25 अंक देकर प्रथम भाषा घोषित कर दिया गया। इसके बाद श्री लंकेश और श्री तेजस्वी ने डॉ. राजकुमार से कर्नाटक के चुनावों में संयुक्त विपक्ष का नेतृत्व करने की प्रार्थना की। उन्होंने आंध्र के श्री एन.टी. रामाराव का उदाहरण भी दिया, जो कि अपने तेलुगुदेशम के साथ सत्ताधारी पार्टी के लिए गंभीर धमकी बन चुके थे। एन.टी. रामाराव भी एक नई सांस्कृतिक घटना हैं। उनमें भी आप उन प्राचीन और वर्तमान सांस्कृतिक मूल्यों का मिला-जुला रूप पाएँगे जिन्हें जनता चाहती है; इतना ही नहीं एम.टी.आर. के सम्मान में एक मंदिर भी बनवाया गया है।

ये हमारे लोकप्रिय संस्कृति के उभरे हुए वे नए रूप हैं, जिनकी आप उपेक्षा नहीं कर सकते। वे जनता को बहा ले जाते हैं क्योंकि वे हमारे पुराणों के कुछ तत्त्वों को स्वयं में मूर्तिमान करते दिखाई देते हैं। एम.जी.आर., एन.टी.आर. और डॉ. राजकुमार सभी राम के आधुनिक रूप हैं। वे यदि सत्ता में लाए जाएँ तो घुल जाएँगे लेकिन जल्दी नहीं। भारतीय सांस्कृतिक परंपराओं के तत्त्वों में, जिनकी हम और आप अपनी परिष्कृत खोजों के कारण उपेक्षा करते हैं, अच्छाई और बुराई, दोनों के लिए गहरी ताक़त है और वे लोगों को उनकी स्मृति में एक हज़ार वर्ष पीछे तक ले जाते हैं।

इस आलेख को अभी जब मैं लिख रहा हूँ तो आज (दिसंबर 17) के एक दैनिक समाचार पत्र में प्रकाशित एक समाचार ने मुझे बुरी तरह अचंभे में डाल दिया। लोग जानते हैं कि किस तरह डॉ. राजकुमार ने फिल्म जगत् पर अपना प्रभाव जमा रखा है। लेकिन इस बात को प्रकाशित करने की हिम्मत अभी तक किसी ने नहीं की। दकन हेराल्ड में 'पत्रकार का अपहरण और धमकी' शीर्षक से नीचे दिया हुआ समाचार था।

> 'शहर के एक पत्रकार और फोटोग्राफर का फिल्म अभिनेता डॉ. राजकुमार के संबंधियों और गुंडों द्वारा हाल ही में अपहरण किया गया और धमकी दी गई। सुधा साप्ताहिक के संवाददाता श्री गंगाधर मुदलियार और स्वतंत्रजीवी फोटोग्राफर श्री के.जी. शिवयोगी इस घटना के शिकार हुए।
>
> दोनों व्यक्तियों को डॉ. राजकुमार की पत्नी श्रीमती पार्वतम्मा की

उपस्थिति में गुंडों के दुर्व्यवहार के कारण गंभीर मानसिक यातना सहनी पड़ी। फिल्म अभिनेता के गुर्गों द्वारा की जाने वाली कोशिशों की यह सबसे ताज़ा घटना है ताकि फिल्म उद्योग में उनका कोई प्रतिद्वंद्वी न उभर सके।'

पत्रकारों का अपराध केवल इतना था कि उनके द्वारा ऐसे स्केच खींचे गए थे जिनमें यह बताया गया था कि यदि राजकुमार बारहवीं शती के वकना कवि बासवा की भूमिका करते तो कैसे लगते। उनकी तुलना दो अन्य अभिनेताओं से भी की गई थी और उनकी तुलना में यह लोकप्रिय अभिनेता जो कि अपनी वय के पाँचवें दशक में है, बूढ़े आदमी की तरह दिखाई दे रहा था। इस पाप के कारण दो पत्रकारों का अपहरण किया गया, उन्हें धमकाया गया और उनसे जबरदस्ती क्षमा-याचना का एक पत्र लिखवाया गया और बाद में वे डॉ. राजकुमार के पास ले जाए गए जो कि उस समय एक स्टूडियो में थे। लोकप्रिय अभिनेता जब मंच पर होता है तो बहुत ही मधुर बोलता है। अपने चरित्र के अनुकूल उसने डरे हुए ख़ामोश पत्रकारों से कहा कि उसे चित्र देखकर दुख हुआ। इसके बाद गुंडे उन्हें बाहर लाए और धमकी दी कि यदि दुबारा ऐसा किया तो वे ख़त्म कर दिए जाएँगे। उन्होंने यह चेतावनी भी दी कि 'प्रजावाणी' और 'दकन हेराल्ड' के प्रकाशक श्री हरिकुमार से भी गंभीरता से निपटा जाएगा। यहाँ यह उल्लेख करना आवश्यक है कि श्री हरिकुमार ने कन्नड़ आंदोलन के अप्रजातांत्रिक रूप की अपने लेख में आलोचना की थी।

डॉ. राजकुमार एक ऐसी घटना है जिसके द्वारा हमें अपनी सांस्कृतिक स्थिति की बहुत-सी महत्त्वपूर्ण बातों का पता चलता है जैसा कि मैंने संकेत किया है, वह सीधे जनता से शक्ति प्राप्त करता है क्योंकि उसने अपने अभिनय का एक फार्मूला तैयार कर लिया है जो कि सफलतापूर्वक पौराणिक और आधुनिक तत्त्वों का घुला-मिला रूप जनता की भूख के लिए तैयार कर देता है। यह बहुत दुखद है कि हमारे तथाकथित बुद्धिजीवियों ने, जो कि रीति-रिवाजों और धार्मिक प्रथाओं पर अपनी सहज स्वाभाविक अभिव्यक्ति के रूप में प्रहार करते हैं, यह उचित समझा कि वे डॉ. राजकुमार का अनुसरण करें जिसने कि पवित्रता और शुद्धता की अपनी छवि, पौराणिक और भावुकतापूर्ण आधुनिक भूमिकाओं के द्वारा लोगों के मन में पैदा की है। आधुनिक बुद्धिजीवियों और लोकप्रियता की मूर्ति के बीच उठापटक की राजनीति में यह गठजोड़ भी, जो इस समय सत्ताधारी पार्टी के विरोध में कार्य कर रहा है, अपनी आज की भ्रष्टाचार-विरोधी घोषणाओं के बावजूद अनर्थकारी हो सकता है। जब आधुनिक बुद्धिजीवी लोकप्रियता प्रधान सांस्कृतिक ताक़तों से हाथ मिलाते हैं तब वे अपने सम्मान को उन ताकतों को सौंप देते हैं जो बुद्धि और प्रतिभा के प्रति असहिष्णुता और घृणा का भाव रखती हैं। इस बारे में मैंने अय्यप्पा कल्ट का विश्लेषण करते हुए अपनी संस्कृति के अंतर्निहित तत्त्वों पर ध्यान केंद्रित करने के लिए बहुत विस्तार से बात की है। क्या नक्सलवादी हिंसा के कुछ रूप हमारी तांत्रिकता (तंत्र-विद्या) के ही बदले हुए रूप नहीं हैं ?

कोई भी संस्कृति स्वस्थ नहीं हो सकती जब तक कि उसकी आलोचना और

परीक्षण लगातार उन तेजस्वी मस्तिष्कों द्वारा नहीं किया जाता जिनकी जड़ें अपनी संस्कृति में हैं। मुझे मैथ्यू अर्नोल्ड के उस प्रशंसनीय कार्य की याद आती है जब अपने समय में, जो कि इंग्लैंड के संकट का समय था, उसने संस्कृति के विरुद्ध अराजकता का विरोध किया। कॉलरिज और न्यूमैन की परंपरा में अपनी प्रभावशाली पुस्तक 'कल्चर और एनार्की' में उसने अपने उद्देश्य की घोषणा इन शब्दों में की :

'अपनी वर्तमान कठिनाइयों के लिए संस्कृति को एक बड़ी सहायक शक्ति के रूप में समझना चाहिए क्योंकि संस्कृति हमारी सर्वांगीण पूर्णता की खोज, उन सारी बातों को जानने की कोशिश के कारण है, जो हमारी सर्वाधिक चिंता का विषय होती है। संसार में जो भी श्रेष्ठ सोचा और कहा गया है, इस ज्ञान के माध्यम से हमारी धारणाओं और आदतों पर नई धारा प्रवाहित होती है जिसका अनुसरण अब हम कठोरता से करते हुए व्यवहार में यांत्रिक हो गए हैं। ऐसा करते हुए हम गर्व से यह सोचते रहते हैं कि इस कठोरतापूर्वक अनुसरण में कोई बहुत बड़ा गुण है, पर यह भूल जाते हैं कि इसी में हमें यांत्रिक बना देने की शरारत छिपी हुई है।'

हमें यहाँ 'कल्चर' शब्द के दिलचस्प इतिहास को नोट करना चाहिए। इस शब्द के समानार्थी रूप में संस्कृति शब्द का प्रयोग भारत में किया जाता है। इस शब्द का प्रयोग भी 'कल्चर' शब्द की भाँति ही उस अर्थ में बहुत पहले नहीं किया जाता था जिस अर्थ में वह आज व्यवहृत है। हमारे पास केवल एक शब्द है 'संस्कार' जिसमें कई समृद्ध अर्थ निहित हैं जिनका प्रयोग जाति-विशेष के लोगों पर वैयक्तिक स्तर पर ही होता है। सामूहिक स्तर पर नहीं। यह काम केवल संस्कृति शब्द ही कर सकता है। अतः नई आवश्यकताओं के आधार पर ही 'संस्कृति' और 'कल्चर' ने नए अर्थ ग्रहण किए। रेमंड विलियम ने अपनी प्रभावशाली पुस्तक 'कल्चर एंड सोसायटी' में बताया है कि किस तरह 'कल्चर' शब्द ने अन्य प्रमुख शब्द इंडस्ट्री, डेमोक्रेसी, क्लास और आर्ट की भाँति नए अर्थ प्राप्त किए।

पहले (औद्योगिक क्रांति के पूर्व) संस्कृति का अर्थ था, 'स्वाभाविक विकास का झुकाव' और इसके बाद सादृश्य के अनुसार इसका अर्थ मनुष्य के प्रशिक्षण की एक प्रक्रिया हो गया। किंतु बाद वाला अर्थ जो सामान्यतः किसी चीज़ की संस्कृति के लिए प्रयुक्त होता था, अठारहवीं और उन्नीसवीं शताब्दी के पूर्वार्द्ध में इस तरह से बदल गया कि वह स्वयं अपने आपमें एक वस्तु हो गया। पहले उसका अर्थ 'मन की सामान्य स्थिति या आदत' हुआ क्योंकि उसका मनुष्य की पूर्णता से गहरा संबंध था। दूसरा अर्थ उसका 'समग्र रूप किसी समाज में उसके बौद्धिक विकास की सामान्य स्थिति' हो गया। तीसरे अर्थ के रूप में उसे 'कलाओं का सामान्य रूप' समझा गया और शताब्दी के अंत में चौथे अर्थ के रूप में उसे 'जीवन की संपूर्ण विधि—भौतिक, बौद्धिक और आध्यात्मिक' समझा गया।

इस प्रकार विलियम के अनुसार, 'कल्चर' शब्द का विकास, इंग्लैंड के सामाजिक, आर्थिक और राजनीतिक जीवन के बदलते हुए रूपों के प्रति एक महत्त्वपूर्ण और निरंतर की जाने वाली प्रतिक्रिया का लेखा-जोखा है, अर्नोल्ड ने उसके दोनों अर्थों के पूरक तत्त्वों पर बल दिया, क्योंकि वह हमारे व्यक्तित्व के सभी पक्षों के समान विकास में सहायक

है, वह हमारी सामान्य पूर्णता की परवरिश भी करता है, हमारे समाज के सभी अर्थों का विकास करता है और इसलिए केवल संस्कृति ही बिखराव और अराजकता पैदा करने वाली राजनीतिक ताकतों से लोहा ले सकती है। अर्नोल्ड ने ज़ोर देकर कहा है कि व्यक्ति के लिए समाज से कटकर उस पूर्णता को प्राप्त करना संभव नहीं है, जिसका रूप संस्कृति के अंदर से उभरता है।

'व्यक्ति को अपनी पूर्णता के अभियान में दूसरों को साथ लेकर चलना आवश्यक है और इस तरह वह यही कर सकता है कि गतिशील मानवीय धारा को उसकी दिशा में और व्यापक बनाता जाए। ऐसा न करने पर वह अपने विकास को क्षीण करता हुआ अपने होश खो बैठेगा।'

अर्नोल्ड के लिए कोई भी व्यक्ति 'द्वीप' नहीं है बल्कि वह व्यक्ति ही है जो कि संस्कृति के लिए संघर्ष करता है। और अपने इस प्रयत्न में दूसरों को भी साथ लेता है। इस तरह संस्कृति, चूँकि बनाई जाती है इसलिए वह आवश्यक रूप से एक भीतरी क्रिया है और वह मनुष्य की पूर्णता को, एक आंतरिक स्थिति में स्थापित करती है।

अर्नोल्ड की पुस्तक में अपने समय की जीवंत आलोचना है और इसलिए वह सांस्कृतिक आलोचना का आदर्श बन गई है। उन्होंने अंग्रेजों की स्वेच्छाचारिता की प्रवृत्ति पर प्रहार किया और राज्यों को किस वर्ग से अपनी शक्ति हासिल करनी चाहिए, इसकी खोज में उसने पाया कि सभी वर्ग अपने विचार-व्यवहार और समझ में अपूर्ण हैं। एक वर्ग के रूप में 'आभिजात्य'—जिसे कि उसने बर्बर कहा—अर्थहीन था, क्योंकि उसके प्रमुख गुण यथास्थिति की रक्षा करने वाले व्यापार द्वारा निर्धारित थे। इसलिए अभिजात वर्ग के लोगों की नए विचारों के स्वतंत्र विकास में गति नहीं थी। अर्नोल्ड स्वयं जिस वर्ग के थे वह मध्यम वर्ग, फिलिस्टैन था और उसका लगाव बाह्य सभ्यता की ओर था और उसका संपूर्ण विश्वास यंत्रों (machinery) में था, जिसका मतलब अर्नोल्ड ने धन, उद्योग, उत्पादन और प्रगति बताया था। फिलिस्टैन मध्यम-वर्ग के लिए यह सब पूर्णता की ओर जाने के लिए साधन होकर साध्य बन गया था। अर्नोल्ड ने मजदूर वर्ग को, जिसने कि अभी स्वरूप ग्रहण नहीं किया था, जन साधारण (populace) कहा था। हालाँकि वे केवल मध्यवर्गीय मूल्यों की बराबरी कर लेना चाहते थे, फिर भी उनमें वह विकास की अनचीन्ही शक्ति थी जिसे एक शिक्षक के रूप में अर्नोल्ड ने व्यक्त किया। थोड़े से सुसंस्कृत लोग होते हैं जो कोई महत्त्व का काम नहीं कर पाते। किंतु कुछ और भी बहुत कम लोग ऐसे होते हैं जो पूर्णता के अनुसरण के लिए बहुत ही कठिन मार्ग अपनाते हैं, क्योंकि मानव-प्रगति की प्रक्रिया के रूप में संस्कृति, ज्ञान के लिए बौद्धिक भूख का, जो वस्तु जैसी है उसे उसी रूप में देखने की शक्ति का और अच्छा कार्य करने के नैतिक आवेग का बेजोड़ संयोजन है। कोई एक-दूसरे के बिना नहीं रह सकता। बौद्धिक आवेग बिना नैतिक आवेग के निर्जीव है और नासमझ नैतिक आवेग के दंभ के रूप में असहिष्णुता और अनुदार व्यवहार के बढ़ने से ख़तरनाक राजनीतिक परिणाम निकल सकते हैं। अर्नोल्ड के मस्तिष्क में प्रोटेस्टेंट और शुद्धतावादी

बहुत से अपने समय के वे पंथ थे जो बेहद चीखने-चिल्लाने लगे थे। उन्हें उनमें खतरा दिखाई दिया क्योंकि वे नए विचारों के लिए कुंद हो चुके थे। यदि हम उस सब पर ध्यान दें जो हमारे देश में सर्वत्र हो रहा है तो हमें लगेगा कि ये बातें आज हमारे लिए कितनी सच हैं।

आज के समाचार पत्र (18 दिसंबर) में एक समाचार और छपा है। इस समाचार का संबंध कल की उस घटना से है जिसमें डॉ. राजकुमार के दो धर्मप्राण समर्थकों द्वारा दो व्यक्तियों का अपहरण किया गया था और उन्हें धमकाया गया था। मैं यह चाहता हूँ कि आप इस सारी घटना में राजनीति, धर्म और लोकप्रिय संस्कृति के विस्फोटक मिश्रण की ओर ग़ौर करें। समाचार यह है :

> 'फिल्म अभिनेता डॉ. राजकुमार की पत्नी श्रीमती पार्वतम्मा ने सुधा के संवाददाता से, जिसने कि उन पर अपहरण की घटना में भागीदार होने का आरोप लगाया था, कहा कि—'उसे कलाकार पर लिखे गए उनके लेख पर केवल अपना क्षोभ प्रकट करने के लिए बुलाया गया था।...दफ्तर में बावजूद दोपहर के भोजन की आवभगत के, पत्रकार अब चरित्र-हत्या पर उतर आया है।'

यहाँ 'भोजन' के संदर्भ में अपने समय के अतिथि-सत्कार की भावना पर गौर करना चाहिए। आपने जिसका नमक खाया है उसके प्रति विश्वासघात नहीं करना चाहिए। पत्रकार के अनुसार जो उसने अकेले में बताया, यह भोजन एक भयानक अनुभव था। तमाम धमकियों के बीच डॉ. राजकुमार ने उसे अपनी उपस्थिति में खाने के लिए विवश किया। इस 'भोजन' के जिक्र के बाद, जिसके लिए पत्रकार को परंपरागत भारतीय फैशन के अनुसार आभारी होना चाहिए था—अभिनेता की पत्नी आगे यह बताती है कि, क्यों उनके लेख से डॉ. राजकुमार के चाहने वालों को बुरा लगा, वे कहती हैं :

'एक विशेष संप्रदाय की भावनाओं को बहुत चोट पहुँची।'

जिस संप्रदाय की चर्चा यहाँ की गई है वह कर्नाटक का एक बहुत बड़ा संप्रदाय है जिसे लिंगायत कहते हैं और जिसके महान गुरु बारहवीं शताब्दी के 'बासवा' हैं। मजा यह है कि उन्हें अपने स्वयं की गहरी और कठोर परीक्षा के लिए ही जाना जाता है। क्या डॉ. राजकुमार 'बासवा' की भूमिका करेंगे—जैसा कि उन्होंने जनता के समक्ष जब गोकाक आंदोलन अपनी ऊँचाई पर था—वायदा किया था ? यह बात सुधा में प्रकाशित फीचर में जरा मजाक में पूछी गई थी। और कभी वे ऐसा करेंगे तो कैसे लगेंगे यह बात तुलना करके उन दो चित्रों के माध्यम से बताई गई थी जिसमें कि बासवा के पारंपरिक वेशभूषा वाले चित्रों में डॉ. राजकुमार का चेहरा चिपका दिया गया था। श्रीमती पार्वतम्मा के अनुसार यह उन लिंगायतों का अपमान है जो 'बासवा' की पूजा करते हैं, और साथ ही संतों की उस वेशभूषा में राजकुमार बूढ़े दिखाई देते हैं। जरा देखिए कि किस तरह धार्मिक भावनाओं को खतरनाक तरीक़े से भड़काया जाता है। बहुत सारे साहित्यिक बुद्धिजीवियों ने, विशेष रूप से श्री तेजस्वी ने डॉ. राजकुमार से राजनीति में

आने के लिए अपील करते हुए बर्ट्रेंड रसेल तक का उदाहरण दे दिया जो अपने स्वाभाविक झुकाव के कारण राजनीति में आ गए थे। लेकिन डॉ. राजकुमार ने विनम्रता से बावजूद इन अफवाहों के, कि वे सही समय पर राजनीति में प्रवेश करेंगे—यह अपील अस्वीकार कर दी। श्रीमती पार्वतम्मा ने डॉ. राजकुमार की चुनावों में संभावित भूमिका की ओर इशारा करते हुए कहा कि उन पर यह आक्रमण राजनीति से प्रेरित है। वे प्रेस को धमकाती हुई कहती हैं :

'प्रेस को भी उन साधारण गरीब लोगों की भावनाओं और आकांक्षाओं को जानना चाहिए जो कुछ आदर्शों में विश्वास रखते हैं और उन्हें अपने प्राणों से भी प्यारा समझते हैं...। प्रेस की स्वतंत्रता के नाम पर प्रेस को स्वाभाविक न्याय के सिद्धांत और जिम्मेदारियों को नहीं भुला देना चाहिए।'

उन्होंने कहा कि "डॉ. राजकुमार जनता की संपत्ति बन चुके हैं, और वे सभी के लिए चर्चा का और लेखन का विषय हैं। मुझे अपने पति के प्यार और देख-रेख का बहुत बड़ा हिस्सा खोना पड़ता है। इसके बाद भी वे और उनके बच्चे अपनी वर्तमान स्थिति में स्वयं को सौभाग्यशाली मानते हैं क्योंकि उनके प्रति अपने बेहद व्यस्त कार्यक्रम और दिन-रात काम में लगे रहने के बावजूद उनकी और बच्चों की देखरेख के लिए वे समय निकाल लेते हैं।"

इस तरह की विनम्र अपीलें जिनकी तह में धार्मिक भावनाएँ छिपी रहती हैं, और जो लोकप्रिय संस्कृति के द्वारा ही संभव होती हैं, निश्चय ही भविष्य में और अधिक खतरनाक चीजों के होने की सूचना देती हैं। मैं जब यह आलेख इस घटना के बीच लिख रहा था जिसका वर्णन मैंने किया है, मैंने कल्पना भी नहीं की थी कि मैं अय्यप्पा कल्ट और डॉ. राजकुमार वाली घटना के बीच कोई कड़ी जोड़ पाऊँगा। लेकिन फिल्म अभिनेता के रिश्तेदार श्री एस.ए. चिन्नैगोड़ा ने इस कड़ी को एक आवश्यक परिणाम के रूप में जोड़ दिया। वह उन लोगों में हैं जिन्होंने साबरीमाला जाने के पहले शपथ ली थी। वे कहते हैं कि उन्होंने उन पत्रकारों को अय्यप्पा का प्रसाद तक दिया था।

मैं आपके समक्ष यह प्रस्तुत करना चाहता हूँ कि आप इस प्रश्न पर विचार करें कि हम सभी जानते हैं कि पाश्चात्य सभ्यता की कमजोरियाँ कौन-सी हैं जिन्होंने भारत के शिक्षित वर्ग की उदारता का पोषण किया है और अपने बहुस्तरीय संगठनों, श्रेष्ठ टेक्नॉलाजी और सांस्कृतिक रूप में अपनी अत्यंत शक्तिशाली अंग्रेजी भाषा के द्वारा आज वे हम पर राज्य कर रही हैं। शायद कुछ तो उसके प्रति अपने अचेतन प्रतिरोध के कारण और कुछ अपनी निहित संधियों के कारण, ये कुछ और संस्कृतियाँ भी भारत में हैं। लेकिन हमें यह भी जानना चाहिए कि यह लोकप्रिय संस्कृति पूरी तरह जातीय नहीं है। इसका संबंध पश्चिम की उस लोकप्रिय संस्कृति से भी है जो पश्चिम को बहुत कमजोर बनाती जा रही है। छोटी-छोटी तहसीलों, क़स्बों में ऐसे बहुत से घूमने वाले आते हैं और बहुत से उनमें कई बार स्त्रियों के रूप में भी छिपकर आते हैं जो रिचर्ड चेज़ के संक्षिप्त संस्करण तैयार करते हैं और अमरीकन लड़कियों के रोमांस की किताबें भी

तैयार करते हैं और जो हजारों की संख्या में बिकती हैं। क्या पता कि इन किताबों को पढ़ने वाले डॉ. राजकुमार के भी चाहने वाले हों और अय्यप्पा के भक्त भी हों।

हममें से अधिकांश, चीजों में संबंध इस तरह न तो देखते हैं न देख सकते हैं : यीट्स ने कहा है कि 'जो श्रेष्ठ है उसमें विश्वासों की कमी होती है, और जो निकृष्ट है वह आवेग की तीव्रता से भरा हुआ होता है।' मुझे नहीं पता कि इस सबका रास्ता क्या है और मुझे यह भी पूरा विश्वास नहीं है कि मैं यह प्रश्न भी सही ढंग से पूछ रहा हूँ। एक लेखक के रूप में, मैं लगभग इस अंधविश्वास के साथ काम करता हूँ कि मेरा माध्यम कन्नड़ भाषा स्वयं ही, जब तक मैं उसका सृजनात्मक उपयोग करने में सक्षम हूँ, एकीकरण की बाध्यता उत्पन्न करेगी। ये भारतीय भाषाएँ मुझे जठराग्नि की तरह लगती हैं जिनमें जातीय परंपराएँ, संस्कृतकालीन अतीत और आधुनिक पाश्चात्य प्रभाव--सभी जज्ब हो जाते हैं। यह विश्वास तभी फलीभूत होता है जब आपके पास कोई शक्तिशाली कथ्य हो और जो कि अपनी सांस्कृतिक परंपरा की तीनों कड़ियों को अपने में समाहित होने के लिए बाध्य करे। और तब आपको वह दुर्लभ अनुभूति होती है जिसमें आपको लगता है कि आपकी भाषा, उन्हें वे नए रूपाकार देती है जो आपके अनुमान से भी परे होते हैं।

अर्नोल्ड ने अपनी संस्कृति में यूनानी (hellenic) और इब्रानी (hebraic) दो धाराएँ देखीं। उसने अपने देश के सांस्कृतिक इतिहास को एक-दूसरे की पूरक इन दो प्रवृत्तियों को द्वंद्वात्मकता की निरंतरता बतलाया। यूनानी (hellenic) धारा का प्रधान गुण था 'चेतना की सहजता' और इब्रानी का 'अंतःकरण की कड़ाई'। जब कोई अर्नोल्ड की 'कल्चर एंड एनार्की' पढ़ता हो तो उसे तेजी से यह महसूस होता है कि वह इब्रानी प्रवृत्ति की तीक्ष्णता से अपने ही समय में ऊब चुका था, क्योंकि वह जिज्ञासाहीन और दंभी हो चुकी थी और लोक-परलोक का सर्वोत्तम, एक साथ पाने के चक्कर में धर्म और धन में बुरी तरह डूब गई थी। इस प्रवृत्ति ने अंग्रेजों को बहुत संकीर्ण और बुद्धि-विवेक के मामलों में बहुत आत्मतुष्ट बना दिया था। अर्नोल्ड चाहते थे कि उनका देश केंद्रीयकरण के युग से विस्तार के युग की ओर जाए जिससे कि नवजागरण और उत्सुक जिज्ञासा की प्रवृत्ति पुनर्जीवित हो। उन्हें अपने समकालीन विभिन्न प्रोटेस्टेंट संप्रदायों के प्रभाव में 'पाप बोध' से बहुत ग्रसित दिखाई देते थे। इसलिए ऐसी संस्कृति के लिए, जिसमें कि बौद्धिक जिज्ञासा अपने नैतिक आवेग के साथ प्रवहमान हो सके, और जो यूनानी और इब्रानी, दोनों के अतीत के स्रोतों से प्रेरणा ले सके, उनके समय में आवश्यक था कि यूनानी प्रवृत्ति की पहल की जाए।

ये श्रेणी-विभाजन अर्नोल्ड के लिए उपयोगी थे, क्योंकि उनमें अच्छी और बुरी, दोनों प्रवृत्तियाँ शामिल थीं और जिनसे उनकी संस्कृति का ताना-बाना बुना था। मैं जब यह आलेख लिखने बैठा तो मैं सोचता रहा कि क्या अपनी संस्कृति में कोई ऐसी बनावट देख पाना संभव है जो अपने स्वरूप में लघुकारक न हो, साथ ही इतनी विस्तृत भी हो ताकि उसके आधार पर एक पूरी कल्पना की जा सके। मैंने कुछ उपनिषदों, वृहत्

कथा और रामायण को फिर से पढ़ना शुरू किया और इस बात को लेकर मन को बहुत बुरा लगता रहा कि मुझे बार-बार जिन चीजों को पढ़ना चाहिए उन्हें मैं नहीं पढ़ता। सौभाग्य से मेरी निगाह पद्मनाभ एस. जैनी के लिखे श्रमणों के साथ ब्राह्मण समाज के द्वंद्व नामक अध्याय पर पड़ी। (Chapters in Indian Civilization, University of Wisconsin) मैंने जो कुछ पढ़ा, उससे मैं बहुत उत्तेजित हुआ। हो सकता है इसका कारण, इस क्षेत्र में मेरा कम पढ़ा-लिखा होना हो। क्या ब्राह्मण और श्रमणों के बीच का संघर्ष भारतीय संस्कृति में ठीक इसी तरह का द्वंद्वात्मक आंदोलन है ? क्या हम उनके सोच-विचार को आज भी अपनी वैचारिक बनावट में घटित होता हुआ पाते हैं ? वैदिक पंडित इन श्रमणों को—जिन्हें टॉयनबी ने आंतरिक सर्वहारा कहा है—जानते थे। वे हमेशा सुसज्जित समाज से दूर रहे। ऋग्वेद ने उन्हें लंबे बालों वाला कहा है :

"लंबे बालों वाले आग लिए रहते हैं, ज़हर लिए रहते हैं, स्वर्ग और पृथ्वी लिए रहते हैं। लंबे बालों वाले 'प्रकाश' कहलाते हैं। मुनियों को हवा कसे रहती है या वे गंदी पीली पोशाकें पहने रहते हैं।" (x, 135)

यह विश्वास कि बलि देने से देवता प्रसन्न होते हैं जो कि कुल मिलाकर वैदिक आशावाद है, और उनके जीवन का साधारण लयात्मक हर्ष, इन सभी पर श्रमणों ने प्रश्नचिह्न लगाया था। वे तपस्वी हैं और उनके विचार औपनिषदीय कल्पनाओं में प्रवेश कर जाते हैं। ये श्रमण शायद अब्राह्मण थे, जो कर्म और आत्मा के पुनर्जन्म की शिक्षा दिया करते थे। ऐसा कहा जाता है कि उसे (श्रमण को) यह समझाने के लिए कि मृत्यु के बाद पुरुष का क्या होता है, याज्ञवल्क को मूल अर्थ से एक तरफ हटना पड़ा था। उन्होंने कहा कि 'हम दोनों के लिए यह विषय सबके बीच चर्चा का नहीं है।' उपनिषद् में कहा है :

'वे दोनों बातें करते हुए चले गए। उन्होंने जो कुछ कहा वह कर्म था। उन्होंने जिसकी प्रशंसा की वह कर्म था। वस्तुतः अच्छे कर्म द्वारा व्यक्ति अच्छा बनता है और बुरे कर्म द्वारा बुरा।' (तेरह सिद्धांत उपनिषद्, पृ. 162)

कर्म के संबंध में सबके सामने बात न करने की याज्ञवल्क की जिद के बारे में जैनी ने कहा है कि 'यह सिद्धांत श्रमणों के धर्मग्रंथों के लगभग प्रत्येक पृष्ठ पर खूबसूरती से सजा हुआ है। अतः यह बहुत संभव है कि यह उन्हीं से लिया गया हो।' जैनी के अनुसार शास्त्र-विरुद्ध लोगों, जिन्हें समूह के रूप में श्रमण कहा जाता है, का मुख्य चरित्र ही तपश्चर्या है। वे लोगों के पुरुष सूक्त में बताए गए ब्रह्मांडीय आशावाद के विरुद्ध थे। श्रमणों के बीच बहुत ही महत्त्वपूर्ण मतांतर हैं और उनमें सबसे महान बुद्ध ने श्रमणों में प्रचलित चरम तपश्चर्या को तोड़ा था। सातवीं शताब्दी के नालंदा के महान बौद्ध तर्कशास्त्री धर्मकीर्ति ने भारतीय समाज के इस रोग को इस तरह से पहचाना था कि आज के आधुनिक बुद्धिवादी स्व. ए.बी. शाह भी उसमें कोई इजाफा नहीं कर सकते। उसने वैदिक ब्राह्मणों के सैद्धांतिक आधार पर, इस प्रकार प्रहार किया था :

वेदों की प्रश्नचिह्नविहीन सत्ता;
संसार के किसी सृजनकर्ता में विश्वास;

पर्व-स्नानों के माध्यम से शुद्धता की खोज;
जातियों का दंभपूर्ण विभाजन;
पाप के प्रायश्चित्त के लिए आत्मदमन का उपयोग
—ये पाँच बातें मनुष्य की भोथरी बुद्धि के चिह्न हैं।

(पद्नाभ एस. जैनी द्वारा उद्धृत)

भारतीय परंपरा में ब्राह्मणों और श्रमणों के बीच का संघर्ष संभवतः सृजनात्मकता के लिए सर्वाधिक समृद्ध स्रोत है। इन्हीं के एकीकरण ने ही अतीत में बुद्ध को और अपने समय में महात्मा गांधी को पैदा किया होगा ? श्रमणों की चुनौतियों के कारण ही उपनिषदों की भविष्य की साहसिक कल्पनाएँ पैदा हुई होंगी। उनमें से कुछ जैसे पुराण कस्सप, मक्कालि गोसाला, अजित केशकांबली और पाकढ़ कक्कायना ऐसी बातें कहते हैं जो आधुनिक कल्पनाओं से मेल खाती हैं। अपनी वेदना में मुक्ति की तलाश करते हुए डॉ. अंबेडकर और उनके अनुयायियों का बौद्ध धर्म चुनना यह सिद्ध करता है कि अभी भी भारतीय परंपरा की मुख्य धाराएँ जीवित हैं और हमारे समय के दबावों के उत्तर उनके पास हैं।

यह बहुत मूर्खता-भरा काम होगा यदि मैं आज के धार्मिक और सांस्कृतिक आंदोलनों को मोटे तौर पर ब्राह्मणों और श्रमणों में विभाजित करके या दोनों के संश्लिष्ट रूप में उन्हें देखूँ। वह आज की संस्कृति के कुछ कार्यों का हल्कापन नहीं है, जो मुझे परेशान करता है, क्योंकि कोई आवश्यक नहीं है कि सांस्कृतिक आंदोलन अपने जन्म के स्रोतों की गहराई तक पहुँचे ही। अर्नोल्ड ने बताया है कि इस प्रकार की समझ आलोचना को और गहरा बना देती है। मुझे स्पष्ट तौर पर ऐसा दिखाई देता है कि ब्राह्मणों की कल्पनात्मक दृष्टि की ऊर्जा समाप्त हो चुकी है अथवा अपने को प्रमुख बनाए रखने के लिए वह पश्चिमी सोच-विचार की तरफ मुड़ गई है। जबकि सामान्य लोगों की धार्मिक अंतर्प्रेरणा आवेग के साथ तो अभिव्यक्त होती है लेकिन अशोभन रूप धारण कर लेती है। इस प्रकार ब्राह्मण और श्रमण, दोनों ही पतनशील हो चुके हैं। अधिकतर इसलिए कि दोनों ही दो अलग-अलग संसारों में रह रहे हैं और दोनों के बीच कोई अंतर्क्रिया शेष नहीं है। यह एक बहुत अस्पष्ट-सा अनुमान ही है।

मैं इस आलेख में पैदा की गई मुश्किलों के बीच यदि आपको छोड़ रहा हूँ तो इस कारण से कि इसके आगे जा पाना मेरे लिए मुश्किल है। इस तरह के काम के लिए मेरा ज्ञान बेहद अपर्याप्त है। मैं तो केवल यही जानता हूँ कि जिस तरह के नैतिक वातावरण में, मैं जी रहा हूँ वह असंतोष पैदा करता है। इस असंतोष का एक हिस्सा यह है कि मुझे यह नहीं पता कि वह हमें कहाँ ले जा रहा है। मैं यहाँ आपके समक्ष इस उत्सुकता और आश्चर्य के साथ आया हूँ कि चीजें कुछ अधिक स्पष्ट हो सकें और यह तभी संभव है यदि मैं आपमें यह अनुभूति पैदा करने में सफल हुआ हूँ कि जो कुछ मैंने कहा है वह थोड़ा-बहुत इस संदर्भ में महत्त्वपूर्ण है।

(अंग्रेजी से अनुवाद—भगवत रावत)

अंत और आरंभ[1]

मैंने सोचा था, भारत भवन से मेरे संबंध का अंत आ गया है, लेकिन वह फिर आरंभ हो गया। 'पूर्वग्रह' भी अपने अंत को प्राप्त हो गया था लेकिन वह भी आरंभ हो गया। हो सकता है यही कारण हो कि मुझसे 'अंत और आरंभ' पर बोलने का आग्रह किया गया है।

हम सभी जानते हैं कि यह संसार रहने लायक जगह, बल्कि खूबसूरत जगह इसलिए है, क्योंकि लोग मरते हैं। अगर लोग कभी भी मरते न रहते होते तो हिटलर अब भी जीवित होता, स्टालिन अब भी जीवित होता। वे सारे लोग जिनसे हम नफरत करते हैं, वे अब भी जीवित होते और यह संसार एक भयानक जगह हो गया होता। यह बहुत गंभीर तथ्य है कि हम सभी मरते हैं, और यह एक संकेत भी है कि भविष्य में नया सृजन होगा। और इसीलिए संसार में क्रांतिकारी शक्ति केवल मृत्यु है, वे शक्तियाँ क्रांतिकारी नहीं, जिन्हें हमने बनाया है।

अभी हाल में मास्को में यह बात मैंने बहुत गहरे तक अनुभव की। यह मेरी तीसरी रूस यात्रा थी। पहली दो मर्तबा मैं लेनिन को देखने उनके मक़बरे में नहीं गया क्योंकि मैंने सोचा कि एक ऐसे शरीर का जस का तस रखा रहना बहुत भद्‌दा है, जिसे वापस मिट्‌टी में या पाँच तत्त्वों में विलीन हो जाना चाहिए। उस शरीर को रखे रहना मेरी दृष्टि में निकृष्टतम अंधविश्वास है, लेकिन इस बार इक्का-दुक्का लोग वहाँ जा रहे थे। लंबी कतारें भी नहीं थीं, सो मैं भी वहाँ चला गया और मुझे उस लेनिन से बहुत गहरी सहानुभूति हुई जो अब वहाँ बहुत सम्माननीय नहीं हैं। वहाँ उनकी कोई परवाह नहीं करता, लेकिन उनका बेचारा शरीर राजकीय सम्मान से, यूनिफार्म में वहाँ लेटा है। उसे देखकर मुझे लगा कि यह संसार की सबसे असुंदर चीजों में है।

लेनिन की पत्नी यह नहीं चाहती थीं। उन्होंने स्टालिन को लिखा भी था कि उनकी लाश का राजनीतिकरण मत करो, उसे दफना दो, लेकिन स्टालिन नहीं माना। अगर लेनिन के बच्चे हुए होते तो उनके किसी पोते या परपोते को यह देखकर बेहद पीड़ा हुई होती कि उनके परिवार के एक उच्च सदस्य को अब तक मिट्‌टी को नहीं सौंपा गया है। दुर्भाग्य से लेनिन की कोई वास्तविक संतानें नहीं थीं और अब तो रूस में उनकी

1. पुनर्प्रकाशित 'पूर्वग्रह' के पहले अंक में लोकार्पण के अवसर पर 29 सितंबर '96 को भारत भवन, भोपाल में दिए गए व्याख्यान का संपादित पाठ।

वैचारिक संतानें भी नहीं बचीं। वे हिंदुस्तान में जरूर होंगी, लेकिन रूस में नहीं हैं। यहाँ की उनकी विचारधारात्मक संतानों को यह जानना चाहिए कि कुछ खत्म हो गया है। मैं लेनिन के शव को दफनाने के लिए एक आंदोलन चाहता हूँ। यह बीसवीं शताब्दी को खत्म करने का उचित ढंग होगा। मैं यह रूपकात्मक ढंग से भी कह रहा हूँ, क्योंकि अगली शती में हमें एक दूसरी तरह की क्रांति में प्रवेश करना चाहिए।

शताब्दियों के संदर्भ में सोचना, जैसा कि हम करते हैं, एक तरह से कृत्रिम है क्योंकि यह डायरी की केवल एक तारीख है। लेकिन उन्नीसवीं शताब्दी के बाद से, भारत के हम कुछ लोग यह सोचने पर बाध्य किए गए कि हम एक विशेष शताब्दी में हैं क्योंकि वे लोग, जिनके लिए उन्नीसवीं शती मायने रखती थी, भारत आए और हम पर शासन करने लगे और वे लोग अपने साथ अपने विचार भी यहाँ लाए थे जो औद्योगिक क्रांति के बाद उन्नीसवीं शती का उत्पाद थे। समय की यूरोपीय धारणा भारत में तब महत्त्वपूर्ण हुई जब अंग्रेज यहाँ आए और अपना शासन लाए। वे न सिर्फ अपना समय बल्कि अपने विचार भी लाए और हमने खुद को उन्नीसवीं शती के विचारों से नापने की शुरुआत कर दी। राजा राममोहन राय भी, अगर मैं इस शब्द का इस्तेमाल करूँ तो इसके 'दोषी' हैं—उन्नीसवीं शती के संदर्भ में यह मापने के दोषी कि हम कौन हैं, कितने बेहतर हैं वगैरह। इस तरह जब अंग्रेज आए, हमने उन्नीसवीं शती में रहना आरंभ कर दिया और अब हम यह मानने को विवश किए गए हैं कि हम बीसवीं शती में रहते हैं। लेकिन हमें यह याद रखना चाहिए कि यह आपके और मेरे जैसे मध्यवर्गीय लोगों के लिए ही सही है, जो नौकरियों में आए हैं, जो दुनिया-भर में घूमते हैं। अन्यथा ऐसे आदिवासी होंगे, ग्रामीण होंगे जो किसी और समय में रहते हैं।

यूरोप के बारे में यह कहा जा सकता है कि वह बीसवीं शती में है, लेकिन आप यह नहीं कह सकते कि समूचा भारत बीसवीं शताब्दी में है। यह बात मैं निंदात्मक ढंग से नहीं कह रहा हूँ। मैं यह इस तरह कह रहा हूँ कि भारत को बचाने वाली एक चीज यह रही है कि यहाँ अनेक शताब्दियाँ एक साथ रहती हैं। मैंने यह तब जाना जब मैं हाईस्कूल में था। मैं एक गाँव से आता था। वह अग्रहार था। वहाँ एक मठ था। मैं एक छोटे शहर के हाईस्कूल में जाता था और वहाँ मैं अचानक पाता था कि मेरे अध्यापक, जो बी.ए., बी.एड. होते थे, कक्षा में आकर हमें बताते कि 'भगवद्गीता का उपदेश युद्ध-क्षेत्र में कैसे दिया जा सकता है ? यह तो हो ही नहीं सकता, यह यथार्थवादी नहीं है।' युद्ध-क्षेत्र में क्या किया जा सकता है, यह बोध मेरे अध्यापक को उपयोगितावादी उन्नीसवीं शती से प्राप्त हुआ था। वे उससे प्रभावित थे। इसलिए वे मुझसे कहते थे कि 'युद्ध-क्षेत्र में भगवद्गीता कैसे जन्म ले सकती है।' इससे मैं विचलित होता था, क्योंकि मैं एक दूसरे संसार से आया हुआ होता था—जहाँ मैं एक दूसरे तरह के समय में रहता था। और फिर रास्ते में कोई मुझसे जार्ज बर्नार्ड शॉ की चर्चा छेड़ देता क्योंकि उसने रेडियो पर शॉ के नाटक सुने होते या जो उसने उन दिनों खरीदा होता। (मैं अब चौसठ वर्ष का हूँ। मैं तब दस वर्ष या ऐसी ही उम्र का रहा हूँगा। यानी मैं आधी शताब्दी

पहले की बात कर रहा हूँ जब रेडियो बैटरी से चलता था, क्योंकि तब वहाँ बिजली नहीं थी।) वह बेहतरीन अंग्रेजी बोलता और उसने अपना नाम भी श्री निवास 'सिन्हा' से बदलकर 'ज्वाइस' कर लिया था। इस तरह मेरे छोटे शहर में कोई अपना नाम बदलकर बीसवीं शती में आ गया था और वह मुझसे तर्कणावाद और जार्ज बर्नार्ड शॉ और इस तरह की बातें एक दवाई की दुकान पर खड़े होकर किया करता था, जहाँ मैं अपने गाँव वालों के लिए दवाइयाँ खरीदने जाता था। वे मुझे अलग-अलग रंगों की बोतलें देते थे, ताकि मैं उनके सहारे उन दवाइयों को पहचान सकूँ, जिन्हें मुझे खरीदना होता था। कुछ स्त्रियों के लिए नसवार भी, जो अपने पतियों से छिपकर उसका सेवन किया करती थीं। मैं अपने गाँव वापस लौटता और अचानक पाता कि वहाँ लोग इस बात की चर्चा कर रहे हैं कि पृथ्वी चपटी है या गोल, विकासवाद के ये सारे विचार सही हैं या गलत। वे इन पर विवाद करते थे। इस तरह मुझे बहुत पहले महसूस हुआ कि भारत में हम अनेक शताब्दियों में एक साथ रहते हैं। बहुत पढ़े-लिखे लोगों के घर भी कोई ताई या बुआ रहती हैं जिनकी इच्छानुसार उनके घरों में विवाह होते हैं। उनके जीवन की बेहद महत्त्वपूर्ण घटना उस व्यक्ति की इच्छा के अनुसार होती है जो मध्ययुग में रहता है। इस तरह भारत में मध्ययुग, आधुनिक युग आदि का सहअस्तित्व है और यह हमारी बहुत-सी कला का उत्स भी है और इसलिए हमारे साहित्य में सिर्फ आधुनिक यूरोप ही प्रवेश नहीं पाता बल्कि हमारा शास्त्रीय अतीत भी, कालिदास, भास भी और सभी भाषाओं के अपने शास्त्रीय लेखक जैसे पम्प आदि भी। इस तरह वहाँ आपको शास्त्रीय परंपरा, आपकी अपनी भाषा की शास्त्रीय परंपरा और विश्व-परंपरा की निरायु कविता, जो हमारे सृजन का अत्यंत महत्त्वपूर्ण भाग है जिससे हम सभी प्रभावित हैं ही, सब मिलेंगे।

इन सभी का भारत में सहअस्तित्व है, जहाँ समय यूरोपीय लेखकों के समय से बहुत भिन्न है। एक यूरोपीय लेखक भी अपने अतीत का पुनर्निर्माण कर सकता है, लेकिन सिर्फ अपने दिमाग से। लेकिन हमारे लिए अतीत एक ऐसी चीज है जो हमारे साथ रहती है, हमें चोट पहुँचाती हुई, परेशान करती हुई, तकलीफ देती हुई। हमारे जीवन में शायद उसकी उपस्थिति से ही दुख है और उसी में हम अचानक अपनी सृजनात्मकता के स्रोत ढूँढ़ लेते हैं क्योंकि वह अब भी मरा नहीं है और इसलिए यह शताब्दी खत्म करने के बाद, मैं नहीं सोचता कि हम उसी तरह इक्कीसवीं शती में प्रवेश करेंगे जैसे यूरोप। हम किसी और ढंग से वहाँ प्रवेश करेंगे।

संगीतकार या लेखक या चित्रकार का समय ऐतिहासिक समय से बहुत अलग होता है। मुझे पता है कि मैंने जो भी श्रेष्ठ लिखा है, उसे मैं प्रभु-प्रकाश (इपीफैनी) कहना चाहूँगा। समय के किसी खास क्षण में आकस्मिक रहस्योद्घाटन। एक बहुत क्षुद्र वस्तु जिसे आप रोज देखते हैं और जो बेमतलब है, किसी एक खास क्षण में कुछ और उद्घाटित कर सकती है। कविता में एक चिड़िया कुछ और उद्घाटित कर सकती है और इसलिए वहाँ वह रोजमर्रा की चिड़िया नहीं बल्कि प्रभु-प्रकाश है। अगर आपकी

कल्पना उसे थाम लेती है तो आकस्मिक रहस्योद्‌घाटन के क्षण में एक काँच का टुकड़ा भी बहुत अर्थपूर्ण हो जा सकता है। प्रभु-प्रकाश क्या है ? वह इतिहास में, समय में घटित होता है, वह गुरुवार की शाम के पाँच बजे घट सकता है। बिल्कुल। वह एक ऐतिहासिक घटना है, वह समय के भीतर भी है लेकिन उसके बाहर भी, क्योंकि उसके माध्यम से आपके सामने कुछ और उद्‌घाटित हो गया है। कोई पुरानी स्मृति एक नया अर्थ लिए आपके निकट चली आई है। आप किन्हीं दो चीजों को जोड़ देते हैं, जबकि आपने कभी सोचा तक नहीं था कि इनके बीच कोई संबंध हो सकता है। लेकिन अचानक किसी मृत्यु की याद, किसी प्रेम की स्मृति, विफलता की स्मृति ये सब एक छोटी-सी घटना के सहारे आपस में जुड़ जाती हैं; यही प्रभु-प्रकाश है। अगर यह कला की सामग्री है तो मैं सोचता हूँ कि इक्कीसवीं शती में भी कला की सामग्री यही रहेगी। इसलिए एक तरह से किसी चीज का अंत नहीं आया। चीजें सिर्फ बदल रही हैं और स्वयं को विविध रंगों में विविध लोगों के लिए प्रकट कर रही हैं और अलग अर्थों में प्रकट हो रही हैं। और इसलिए बदलते समय में जहाँ तक कला के संसार का प्रश्न है—उसका मूल्य इस बात में निहित है कि वह समय को रोक सके। आप क्षण को शाश्वत की तरह देखते हैं, महज प्रवाह की तरह नहीं। लेकिन समय प्रवाह और शाश्वत, दोनों ही है। आप यह नहीं कह सकते कि समय केवल शाश्वत है या केवल प्रवाह है। अनेक राजनैतिक विचारधाराएँ या तो इसलिए बहक गईं कि वे समय को केवल शाश्वत मानकर सामाजिक परिवर्तनों को रोकने की कोशिश करती रहीं या इतने नैरंतर्य और बेदिमागी से सामाजिक परिवर्तनों का सूत्रपात किया गया कि यह बात भुला दी गई कि एक क्षण प्रवहमान क्षण ही नहीं, शाश्वत में भी एक क्षण है।

शायद इक्कीसवीं शती में परिवर्तन के लिए इतना तीव्र चकराने वाला, इतना विचलित करने वाला दबाव हम पर होगा कि हममें से अनेक वह जानना या अनुभव करना शुरू करें जो अपरिवर्तनीय है, जो हमेशा हमारे साथ बना रहता है। शायद कुछ विपरीत हो, उस चीज को पाने का संघर्ष शुरू हो जो परिवर्तन का विपरीत है। इसका आपको यूरोप में बहुत शिद्‌दत से अनुभव होता है। वहाँ कोई भी सृजनात्मक कृति दस वर्षों से अधिक नहीं टिकती। वे शताब्दियों के नहीं, बल्कि दशकों के संदर्भ में बात करते हैं, बल्कि दशकों के भी नहीं, क्योंकि फैशन हर वर्ष बदल जाता है। साहित्य के संसार में जहाँ हमें आनंदवर्धन जैसे लेखकों की महान कृतियाँ आज भी अर्थपूर्ण जान पड़ती हैं, वहीं यूरोप में साहित्यिक सिद्धांत हर साल बदल जाते हैं। कई बार मैं सोचता हूँ कि ये सिद्धांत हर वर्ष इसलिए बदलते हैं कि नई दृष्टियाँ उत्पन्न हुई हैं या इसलिए कि अपनी प्रोफेसरशिप बचाने के लिए लोगों की कुछ जरूरतें हैं और उनके यहाँ मुद्रणालय हैं और उन्हें हर वर्ष कुछ नई पुस्तकें प्रकाशित करनी ही होती हैं वरना वे मुद्रणालय बंद हो जाएँगे ? शायद इसीलिए लोग इतनी पुस्तकें लिखते हैं। शायद वहाँ तकनीकी और पेशेवर अनिवार्यताओं के कारण इतने परिवर्तन होते हैं। इसलिए जैसे-जैसे हम इक्कीसवीं शती के करीब आ रहे हैं, मैं सोचता हूँ, खुद अपनी खातिर होने वाले

परिवर्तनों के विषय में हम बहुत शंकालु हो जाएँगे, क्योंकि हम वह सब बहुत देख चुके। यह एक लेखक की दृष्टि है क्योंकि लेखक के लिए प्रभु-प्रकाश सबसे महत्त्वपूर्ण होता है और कुछ और भी।

अगर आप लेखक या कलाकार हैं तो मुझे लगता है, आप प्रगति की अवधारणा पर गहरा संदेह करेंगे। आज प्रगति की अवधारणा एक ऐसी पवित्र अवधारणा हो गई है कि अगर आप किसी की प्रशंसा भी करना चाहते हैं तो आप कहेंगे कि वह बहुत प्रगतिशील व्यक्ति है। यह किसी अच्छे व्यक्ति को परिभाषित करने का ढंग-सा बन गया है। एक बार फिर, यह उन्नीसवीं शती की अवधारणा है जो हम तक आ गई है। कार्ल मार्क्स समेत उन्नीसवीं शती के सभी महान चिंतक सोचते थे कि पृथ्वी पर असीमित प्रगति संभव है। मार्क्स ने यहाँ तक सोचा था कि एक ऐसा समय आएगा कि जब लोगों को काम करने की जरूरत नहीं होगी और वे छुट्टियों का आनंद लेते हुए मछली मारेंगे। यह इसलिए कि पृथ्वी को एक अक्षय पात्र की तरह देखा गया। अक्षय पात्र की तरह पृथ्वी, जहाँ से आप कुछ भी और कितना भी लेते चले जा सकते हैं। उन्नीसवीं और बीसवीं शताब्दियाँ पृथ्वी पर इसी तरह क्रियाशील हुईं। आप कितना ही पेट्रोल, कितनी ही मात्रा में गैस और न जाने क्या-क्या लेते जा सकते हैं। लेकिन हम जानते हैं कि पृथ्वी अक्षय पात्र नहीं है, उसकी सीमाएँ हैं। पंडित जवाहरलाल नेहरू समेत उन्नीसवीं और बीसवीं शताब्दियों के सभी विचारक, अलावा गांधी के, 'प्रगति' की अवधारणा के सम्मोह में थे जो उनके अनुसार मनुष्यता को शोषण आदि से मुक्त कर देगी। लेकिन अब हम जानते हैं कि इससे एक दूसरे तरह की प्रभुता कायम हो जाती है और जिससे पृथ्वी विनाश की ओर जा सकती है। इसलिए मैं सोचता हूँ कि इक्कीसवीं शती विकास की अवधारणा पर गहरा प्रश्नचिह्न लगाएगी। उन्नीसवीं शती में एक समय था जब कार्ल मार्क्स ने कहा था कि सारी आलोचना धर्म की आलोचना से शुरू होती है। उनका आशय यह था कि धर्म सर्वज्ञ होने का दावा करता है, इस बात का दावा कि उसके पास सभी प्रश्नों का हल है। नए विचार-विमर्श की कोई गुंजाइश ही नहीं थी क्योंकि एक ऐसा दावेदार पहले से ही मौजूद था जो सोचता था कि उसके पास सारे जवाब सहज उपलब्ध हैं। इसलिए चिंतन तभी संभव था जब आप धर्म की आलोचना करें। आज जब हम बीसवीं शताब्दी के अंत की ओर जा रहे हैं, कोई भी नया सृजनात्मक चिंतन तभी संभव है जब आप विकास के विचार को प्रश्नांकित करने का जोखिम उठाएँ। जो विकास के प्रश्न को प्रश्नांकित नहीं कर सकते, वे कुछ भी नया नहीं सोच सकते। इस तरह यहाँ भी शताब्दी का अंत एक नए चिंतन की शुरुआत होगा जहाँ विकास को सुख और मुक्ति के एकमात्र स्रोत की तरह देखे जाने को प्रश्नांकित किया जाएगा। मुक्त समाज में इस तरह के असीमित विकास में विश्वास करने वाले को, सोवियत यूनियन में विफल मार्क्सवाद को—एक विचार की तरह भी प्रश्नांकित किया जाना चाहिए, क्योंकि यह स्वयं को इस मान्यता पर आधारित करता है कि पृथ्वी एक अक्षय पात्र है और यहाँ असीम विकास संभव है। यह पूँजीवाद की भी आलोचना है

क्योंकि ये दोनों इस दृष्टि से दरअसल बहुत अलग नहीं हैं। दोनों ने ही विकास के रास्ते मुक्त समाज बनाने की कल्पना की थी। पूँजीवाद का आधार भी उन्नीसवीं शती के विचार में है जो उस रूप में बाहर से भारत आया था जिस रूप में पूँजीवाद को हम समझते हैं। इसे भी प्रश्नांकित करना होगा। जब हम यह कहते हैं कि जीवन परिवर्तनशील है तो इसके क्या मायने होते हैं। वह परिवर्तित होता रहता है क्योंकि, जैसा हमने कहा, हम सभी मरते हैं और बिना मृत्यु के कोई क्रांति नहीं होती। कुछ भी नया नहीं है, बच्चों के लिए इसलिए जगह बनती है कि बूढ़े मरते हैं। बच्चे एक नई उम्मीद हैं और यह प्रकृति का विधान है कि वृक्ष अपनी पत्तियाँ छोड़ते हैं और पुष्पित होते हैं, पल्लवित होते हैं। अंत और आरंभ का यह एक महान निरंतर चक्र है।

अब के बाद से हमारी कौन-सी बड़ी चिंताएँ होंगी ? अब चिंता का वही विषय होगा जो महान प्राचीन चीनियों का था : अवबोध के द्वार। मनुष्य होने के नाते हममें अवबोध के द्वार हैं—आँखें और कान और स्पर्श और हमारा मस्तिष्क, हमारे प्राण, हमारा हृदय, हमारी संवेदनाओं के स्थान, ये सभी अवबोध के मार्ग हैं। लेकिन ये हमेशा धुँधला जाते हैं, जो एक बार फिर जीवन का विधान है—मृत्यु। हम देख नहीं पाते। हम सुन नहीं पाते। कई बार हमारे जीवन में कई संकट और एक तरह की मृत्यु इसलिए आती है कि हमारा अवबोध साफ नहीं होता। प्राचीनों के पास भी ऐसे कई उपाय थे जिससे वे अवबोध को साफ करते थे—योग से, ध्यान से। ईलियट ने कहीं कहा है कि दांते अपनी *डिवाइन कॉमेडी* इसलिए लिख सके क्योंकि मध्ययुग में सभी बच्चों को बिंबों और रूपकों के सहारे देखना सिखाया जाता था। वहाँ रूपकों के सहारे लोग बड़े होते थे। आज भी निरक्षर ग्रामीण कई चीजों को बिंबों के सहारे देखते हैं और वे उसी ढंग से उन्हें याद रखते हैं। यह सिर्फ आध्यात्मिक गतिविधि ही नहीं, मानवीय इंद्रियों की गतिविधि भी है। मानवीय इंद्रियाँ कल्पना करने में, बिंब रचने में सक्षम हैं। शायद हमारी शिक्षा में नई तरह की कल्पनाशीलता पर जोर होगा। हमें शायद तर्क करने का वह ढंग छोड़ना पड़े जिसका अब तक हमारी चिंतन-प्रणाली पर गहरा असर था; चिंतन की द्वंद्वात्मक भाषा जहाँ एक सिद्धांत होता है फिर उसका एक प्रति-सिद्धांत होता है, दोनों में मुठभेड़ होती है, फिर संश्लेषण होता है और यह 'संश्लिष्ट' फिर टूट जाता है। आपको पता ही होगा कि हम इस सबसे कितने प्रभावित रहे आए हैं। मैं इस सब पर बात करने का अधिकारी नहीं हूँ। लेकिन एक लेखक के रूप में मुझे लगता है कि हम चिंतन की इस प्रधान प्रणाली से मुक्त हो जाएँगे। तब दूसरी तरह की चिंतन-प्रणाली होगी जो दांते की थी, ब्लेक की थी। वरना आप इस तथ्य को कैसे समझ सकेंगे कि ब्लेक का कोई भी समकालीन इतिहासकार या समाजशास्त्री या दार्शनिक वह नहीं देख सका जो ब्लेक देख सके थे। ब्लेक प्रौद्योगिक क्रांति की भयावहता और वह हमें कहाँ ले जा सकती है, को रूपकात्मक और स्वप्नदर्शी दृष्टि के सहारे ही देख सके थे। ब्लेक के पास प्रतिभा थी और वे आलोकप्रिय थे क्योंकि उनके समकालीन इस प्रतिभा से लगभग हाथ धो चुके थे और इसलिए वे वह नहीं देख पाए जो ब्लेक ने देख लिया।

संभवतः नई शती में जानने की जिन विधियों के हम अभ्यस्त हैं—जानने की तर्कणामूलक विधियाँ—उनकी जगह हम जानने की किन्हीं अन्य विधियों में स्वयं को प्रशिक्षित करेंगे। संभवतः इस पर अधिक जोर होगा।

अगर हम यहाँ सृजनात्मक ढंग से जीवन बिताना चाहते हैं और इस शताब्दी को समाप्त करना और सचमुच कुछ नया शुरू करना चाहते हैं तो हम इस शताब्दी की शुरुआत की ओर वापस मुड़ें और यह देखें कि तब क्या घट रहा था। मैं सोचता हूँ, बीसवीं शताब्दी में दो बहुत बड़े व्यक्तित्व हुए, या शायद तीन; मार्क्स और गांधी और आइंस्टीन। मार्क्स अनेक तरह से उन्नीसवीं शताब्दी के उत्पाद थे। उन्होंने मुक्ति को आवश्यकता की तरह देखा लेकिन उनके मुक्ति के विचार में यूरोप पहले मुक्त होता, बाद में अन्य देश मुक्त होते। इसका यह अर्थ हुआ कि पहले मुक्त हुए देश बाद में मुक्त हुए देशों से हमेशा थोड़ा आगे रहते। इस तरह हम हमेशा ही बराबरी पर आने की कोशिश करते रहेंगे। लेकिन गांधी ने इसे एक बिलकुल ही दूसरे ढंग से देखा और इसलिए गांधी ही सचमुच वि-उपनिवेशीकरण के साधन बने। वि-उपनिवेशीकरण मार्क्स के नहीं गांधी के माध्यम से हुआ। तथ्य तो यह है कि भारतीय कम्युनिस्ट स्वतंत्रता आंदोलन में पूरी तरह शामिल होने में हिचकिचा रहे थे क्योंकि ऐतिहासिक तर्क के अनुसार हम गांधी के बताए रास्ते से मुक्त नहीं हो सकते थे। इस तरह वि-उपनिवेशीकरण की प्रमुख विचारधारा गांधी का चिंतन, गांधी की अंतर्दृष्टि थी। वह प्रमुखतः प्रतीकात्मक थी—उदाहरण के लिए नमक सत्याग्रह के बारे में सोचना उस आदमी के वश की बात नहीं है जो तार्किक या द्वंद्वात्मक ढंग से सोचता है। यह वही सोच सकता है जो रूपकात्मक और प्रतीकात्मक ढंग से विचार करता है। मुझे हमेशा यही लगा है कि भारत तब आजाद हो गया था, जब गांधी दांडी गए और उन्होंने नमक लेकर अपनी मुट्ठी को ऊपर किया। वह हमारी आजादी थी। थोड़ा-सा नमक। यह कवि के देखने का ढंग है और इसने भारतीय राजनीति को सचमुच गतिशील बनाया क्योंकि यह किसी तरह की अकादमिक, द्वंद्वात्मक सिलसिलेवार ऐतिहासिक पद्धति नहीं है बल्कि सोचने का काव्यात्मक, प्रतीकात्मक ढंग है। इसलिए वह वि-उपनिवेशीकरण हुआ।

लेकिन वि-उपनिवेशीकरण सफल नहीं हो सका क्योंकि वि-उपनिवेशीकृत देशों ने अपने लिए कोई वैकल्पिक सभ्यता सोचने की जगह महज पश्चिम का अनुगमन करना ही स्वीकार किया। गांधी जी यह जानते थे। यह गांधी की विफलता थी—अगर मार्क्स की विफलता सोवियत रूस और दूसरे देशों में जाहिर हो गई तो गांधी की विफलता को भारत में देखा जा सकता है। क्योंकि आज के ये अनेक हवालाबाज लोग गांधी का जाप किया करते थे (और कोई इसकी किस तरह व्याख्या कर सकेगा)। मैं एक शब्द का उपयोग करना चाहता हूँ। मैं इसे कन्नड़ में कहूँगा नाचीके यानी शर्म। हममें से अनेक के लिए हमारी नैतिकता का स्रोत हमारी शर्म है। लोगों में शर्म है, हया है इसलिए वे एक हद के बाहर नहीं जाते। हमारे राजनेताओं में शर्म बिलकुल नहीं है। बिलकुल भी नहीं। मैं इसे इस तरह कहने की कोशिश करता हूँ : मेरी नजर में दुनिया की सबसे

सुंदर चीज एक शर्मीली बुढ़िया है—एक बहुत बूढ़ी औरत, जिसका चेहरा शर्म से लाल हो जाता है। यह संभव है। बूढ़ा आदमी अपनी शर्म बचाकर रख सकता है जो दरअसल उसमें यौवन का लक्षण है। बुढ़ापे में भी आपका बचपन आपके भीतर जीवित रह सकता है। लेकिन राजनेताओं में शर्म नाममात्र को नहीं है और आप तो जानते हैं कि हम कलंकित समय में रहते हैं। क्या आपने कभी यह सोचा है कि भारत में पिछले पाँच सालों में—उन पाँच सालों में जब एक 'क्रांति' (मुझे यह शब्द इस्तेमाल करना नहीं चाहिए यह तो इस शब्द का दुरुपयोग होगा) या अनेक परिवर्तन हुए, मनमोहन सिंह और अन्यों के माध्यम से, तब जैसा कि आरोप है (और अगर यह आरोप सही है तो) सरकार ने तीन करोड़ रुपए खर्च करके अपने लिए बहुमत जुटाया—हम तीन करोड़ रुपयों से शासित हुए और तीन करोड़ रुपया होता ही क्या है, क्योंकि कई मर्तबा एक सांसद इतना रुपया चुनाव जीतने के लिए खर्च कर देता है। हम पाप में जी रहे हैं। हम सब पाप में जिंदा हैं। हम एक ऐसे समय में जी रहे हैं जहाँ शर्म नहीं है।

यह एक लेखक जानता है, एक कलाकार जानता है। वे कितने ही विद्वान और कितने ही होशियार लोग क्यों न हों—तर्कपद्धति में निष्णात इत्यादि—लेकिन अगर उनमें शर्म नहीं है तो वे हृदयहीन हैं। हिटलर में शर्म नहीं थी। स्टालिन में शर्म नहीं थी। ऐसे किन्हीं लोगों में शर्म नहीं होती, जो सत्ता को चाहते हैं। किसी बड़ी बहुराष्ट्रीय कंपनी के व्यक्ति में असली शर्म नहीं होती। मेरा मतलब है कि यह कला की दृष्टि है और इसलिए मैंने कहा कि हमें इस तरह के गहन मानवीय गुणों को पुनर्जीवित करने के स्रोत खोजने होंगे। और हम यह शुरुआत नहीं कर पाएँगे अगर हम अपने उस मोहभंग का सीधा सामना नहीं करते जो दरअसल एक विराट मोहभंग है। मैं आपको बताऊँ कि जब मैं इंग्लैंड में विद्यार्थी था, मैं माओत्से तुंग से प्रेम करने लगा था। मैं सोचता था कि माओ के माध्यम से ही महान सांस्कृतिक क्रांति संभव होगी। आज हम जानते हैं कि 'लांग मार्च' क्या था—वह मार्च कोकाकोला की बोतल के लिए था। किसी भी दूसरे देश की तरह। अब मैं पाता हूँ कि हममें से अनेकों ने, जो मूलगामी ढंग से सोचते हैं, मरने की क्षमता खो दी है। मरना यानी हमें अपने मोहभंगों से आँखें मिला सकना चाहिए और यह पूछ सकना चाहिए कि गलती कहाँ हुई। वरना कोई इक्कीसवीं शती नहीं होगी। बिलकुल नहीं होगी, अगर हमने अपने मोहभंगों का सामना नहीं किया। गांधीवाद और गांधीवादियों से ऐसी क्या गलती हुई जो हम इस तरह से शासन करते हैं ? मार्क्सवाद और मार्क्सवादियों से क्या गलती हुई ? चीजें क्यों नहीं बदल सकीं ? इस तरह यह भी हमारे समय की जरूरत है जब हम अगली शती की ओर बढ़ रहे हैं : एक खरा मोहभंग और स्वयं से यह सवाल कि कहाँ क्या गलती हो गई ? मैं यह क्यों कह रहा हूँ ? क्योंकि हमारी शती का एक लक्षण, और एक बेहतर लक्षण, समता की भूख रहा है। अगर आप मुझसे पिछले सौ वर्षों का सबसे महत्त्वपूर्ण लक्षण पूछें तो मैं कहूँगा, समता की भूख। मेरे लिए हमारे इतिहास का सबसे महत्त्वपूर्ण क्षण—अगर भारत की बात छोड़ दी जाए, गांधी की दांडी-यात्रा या उनका विभाजन के बाद का कार्य

जब वे पैदल चलते गए, चलते गए, नोवाखाली के लोगों के हृदय-परिवर्तन के लिए—वह है जब मार्टिन लूथर किंग ने अपने हजारों काले और उनके प्रति सहानुभूतिशील गोरों के साथ 'हम होंगे कामयाब' गाया। एक महान क्षण। यह वह क्षण था जिसने दर्शाया कि समता की भूख सबसे बड़ी भूखों में से एक है। लेकिन समता की भूख ऐतिहासिक रूप से ज्यादातर विफल रही क्योंकि जिनमें समता की भूख थी, जब वे सत्ता में आए तो उन्होंने लोगों को दबाना शुरू कर दिया। इसलिए हमें कभी तो परिपक्व होकर यह दिखाना पड़ेगा कि समता की भूख का हश्र अपने इतिहास को नहीं दोहराएगा। और यह कि अगर समता की भूख पूँजीवाद या मार्क्सवाद जैसे किसी रास्ते पूरी नहीं हो पाई तो भी इसका अर्थ यह नहीं है कि समता की भूख का अंत हो गया। वह अभी भी है। हमारी क्षमता में भिन्नताओं के बावजूद, लिंग-भेद के बावजूद, हमारी बौद्धिक क्षमताओं की भिन्नताओं के बावजूद समता की भूख आज भी बरकरार है। किसी में असाधारण बौद्धिक क्षमता हो सकती है, किसी में नहीं, लेकिन जिस व्यक्ति में वह नहीं है, उसमें भी कुछ ऐसे गुण हो सकते हैं जो अत्यंत विकसित मस्तिष्क के व्यक्ति में न हों। इसलिए हरेक चीज सच्ची है। हरेक को संसार में रहने का हक है। केवल मनुष्य को ही नहीं, पशु-पक्षी और वृक्षों को भी। अगर आप इस तरह चलते जाएँ तो आप जैन हो जाएँगे जिन्होंने जीवन के हर रूप को इसकी जद में ले लिया। समता की भूख से मेरा आशय यह है। हमारे अपने मध्यकालीन संतों के यहाँ समता की भूख का एक स्थान है। कबीर में, तुलसी में, बसवा में और तुकाराम में। मैं नहीं जानता कि गलत समझे जाए बिना मैं इसे कहूँ कैसे, लेकिन मुझे इसकी फिक्र नहीं। अब मेरे लिए एकमात्र सच्चा वाक्य जिसमें हमें यह लगे कि समता सच्ची है, कुछ यूँ होगा : हम सभी ईश्वर की संतान हैं। कोई और वाक्य समता के विचार को इतने सच्चे ढंग से नहीं समझा सकता जितना यह कि हम सभी ईश्वर की संतान हैं। मुझे नहीं लगता कि कम्युनिस्ट मेनिफेस्टो का कुछ भी मुझे समता की सच्चाई पर इतना भरोसा करा सकता है जितना यह वाक्य जिस पर भारत के मध्ययुगीन संत-कवि विश्वास किया करते थे। संभवतः अब के बाद समता पाने का यह संघर्ष शक्ति-क्रीड़ा नहीं होगा, इस संघर्ष को समुदाय का अर्थ पाने की गहन आध्यात्मिक खोज होना होगा। मैं सोचता हूँ, वह इक्कीसवीं शती का सबसे बड़ा आंदोलन होगा। इसे आप अब स्त्रीवाद में लक्ष्य कर सकते हैं, महान पर्यावरण-संघर्षों में लक्ष्य कर सकते हैं। समता के ये आध्यात्मिक मायने कि इस संसार में सभी को रहने का अधिकार है चाहे वह कीड़ा हो या बड़ा जानवर या मनुष्य। हम सभी को साथ रहना है। एक नया अर्थ जो भावी समय में नई विश्व-व्यवस्था का स्रोत होगा।

लेकिन जब हम इक्कीसवीं शती में प्रवेश कर रहे हैं, मेरे मन में कुछ आशंकाएँ भी हैं, इस सब उदारीकरण, विश्ववाद और इसी तरह की चीजों के कारण। मेरे विचार से भारत अपने बहुलतावादी समाज होने के कारण अद्वितीय है। हम अपने कर्मों में ही नहीं, अपनी भाषाओं में भी बहुलतावादी हैं। ढेरों भाषाएँ हैं, हमारे खाने की आदतें

वगैरह सभी बहुलतावादी हैं। हम भारत को विभिन्न अन्न-क्षेत्रों में विभाजित कर सकते हैं—कहीं गेहूँ खाया जाता है, कहीं चावल आदि। आप भारत को विभिन्न तेल-बेल्टों में विभाजित कर सकते हैं : नारियल तेल-बेल्ट और तमाम तरह के तेल-बेल्ट। भाषिक-बेल्ट, तेल-बेल्ट जैसी अनेक विविधताएँ। यह विश्ववाद (ग्लोबलाइजेशन) विक्रय-शक्ति के किसी तरह के केंद्र की खोज है। मैं एक उदाहरण दूँगा। कर्नाटक में हमें अपने सांभर पर बड़ा गर्व है। हर घर में सांभर पाउडर बनता है और हर घर को अपने सांभर पाउडर पर गर्व है। और अगर आप नौकरीपेशा हैं और पाउडर नहीं बना सकते तो आपको गली का कोई व्यक्ति सांभर बनाकर बेचेगा। किंतु अब सांभर बनाने का काम लिप्टन कंपनी ने ले लिया है। मैं नहीं समझता कि यह सिर्फ मुनाफे की खातिर है। यह विकेन्द्रीकण को नष्ट करने की गहरी साजिश है। वरना अगर वे अपनी चाय को सांभर पाउडर के साथ रखेंगे, उनका एक साथ भंडारण करेंगे तो वह चाय सांभर पाउडर की तरह महकेगी। इसलिए उनके लिए सांभर या अचार बनाना हास्यास्पद है। लेकिन तब भी वे यह क्यों कर रहे हैं। ये बहुराष्ट्रीय कंपनियाँ यह क्यों कर रही हैं ? वे सांभर पाउडर और पापड़ क्यों बनाना चाहती हैं ? वे हर इस तरह के धंधे में आ रही हैं। मुझे लगता है कि बहुलतावाद नष्ट होने जा रहा है। आज अगर आप—चाहे आप हिंदी क्षेत्र में रहते हों या कहीं और—अंग्रेजी न जानते हों तो मैं नहीं समझता कि आपको पाँच अंकों में तनख्वाह मिल सकती है, क्या मिल सकती है ? जब तक आप किसी बहुराष्ट्रीय कंपनी वाले या करोड़पति के बेटे न हों। इस तरह के केंद्रीकरण के दबाव हैं, लेकिन विज्ञान ने विकेंद्रीकरण के रास्ते भी खोले हैं। मुझे लगता है कि कंप्यूटर तकनीक इत्यादि चीज़ें भी विकेंद्रीकरण की ओर ले जा सकती हैं जहाँ आप अपने घर पर बैठे काम कर सकते हैं। हर जगह भटकने की जरूरत नहीं है। मैं इसे बुरा नहीं समझता लेकिन मुझे लगता है कि अब दो तरह की शक्तियाँ कार्यरत हैं : एक केंद्रीकरण की, विश्व-व्यवस्था की और दूसरी विकेंद्रीकरण की शक्तियाँ जो कई बार हिंसक हो सकती हैं, कई बार जातीय हिंसा का रूप ले लेती हैं, कई बार गलत रास्ते पर आ जाती हैं—तो इनके पीछे यह भय धड़कता रहता है कि कहीं हम अपनी अस्मिता न खो दें। यह सच्चा भय है, भले ही कई बार गलत भय की तरह राजनीति में अभिव्यक्त हो। हमें इसे समझना होगा कि एक ओर केंद्रीकरण हो रहा है इसलिए इस्लामिक उग्रवाद भी इसी तरह की आकांक्षा—अपनी अस्मिता बचाने की आकांक्षा—की अभिव्यक्ति है।

हो सकता है, इक्कीसवीं शती कहे कि विकेंद्रीकरण अनिवार्य है, बहुलतावाद अनिवार्य है, लेकिन उन्हें आध्यात्मिक संघर्षों के रास्ते पाना होगा—उन रास्तों से जिन्हें मैंने इंद्रियों की सफाई कहा है जो आपको कल्पनाशील बनाती हैं। संभवतः संसार को मानसिकता-परिवर्तन के माध्यम से बड़े परिवर्तनों की ओर ले जाना होगा, राजनीतिक उथल-पुथल की जगह जिनके प्रति आपका—अगर आप ईमानदार हैं तो—अब तक पूरी तरह मोहभंग हो चुका होना चाहिए।

मैं सभी भारतीय भाषाओं के भविष्य को लेकर भी चिंतित हूँ क्योंकि आजकल

सभी होशियार लोग, जो ठीक-ठाक जीवन बिता रहे हैं, अपने बच्चों को अंग्रेजी विद्यालयों में भेजते हैं और संभवतः हमारी संततियाँ तुलसी, कबीर, ब्रसवा, पम्प में उस तरह शिक्षित नहीं हो सकेंगी जैसे हम हुए थे क्योंकि हम गाँव से आए थे। इसीलिए हमारे भीतर कहीं गहरे भारतीय संस्कृति विद्यमान है क्योंकि हम सभी जानते हैं कि भारत में कोई भी रामायण या महाभारत को पहली मर्तबा नहीं पढ़ता। यह उस जीवंत संस्कृति के कारण हो सका जो हम तक भारतीय भाषाओं के रास्ते आई। हमारी भाषाओं ने संस्कृत-परंपरा की विरासत को पूरी तरह स्वीकारा, उसे स्वीकार कर अपना बनाया और लोक-साहित्य से बहुत कुछ लिया। इस तरह हमारी भाषाएँ जिनके बारे में अक्सर मैं कहता हूँ—'जीर्णाग्नि' हैं। उन्होंने संस्कृत को पचाया, लोक-साहित्य को पचाया और यूरोप को पचाया। हमारी भाषाएँ लोगों की चेतना में जीर्णाग्नि हैं और अगर नई पीढ़ी को उनसे महरूम किया गया तो फिर सत्ता का केंद्रीकरण होगा और आप अपनी अस्मिता धीरे-धीरे खोते जाएँगे। शायद आप इन भाषाओं को रसोईघरों तक सीमित रखें। आप अपनी माँ या ऐसे ही किसी व्यक्ति से अपनी भाषा में ही बात करते रहें, लेकिन कुछ वर्षों में ये सारी भाषाएँ रसोईघर की भाषाएँ होकर रह जाएँगी। लेकिन एक उम्मीद अब भी है, क्योंकि जैसा कि मैंने कहा, भारत विकास के विभिन्न स्तरों की अनेक शताब्दियों के सहअस्तित्व का देश है। हो सकता है, यह सब यहाँ के गाँवों में न फैलाया जा सके। इसलिए हमारी निचली जातियों में भारतीय भाषाओं का प्रभाव बना रहेगा। मैं सोचता हूँ और यहाँ मैं मजाक नहीं कर रहा, कि अगर यही चलता रहा, तो संभवतः हमारी भाषाओं के श्रेष्ठ लेखक तथाकथित ऊँची जातियों से नहीं, तथाकथित निचली जातियों से आएँगे। इस तरह इक्कीसवीं शती इन मूल्यवान चीजों, जैसे हमारी भाषाओं के संरक्षण की साक्षी होगी उन लोगों के हाथों जो विकसित नहीं हैं। और अगर भारत संसार के लिए उम्मीद की लौ है तो इसलिए कि अगर अमरीकी नगरों को रोटी, अंडे या कुछ दिन के लिए बिजली न मिले तो उन्हें लगने लगता है कि वे अब बचेंगे नहीं, लेकिन हमारे यहाँ भारत में कैसे-कैसे जीवन-रक्षक उपकरण हैं। बचे रहने की क्षमता : कारण, गरीब से गरीब भारतीय नाच सकता है, गा सकता है, त्योहार मना सकता है। ये त्योहार गरीब-से-गरीब व्यक्ति भी मनाता है, उसके पास ईंधन हो या न हो।

इसी रास्ते यहाँ के ये सारे सूक्ष्म मूल्य बचे रहे आते हैं। एक निरक्षर स्त्री को भी कविता के हजारों पृष्ठ कंठस्थ हैं, आज भी। कल दिल्ली में कार्यक्रम था, जिसमें डॉ. देवी कुछ भील लाई थीं। उन्होंने अट्ठाइस दिनों तक अपनी रामायण का पाठ किया। उन्होंने अपनी रामायण निश्चय ही वाल्मीकि की रामायण से ली है, लेकिन उन्होंने उसमें इतना उलटफेर किया है कि उसकी कहानी ही बदल गई है, जो पुनः एक ऐसा गुण है जो इस संस्कृति को जीवित बनाए रखने में सहायक सिद्ध होगा। हमारी संस्कृति में अंतर्पाठीयता का यह अनोखा गुण है। आपको लोक-साहित्य को शास्त्रीयता से अलग करके नहीं देखना चाहिए। यह देखने का यूरोपीय ढंग है। इनके बीच अंतर्पाठीयता

मौजूद है। मैं आपको वह उदाहरण देता हूँ जो मुझे बहुत पसंद है जिसे रामानुजम ने कभी दिया था। रामानुजम कन्नड़ की लोक-रामायणें इकट्ठा कर रहे थे। कर्नाटक में हजारों रामायणें हैं। किसी एक, अब तक अलिखित, लोक-रामायण में सीता कहती है कि वह भी राम के साथ वन को जाएगी। राम कहते हैं—नहीं, तुम वन नहीं जा सकतीं। तुम राजकुमारी हो। तुम्हारे पैर कोमल हैं और वहाँ के बनैले पशु हैं और यह तुम्हारे लिए ठीक नहीं है। लेकिन वह कहती है—नहीं, मैं तुम्हारी अर्धांगिनी हूँ, तुम्हारी पत्नी हूँ, वगैरह। और अब जरा देखिए, सीता क्या कहती है—और यह लोक-रामायण की निरक्षर सीता है : 'जब हर रामायण में सीता वन को जाती है, तो आप मुझे कैसे रोक सकते हो ?' भारतीय संस्कृति में इस तरह की अंतर्पाठीयता है और मेरी दृष्टि में यह इसकी संरक्षक शक्ति है।

अंत में, मैं आपसे एक बात कहना चाहता हूँ। मैं अब 'संस्कृति' शब्द का प्रयोग नहीं करूँगा, मैं अब 'सभ्यता' शब्द का प्रयोग करना चाहता हूँ। मनुष्य, समाज और सभ्यता। आप जानते ही हैं कि मनुष्य का आध्यात्मिक आयाम होता है। यौन आयाम भी। उसमें भूख होती है—सभी तरह की भूख—उसमें अच्छे-बुरे का संघर्ष चलता रहता है। हमें मनुष्य के विषय में जिज्ञासा है और मनोविज्ञान और दर्शन आदि में उसकी व्याख्या की गई है। उन्नीसवीं शती के बाद से हम पर समाज की धुन सवार है : समाज, सामाजिक न्याय और सामाजिक संताप इत्यादि। हमें यह मालूम होना चाहिए कि अगर हम समाज की भूख बढ़ाकर उसमें परिवर्तन लाना चाहते हैं, तो पृथ्वी का कोई भविष्य नहीं, क्योंकि अगर भारतीय समाज अमरीकी समाज की तरह रहना चाहे और हम भी अमरीकियों की जितनी ही ऊर्जा का व्यय करना चाहें तो मुझे नहीं लगता कि पृथ्वी महीने-भर भी जीवित रह सकेगी। समाज की भूख बढ़ाने की एक सीमा है। हमारे सारे सामाजिक संघर्ष उन लोगों को जिनके पास कुछ नहीं है, उनके प्रति ईर्ष्यालु बनाने के लिए हैं जिनके पास बहुत कुछ है ताकि वे भी वह सब पाना चाहने लगें जो उन अन्यों के पास है। लेकिन इनकी एक सीमा है, शायद समता के संघर्ष किसी और आधार पर होंगे, धरती माँ की स्थिति के ज्ञान के आधार पर। वह नया आधार तभी होगा जब हम यह मानें कि यह एक सभ्यता है। देखिए, नेहरू में सभ्यता के प्रति चिंता थी। गांधी में तो थी ही, तिलक में भी, पुराने समय के सभी महानों में। लेकिन अब सभ्यता नाम की चीज की कोई चिंता नहीं है। कोई भी राजनैतिक दल भारत की ऐसी सभ्यता की तरह चिंता नहीं करता जो शताब्दियों तक जीवित रहती आई है। किसी राजनैतिक दल को सभ्यता में कोई दिलचस्पी नहीं है। जो संस्कृति से अलग है। सभ्यता से मेरा आशय हममें निहित चीजों से नहीं है, वह तो संस्कृति है, बल्कि वे चीजें जिनमें हम विश्वास करते हैं, जिनका हम निर्माण करते हैं, जिनका हम अपने बौद्धिक और सचेत आत्म में वहन करते हैं। वह सभ्यता है और मैं सोचता हूँ, अगली शती में साभ्यतिक चिंता बहुत महत्त्वपूर्ण होगी।

(मूल अंग्रेज़ी से अनुवाद—उदयन वाजपेयी)

भारतीय लेखक : अस्मिता की खोज

कुछ दिन पहले मुझे इस बात का एक रोचक प्रमाण मिला कि जो चीज मूलतः देशी है वह अपने देशी रंग से मुक्त भी हो सकती है और बहुधा हो जाती है–यह प्रमाण मुझे गिबन की पुस्तक 'डिक्लाइन एंड फॉल ऑफ रोमन एम्पायर' में मिला। गिबन बताते हैं कि 'अरब की सर्वोच्च पुस्तक कुरान में कहीं भी ऊँट नहीं है।' मैं समझता हूँ कि यदि कुरान की रचनात्मकता संदिग्ध होती तो यह सिद्ध करने के लिए कि कुरान कोई अरबी कृति नहीं है, इतना ही पर्याप्त था कि उसमें कहीं ऊँट तक नहीं है। कुरान मोहम्मद ने लिखा था, और मोहम्मद एक अरबवासी के नाते ऊँटों को विशेष महत्त्व नहीं देते थे। उनके लिए ऊँट भी अरब की वास्तविकता के अंग थे, उन पर कोई विशेष ध्यान देने का कारण मोहम्मद को नहीं दीखता था। जबकि दूसरी तरफ कोई विदेशी अथवा कोई गैर-अरबी नकली लेखक अथवा कोई अरब-राष्ट्रवादी अगर अरब पर लिखेगा तो वह सबसे पहले ऊँटों का झुंड खड़ा कर देगा, हर पृष्ठ पर कारवाँ का जिक्र होगा लेकिन मोहम्मद एक मूल अरबवासी होने के कारण ऊँटों के प्रति उदासीन रहे। वे जानते थे कि वे बिना ऊँटों के भी अरब बने रह सकते हैं।'

–खोर्खे लुइस बोर्खेज़, 'द् अर्जेंटाइन राइटर एंड ट्रेडिशन' लेब्रिंथस
पृष्ठ 181, न्यू डायरेक्शंस–1962

पिछले दिनों भारतीय और अंतर्राष्ट्रीय विभूतियों की शताब्दियाँ मनाने के उपलक्ष्य में आयोजित सेमिनारों के कारण स्थिति केवल प्रशस्तिपूर्ण भाषणों की एक शृंखला बनकर रह गई होती। लेकिन शिक्षा मंत्रालय द्वारा अरविंद शताब्दी के उपलक्ष्य में आयोजित एक सेमिनार को एक मंत्रालय के एक सचिव, जो एक संवेदनशील हिंदी कवि हैं, ने भारतीय भाषाओं में समकालीन लेखन पर चर्चा का एक अवसर बना दिया। मंत्री महोदय ने अरविंद को श्रद्धांजलि अर्पित की और लेखकों से अपील की कि वे विश्व शांति, राष्ट्रीय एकता, संस्कृति के उन्नयन आदि की दिशा में कार्य करें। इसके बाद अगली कार्रवाई शुरू हुई। हम लोग उत्तर भारत की एक बोदी रियासती राजधानी में एकत्रित हुए थे। हमारे साथ हिंदी, बंगाली, मराठी और कन्नड़ के लेखक थे तथा अंतर्राष्ट्रीय ख्यातिप्राप्त एक भारतीय चित्रकार थे।

बहस अनिवार्य रूप से उस मुद्दे की ओर मुड़ गई जो भारतीय लेखकों के लिए

फैशन बना हुआ है : पश्चिमी विचार और लेखन-पद्धति हमारे लिए एक आदर्श क्यों बनी हुई है ? उपन्यास, नाटक और कविता के अपने 'फॉर्म' तथा 'कंटेंट' के प्रयोग में हम लोग मौलिक क्यों नहीं हैं ?

जब भारतीय नृत्य तथा संगीत पूरी तरह से भारतीय हैं तब समकालीन भारतीय साहित्य पश्चिमी साहित्य से क्यों प्रभावित व प्रेरित होता है ? क्या हम सचमुच एक नकलची राष्ट्र हैं या कि अंग्रेजी शिक्षा ने हमारी दृष्टि व अवधारणा की प्रतिभा को इतना सीमित कर दिया है कि हम नई भारतीय स्थिति के प्रति कोई ताजा प्रतिक्रिया व्यक्त करने में असमर्थ हैं ? क्या हमें अपने लोक रंगमंच की उपयोगिता को अन्वेषित करने के लिए ब्रेख्त को पढ़ना चाहिए ? क्या हमें अपना रेडिकेलिज़्म भी गिन्सबर्ग, आसबोर्न अथवा सार्त्र से उधार लेना चाहिए ? और पश्चिम के खिलाफ हमारी प्रतिक्रिया कोरी भावुक नहीं है जबकि बौद्धिक स्तर पर हम पूरी तरह पश्चिमी विचार-पद्धति के कायल हैं ?

लेकिन जिस भाषा में हमने इन प्रश्नों पर विचार किया वह अंग्रेजी थी क्योंकि ऐसा ही होना था। जिन लोगों के और नामों का जिक्र किया जाता रहा था कि जिनके उद्धरणों का प्रयोग किया जाता रहा वे दस वर्ष पहले के फैशन से भिन्न थे। इलियट और यीट्स, जो भारतीय प्रभाव के कारण हम कभी प्रिय थे, के स्थान पर अब हम कामू, काफ्का, सार्त्र और लूकाच के विचारों को काम में लेते रहे। रूसी विद्वानों की उपलब्धियों को हमने सराहा जिन्होंने हमें एंग्लो-सेक्सन लेखकों से, जो कि अपने दृष्टिकोण में तत्त्वविद्या विरोधी हैं और उपयोगितावादी हैं, अधिक प्रभावित किया। क्या क्रांति से पहले, पश्चिमवादियों और स्लोवादिकों के झगड़ों के बीच, रूस के साहित्य-जगत् की स्थिति भी भारत जैसी ही नहीं थी ? दॉस्तोएव्स्की भी अन्य उपन्यासकारों की तुलना में, अपने तत्त्वज्ञानी रुझान के कारण भारतीय संवेदना के अधिक करीब थे। इससे पहले भारत में पहली पीढ़ी को भी शॉ तथा गॉल्सवर्दी ने सिंज और चेखव से अधिक प्रभावित किया।

जब हम इन प्रश्नों पर विचार कर रहे थे तब भी विडंबना यह थी कि उदाहरण हम पश्चिमी साहित्य से ही ले रहे थे न कि भारतीय साहित्य से, जिनमें से कुछेक के पीछे तो हजार वर्ष लंबा इतिहास है। बहस में शरीक उस भारतीय चित्रकार ने एक घटना का विवरण दिया, जो मेरे लिए बहुत ही मार्मिक था। उस घटना का विवरण देने से पहले मैं यहाँ यह बताना चाहूँगा कि हमने कैसे-कैसे कपड़े पहन रखे थे। यह बात, मैं जो कहना चाहता हूँ उसके लिए बहुत जरूरी है।

एक बंगाली लेखक और एक हिंदी लेखक ने धोती पर बिना कॉलर का लंबा कुर्ता पहन रखा था, जैसाकि अधिकतर भारतीय राष्ट्रवादी नेता स्वाधीनता आंदोलन के दौरान पहनते थे। बंगाली लेखक मार्क्सवादी विचारधारा वाले लगते थे (वे केवल बांग्ला बोलते थे जिसका अनुवाद हमें सुनाया जाता था) और हिंदी लेखक लोहिया-स्कूल के गांधीवादी-सोशलिस्ट थे। दूसरे दो हिंदी लेखक और एक मराठी जो तीस वर्ष से कम

उम्र के थे और अपने लेखन में भी आधुनिक थे, पैंट पर झब्बे पहने थे और लंबे बाल रखे थे—जो कि बोहेमियन लोगों की खास वेशभूषा है और अब कला-प्रेमी भारतीय बौद्धिकों की (भारत में इस वेशभूषा में भी लोग मध्यवर्गीय लगते हैं हालाँकि फिल्म अभिनेताओं ने इसे पैसे वालों के छोकरों का फैशन भी बना दिया है)। केवल वे चित्रकार अमध्यवर्गीय लगते थे—अपने लंबे बालों और दाढ़ी में, बिना कॉलर के कुर्ते और बंगाली धोती में जिसे उन्होंने दक्षिण भारतीय तरीके से कमर पर अटका रखा था। उन्हें कोई भी सचमुच में भारतीय साधु समझ सकता था, अगर वे वैसी सशक्त व परिष्कृत अंग्रेजी नहीं बोल रहे होते। संभवतया भारतीय अस्मिता की खोज पर कहे गए मेरे किसी फिकरे ने उन्हें कुछ बोलने को उकसा दिया था या फिर हो सकता है, मेरा ऐसा समझना गलत भी हो। जो हो, मैंने यह कहा जरूर था।

कन्नड़ साहित्य पर बोलते हुए मैंने कहा था कि हमारे यहाँ लेखकों की स्पष्टतः दो पीढ़ियाँ हैं—एक तो वे जो गांधी-युग के थे और दूसरे हम लोग। कुछ मुद्दों को स्पष्ट करने के लिए मैंने काफी निष्ठुरता के साथ सामान्यीकरण करने की कोशिश की थी (प्रायः हम सभी लोग ऐसा करते ही हैं) और इन पीढ़ियों को क्रमश : 'इनसाइडर्स' और 'आउटसाइडर्स' की संज्ञा दी थी। कुछ इनसाइडर्स बुढ़ा गए थे, अपना जातिगत लिबास पहनते थे, पान चबाते थे और ज्यादातर ग्रामीण परिवेश से निकले थे। उनके गांधीवादी आदर्शों के साथ-साथ उनकी संवेदनाएँ पूरी तरह से ग्रामीण और उनकी जाति व धर्म के अनुकूल होती थीं और वे लिखते ऐसे थे जैसे उनको मिली अंग्रेजी शिक्षा का उन पर कोई असर ही न पड़ा हो। मेरे दिमाग में कुछ बहुत ही प्रतिष्ठित कन्नड़ लेखक जैसे बेंद्रे, पुतिना, मास्ति आदि थे और मैं सचमुच काफी बड़ा सामान्यीकरण कर रहा था क्योंकि पहले काफी आसानी से इन लेखकों को कन्नड़ का वड्र्सवर्थ, शैली, हार्डी व शॉ मान लिया जाता था। फिर भी मैं अपनी पीढ़ी के लेखकों की तुलना में उनको 'इनसाइडर्स' मानकर कोई गलती नहीं कर रहा था। भारतीय परंपरा के उनके ज्ञान को हम सराहते हैं मगर भारतीय परंपरावाद के प्रति उनके उत्सवी रुख को नापसंद करते हैं। उन्होंने हमारे लिए लिखना संभव बनाया मगर कुछ सौंदर्यवादी पद्धतियों के प्रति उनके रूढ़िवादी लगाव का हमें विरोध भी करना पड़ा। ईसीलिए संभवतया कुछ आधुनिक लेखक अपने लेखन में अधिक अन्वेषी हैं मगर...हम भी क्या अपनी प्रयोगवादिता के कारण अपनी परंपरा में अपनी जड़ें ढीली करके पश्चिम के अधिक निकट नहीं चले गए हैं ? मैंने यह प्रश्न तो उठाया मगर स्वयं एक आधुनिक लेखक होने के नाते मैंने यह तर्क भी किया कि इस संबंध में आवश्यकता से अधिक उत्सुक होने की जरूरत नहीं है। हम सब भारतीय भाषाओं में लिखते हैं और इसका, हम अपनी भाषा में क्या करते हैं, इस पर गहरा प्रभाव है, भले हम विचारों और रूपों के लिए पश्चिम में कितने ही भटकते हों। 'इनसाइडर्स' और 'आउटसाइडर्स' परस्पर पूरी तरह विलग नहीं रह सकते। हम लोग भारतीय भाषा कन्नड़ में लिखते हैं, जो निरक्षर ग्रामवासियों द्वारा मौखिक परंपरा से जीवित रखी गई है, जिसके पीछे एक हजार वर्ष पुरानी देशी

साहित्यिक परंपरा है और जिसके पीछे उससे भी पुरानी संपूर्ण भारतीय संस्कृत-परंपरा है। जाहिर है, कि इस भाषा के नए लेखक पश्चिम में भटकते हुए इस भाषा के लिए क्या करते हैं इस बात से इसका सीधा संबंध है और कुछ अनिवार्यताएँ भी। इतना ही नहीं, यह भी कहा जा सकता है कि कई भारतीय भाषाएँ, अपनी संपन्न साहित्य-परंपरा के बावजूद, सिर्फ निरक्षरता की वजह से जीवित रहीं। क्यों शिक्षित लोगों ने हमेशा शासक वर्ग की भाषा को अपनाया, अपनी मातृभाषा को केवल बोली की तरह इस्तेमाल किया और शासकों की भाषा को बौद्धिक संवाद का माध्यम चुना, चाहे वह संस्कृत, फारसी या अंग्रेजी रही हो। माध्यम तब भी लेखक का रूप निर्मित करता है जब कि वह माध्यम का निर्माण कर रहा होता है। पश्चिम से प्रभावित लेखक अपने को 'आउटसाइडर' समझ सकता है मगर देशी, संस्कृत तथा लोक-परंपरा एवं अब पश्चिमी प्रभाव के विचित्र मेलजोल से बनी भाषा के प्रति उसे 'इनसाइडर' होना ही पड़ेगा। अगर हम पश्चिम से विज्ञान और प्रविधि उधार लेते हैं तो वहाँ की संस्कृति का हम पर असर जरूर पड़ेगा। हम अपने जीवन में अपनी भाषा के अलावा और कहाँ परस्पर विरोधी तनावों की एकता प्राप्त कर सकते हैं ?

मुझे दुख था कि मैं अपना रुख बहुत उदार नहीं रख सका था। मैं चाहता था कि मेरे मित्र भारतीय साहित्य में एक नई भारतीय अस्मिता के उभार को देखें। नई भारतीय अस्मिता का यह उभार नए और पुराने के मिश्रण से नहीं उठा है बल्कि दोनों के साथ जीने से जो द्वंद्व पैदा होता है उससे उठा है और यही द्वंद्व हमारी भाषाओं की प्रतिभा का बीज होगा। कन्नड़ लेखकों का एक समय में संस्कृत-साहित्य के साथ ऐसा ही संबंध था और संस्कृत-साहित्य के संदर्भ में ही कई स्थानों पर हमारी उपलब्धियाँ अद्वितीय रही हैं। अपने तर्क में मैं यह बात कहना चाहता हूँ कि भाषा में जो कुछ कृत्रिम रूप से और आग्रह के साथ लाया जाता है उसे भाषा स्वयं त्याग देती है। और कुशाग्र साहित्यालोचन बहुत आसानी से 'जेन्यूइन' और 'फेक' के बीच फर्क कर सकता है। इसके लिए ऐसे अनंत सवाल उठाने की आवश्यकता नहीं कि कितना पाश्चात्य प्रभाव हमारे लिए हितकर है ?

मैंने यह भी कहा कि कन्नड़ भाषा की साहित्य-परंपरा भले एक हजार वर्ष पुरानी हो मगर आज का साहित्यकार उसी नई भाषा का प्रयोग करेगा जिसे उसने अपने जीवनकाल में सीखा है, और अपने निजी अनुभव से सीखा है। अपने सृजन के लिए अपनी भाषा की खोज भी अनवरत है। एक सृजन से दूसरे तक वह बदलती जरूर है।

पश्चिम के विभिन्न साहित्यों से प्रभावित कोई भी लेखक जब अपने लेखन के लिए कन्नड़ भाषा चुनता है तो यह उसका नैतिक चुनाव है। यदि विचार मेरी भाषा के नहीं भी हैं तो भी वे मेरी भाषा में रचनात्मक रूप से उतरे हैं और तब वे मेरी ही भाषा की जीवित परंपरा के अंग बन जाते हैं।

मैंने कहा कि लेखक अपने जीवनकाल की प्रचलित भाषा का ही प्रयोग करता है लेकिन स्थिति शायद और भी संकीर्ण है। एक लेखक के रूप में मैंने अनुभव किया

है कि मेरी अनिवार्य भाषा वही है जो मैंने बचपन में सीखी थी और मेरे बड़े होने के साथ ही जो विकसित होती गई। क्या हम लिखते समय नहीं अनुभव करते हैं कि हमारा ज्ञान और हमारी सीखी गई भाषा कितने सतही हैं ? साहित्य-सृजन का जादू अनुभव के नए पक्षों को वास्तविकता देने में है, अव्यक्त की ओर इंगित करने तथा ज्ञात व अनुभूत सत्यों को व्यक्त करने में है, अनुभव के उन नए क्षेत्रों पर विजय पाने में है जो अभी तक मेरी भाषा की संपत्ति नहीं बने हैं। और यदि यह सब मैं उस भाषा में करता हूँ जो कि मेरे बचपन से ही मेरी बनी है, जिसकी हजार वर्ष लंबी परंपरा है और जो इस प्रयोग करने वाले जनजीवन को प्रभावित कर रही है, तो उसकी जड़ें जितनी मुझमें हैं उतनी ही मुझसे बाहर भी हैं। पाश्चात्य प्रभाव यदि हमारी वास्तविकता है तो हम इससे विलग कैसे हो सकते हैं ? इसी वास्तविकता को मुझे अपने से जोड़ना होगा और साथ ही अपनी भाषा से भी जिसे यदि अभिव्यक्ति की ताकत हासिल करनी है तो अपनी जड़ें प्राचीन कवियों की भाषा और वर्तमान जनजीवन के निरक्षर खेतिहर लोगों के सशक्त मुहावरे तक पहुँचानी होगी।

एक रचनारत साहित्यकार के रूप में मैं यह मानकर चलता हूँ, मगर मैं इस तर्क के कारण अपनी साहित्य-चेतना को पूरी तरह चुप नहीं कर सकता। अतः उस भारतीय चित्रकार ने अपनी असाधारण मुद्रा तथा प्रतिभा से अपने तर्क को अधिक प्रभावशाली बनाते हुए जो बात कही थी, उसने मुझे अत्यधिक विचलित किया था। आज जब पुनः उस बात पर सोचता हूँ तो वह बात सरल-सी ही लगती है लेकिन उस बात ने जिस कदर मुझे (कुछ अन्य लेखकों को भी) विचलित किया, यह इस बात का सबूत है कि आज के भारतीय लेखक अपनी अस्मिता की खोज में एक गहरी उत्कंठा रखते हैं।

वह चित्रकार लोक-कला के अध्ययन के लिए उत्तर भारत के गाँवों में घूम रहा था। एक पहाड़ी की तलहटी में खड़ी एक झोपड़ी को देख यह चित्रकार आकर्षित हुआ। उसने खिड़की में से उसमें पड़े एक पत्थर को देखा जो सिंदूर व कुमकुम से रँगा था। गाँव वाले इस पत्थर की पूजा करते थे। इस चित्रकार ने उनसे पूछा कि क्या उस पत्थर का फोटो खींचने के लिए बाहर धूप में लाया जा सकता है ? गाँव वालों को विशेष आपत्ति नहीं हुई, चित्रकार ने उसका फोटो लिया और यह कहते हुए क्षमा चाही कि संभव है, उसके ऐसा करने से उनके देवता अपमानित हुए हों। उस ग्रामीण से सर्वथा अनपेक्षित उत्तर पाकर चित्रकार चौंक गया था। गाँव वाले ने कहा था, 'कोई खास बात नहीं, मैं दूसरा पत्थर ले आऊँगा और उस पर कुमकुम-सिंदूर चढ़ा दूँगा।' कोई भी पत्थर कुमकुम चढ़ा देने के बाद उस ग्रामीण के लिए देवता बन जाता है। यहाँ अर्थ रखती है केवल उसकी आस्था, न कि कोई पत्थर। क्या हम समझते हैं कि उस ग्रामीण का दिमाग किस तरह से काम कर रहा था ?...उस चित्रकार ने हमसे पूछा था। क्या हम उसकी आवश्यक रूप से पौराणिक और लाक्षणिक कल्पना को समझ सकते हैं जो उसके आंतरिक जीवन को प्रभावित करती है ? क्या लूकाच और रसेल, जिन्होंने हमें अब प्रभावित किया है, उस ग्रामीण की ऐसी सहज मानसिक प्रवृत्ति को समझने में हमारी

कोई मदद कर सकते हैं ? यही कारण है कि हम प्राचीन भारतीय विचार की जटिल बुनावट और इसकी निर्भीक आत्मनिष्ठ विवेकपूर्णता को नहीं समझते हैं, क्योंकि हम पश्चिमी वैज्ञानिक विवेकपूर्णता की संकीर्ण सीमाओं में जकड़े हैं। वह ग्रामीण अपनी सारी सादगी में भी अपने चिंतन एवं अपनी दृष्टि के रूप को जीवित रखे हुए है, जिसके कारण ही सभ्यता की शुरुआत में उपनिषदों के ऋषियों को यह दृष्टि मिली थी कि आत्म ही ब्रह्म है। उस कलाकार ने यह भी पूछा था कि पश्चिमी विज्ञान की उस विवेकपूर्णता, जिसने कि आज विश्व को वायुमंडलीय प्रदूषण के दलदल में फँसा दिया है, की तुलना में हमें उस ग्रामीण के तथाकथित अंधविश्वास को नहीं पसंद करना चाहिए, जो पशुओं, मनुष्यों और आसपास की प्रकृति के बीच एक अंतर्संबंध देखने में उसकी मदद करती है ? कलाकार ने कहा था :

पश्चिमी शिक्षा ने हमें पूरी तरह से उस ग्रामीण से विलग कर दिया है जो कि 70% भारतीय जनता के एक विशाल जनसमूह का अंग है। उसकी वस्तुनिष्ठ एवं आत्मनिष्ठ दृष्टि के बीच कोई खाई नहीं है। चूँकि उसकी इंद्रियाँ सक्रिय रूप से अपने बाहर की दुनिया से संबद्ध हैं इसलिए उसके पास ऐसी अस्तित्ववादी समस्याओं पर सोचने का विलास करने की फुरसत नहीं है कि जीवन सार्थक है या नहीं ? यदि हम इस ग्रामीण की चिंतन-प्रणाली तथा बुनावट को नहीं समझ पाते हैं तो हम सही अर्थों में भारतीय लेखक नहीं बन सकते। अतः हमें स्वयं अपने को विवेकवादी पश्चिमी वैज्ञानिक चिंतन का गुलाम होने से बचना चाहिए जिससे कि वहाँ के महान लेखक भी पूरी तरह नहीं मुक्त हो सके हैं। केवल तभी हम देख सकेंगे कि वह क्या है जो उसे उसके इर्द-गिर्द की दुनिया से तथा उसके पूर्वजों से, जिन्होंने कि संभवतया तीन हजार वर्ष पहले जमीन के इसी टुकड़े पर खेती की थी, आज उसके पास है, इतनी मजबूती के साथ जोड़े हुए है। पश्चिमी दृष्टि—चाहे वह उदारवाद हो या वैज्ञानिक प्रत्यक्षवाद अथवा मार्क्सवाद—यह समझने में हमारी सहायता नहीं कर सकती कि उस ग्रामीण किसान को क्या चीज जीवित रखे हुए है। यूरोप में जन्मे वे सारे सिद्धांत हमें हीनता का अहसास देते हैं और देश को सिर्फ पश्चिम की नकल बता देते हैं।

कलाकार की बात से हम सभी बेहद प्रभावित हुए थे। कामू, काफ्का, सार्त्र और लूकाच के बीच उसने हमारे सामने एक ठेठ भारतीय को खड़ा कर दिया था, शुद्ध भारतीय को—जो इन सबके विचारों से, जिनका इस्तेमाल हम अपनी बात स्पष्ट करने के लिए करते हैं, रत्ती-भर भी प्रभावित नहीं था।

पुनः सोचने पर एक संदेह मुझे चौंका देता है। क्या यह वास्तविक भारतीय ग्रामीण भी, जो प्रकृति से सहज नैसर्गिक संबंध रखता है और जिसकी कल्पना पौराणिक है, कहीं यह भी पश्चिम के उन उग्रवादियों का प्रतिरूप तो नहीं है जो अपनी भौतिक सभ्यता का विरोध करते हैं ? पश्चिम में व्यक्त उनकी तीव्र प्रतिक्रियाएँ कहीं अपने को समयानुरूप बनाए रखने का तरीका तथा 'पश्चिम के पतन' की गाथा कहीं थोथी रटंत तो नहीं है ?

भारत में भी, महात्मा गांधी, जो स्वयं अपने रहन-सहन, चिंतन व राजनीतिक दृष्टि में एक ग्रामीण ही बने रहे, ने अपने उत्तराधिकारी के रूप में नेहरू को चुना जो पश्चिम में पढ़े थे और स्वयं एक पाश्चात्य भारतीय थे। मैं नहीं समझता कि उस ग्रामीण की औलाद कभी उस पत्थर के इस तरह भगवान बन जाने के जादू में विश्वास करेगी। और न ही उस चित्रकार ने भी अपने कैनवास पर इस प्रकार का कोई काम किया। उसने भी कैनवास पर अपने विचार एवं प्रत्यक्ष-बोध की अभिव्यक्ति के लिए 'ऑब्जेक्टिव फॉर्म' चुना तथा वह भी पाश्चात्य कला-विधाओं के प्रयोग करने के आग्रह को नहीं रोक सका।

फिर भी उस चित्रकार ने अपने तर्क से मुझे इतना प्रभावित क्यों किया ? मेरी ही पीढ़ी के सभी शिक्षित भारतीय लेखक जिनमें से अधिकांश मध्यवर्गीय बुद्धिजीवी हैं, एक प्रताड़क आत्म-संशय के शिकार क्यों हैं ? हम सभी क्यों स्वगत-भाषी और एकालापी हैं, क्यों हमारे उपन्यासकारों के बीच 'स्ट्रीम ऑफ कांशसनेस' की विधा अधिक लोकप्रिय है, जबकि हमसे पहले की बड़ी पीढ़ी के लेखक, जो न केवल अंग्रेजी पढ़े-लिखे थे बल्कि समाज के उच्च वर्ग और उच्च जाति के भी होते थे, यह क्यों नहीं सोचते थे कि उनके दृष्टिबोध उन्हीं तक सीमित हैं ? संभवतया ऐसा इसलिए भी था कि वे लोग भारत की आजादी की लड़ाई में शरीक थे और सोचते थे कि भारत की जनता के साथ उनका भाग्य भी जुड़ा है जबकि स्वतंत्रता के बाद की पीढ़ी भारत की जनता के साथ ऐसा कोई तादात्म्य महसूस नहीं करती है। वे स्वयं यह महसूस करते थे कि उन्होंने ऐसा बहुत कुछ लिखा है जो केवल लिजलिजा, भावुकता-भरा और पुनर्जागरणवादी है। मुझे तो उनके हाथ से बुनी खादी के कपड़ों तक से ईर्ष्या है जो गांधी जी के जमाने में एक समतावादी प्रतीक थी लेकिन आज ऐसा नहीं है क्योंकि वैसे कपड़े आज हमारे भ्रष्ट राजनेताओं द्वारा पहने जाते हैं। हम आज ऐसा आत्मविश्वास नहीं रखते हैं कि हम एक साथ पूरी समग्रता से वैयक्तिक और सार्वजनीन हो सकते हैं। किसी भी महान कला-सृजना के लिए ऐसा आत्मविश्वास आवश्यक है। इसी का परिणाम है कि हम केवल 'रीएक्ट' करते रहते हैं, 'क्रीएट' नहीं करते हैं। हम निहायत असंगत चीजों की हिमायत करते हैं और या फिर इसी की प्रतिक्रिया में उस आधिकारिक भारतीय ग्रामीण की प्रशंसा करते हैं—यह सब हमारी अपनी अनिश्चितताओं को मुखौटा पहनाने के लिए। भारत की गरीबी, बीमारी और अनेक कुरूपताओं के दलदल के बीच पाश्चात्य भारतीय सर्वथा अनाधिकारिक व असंग नहीं है ? या कि वह परंपरागत भारतीय ग्रामीण सदियों पुरानी जड़ता का एक असहाय शिकार नहीं है ?

हमें ऐसा क्यों लगा कि एक आधिकारिक भारतीय बनने के लिए हमें उस सादे ग्रामीण को आदर्श बनाना चाहिए ? हमारे यहाँ ऐसे कई महान लेखक हुए हैं जो परंपरागत भारतीय अंधविश्वासों से लड़े हैं। बारहवीं शताब्दी के मेरी भाषा (कन्नड़) के कवि बसवण्णा, आल्लमा और कवियित्री आक्का अपने आधिकारिक अस्तित्व की खोज में परंपरागत भारतीय मानसिकता से एक अधीरता के साथ मुक्त हुए हैं। उन्होंने उस

भारतीय की नकल न करके उसे जाग्रत करके उसकी आंतरिक क्षमताओं से उसको परिचित कराया है। महान भारतीय परंपरा केवल आध्यात्मिक या पूजापाठी ही नहीं थी बल्कि हमारे यहाँ भौतिकवादी दार्शनिक विचारधारा 'लोकायत' सांख्य, जैन मत तथा बौद्ध मत भी हुए हैं जो नास्तिक थे; अनीश्वरवादी थे। यह परंपरा विश्वविचारों के एक जबरदस्त संघर्ष की परंपरा रही है, फिर भी हमारे पुनर्जागरणवादी लोगों ने इसका केवल एक पहलू चुना। क्या हमारे भीतर हमें कमजोर बना देने वाला यह रोमांस भी हमारी पश्चिमोन्मुखी प्रवृत्ति के कारण नहीं रहा है ?

मैं संक्षेप में प्रश्न को यूँ रखना चाहूँगा कि ग्रामीण भारतीय परंपरा की अनवरतता तथा भारतीय बुद्धिजीवी का मानसिक व्यायाम जो उसके साथ ही पैदा होता है और उसके साथ समाप्त हो जाता है, हमेशा अलग ही क्यों रहे ? आज भी उनके मिलने की कोई गुंजाइश क्यों नहीं है ? हम प्रमुख भारतीय समस्याओं से पूरी तरह क्यों नहीं जुड़े हैं ? और क्यों नहीं हममें वह आत्मविश्वास है कि हम उस ग्रामीण के चिंतन को इतना प्रभावित कर सकें कि वह स्वयं सृजनात्मक क्षमता हासिल कर सके, जैसा कि मेरी भाषा (कन्नड़) में बारहवीं शती में हुआ ? यदि हमारे लेखक कभी भी ऐसा तात्कालिक जिम्मेदाराना महत्त्व हमारी स्थिति को दे सकें तो क्या हम पर पश्चिमी प्रभाव का जादू कम नहीं हो जाएगा ? तब आज जो कुछ पश्चिम में घट रहा है, हमें प्रासंगिक नहीं दीखेगा ? हमारे महान नेता नेहरू ने पश्चिमोन्मुखी रहकर देश को चलाया। तब नेहरू के बाद लेखकों की पीढ़ी क्या करेगी ? क्या गांधीवाद और माओवाद, जिनमें काफी समानताएँ हैं, हमारे देश में ऐसी स्थिति पैदा कर सकेंगे कि हमारा ध्यान—मैं जिस समस्या की बात कर रहा हूँ—उधर जाए ? लेकिन तब हमारा साहित्य क्या नीरस तथा एक ही विचार, उद्देश्य या कि एक ही मनोवृत्ति से लदा हुआ नहीं रह जाएगा ? जैसा कि यीट्स लिखते हैं :

Hearts with one purpose alone
Through summer and winter seem
Enchanted to a stone
To trouble the living stream.

2

मैं समझता हूँ कि इस प्रकार खाली अनुमान पर आश्रित रहने की बजाय मुझे समस्या को ज्यादा व्यावहारिक तरीके से देखना चाहिए और मामलों को सीधे तरीके से स्पष्ट करना चाहिए। फिर भी मुझे इस बात का कोई खेद नहीं है कि इसी सिलसिले में हमारे भारतीय दिमागों के सोचने-देखने के ढंग पर काफी कुछ कहा गया। मैं अब भी यह

दिखावा नहीं करता कि मैंने उस चित्रकार के तर्क से मुक्ति पा ली है। वह भारतीय ग्रामीण अभी भी टॉलस्टॉय के आन्ना कारेनिना के सपने की तरह तंग किए हुए है, मुझे तो यह भी चिंता है कि जिस साहित्यिक संस्कृति में मैं लिखता हूँ उसका कोई अज्ञात इरादा इतना सक्षम भी है कि उस ग्रामीण की जीवन-पद्धति को हमारे लिए पूरी तरह अप्रासंगिक ही बना दे ? और मेरे देश की एक बड़ी सच्चाई वह है और मेरी भाषा में वही है जिसकी अभिव्यक्ति की सशक्तता की रक्षा उसी ने की है।

किन्हीं भी दो साहित्यों के बीच मोटे तौर पर तीन तरह के संबंध हो सकते हैं : पहला मालिक और नौकर का; दूसरा बराबरी का; तीसरा एक विकसित देश और विकासमान देश के बीच संबंध जैसा। पहले संबंध का उदाहरण गोरे लोगों का काले लोगों पर अपनी संस्कृति थोपने का तरीका, जैसा कि अमरीका में हुआ है। फिर भी कोई भी आरोपण पूरी तरह से सफल नहीं हो सकता जैसे संगीत में, साहित्य में काले लोगों की अल्पसंख्यक संस्कृति ऐसे किसी रचनात्मक बिंदु को सुरक्षित रख सकती है जिसका कि असर पूरे देश के साहित्य पर हो। अंग्रेजी और फ्रांसीसी साहित्य का मिलाप दूसरी तरह के संबंध का उदाहरण है। जब एक फ्रांसीसी इतिहासकार अंग्रेजी साहित्य का इतिहास लिखता है तो यह संभव है कि उसको प्रत्येक महत्त्वपूर्ण अंग्रेजी लेखक के पीछे कोई फ्रांसीसी लेखक नजर आए।

तीसरी तरह का संबंध पहले दो संबंधों से कुछ ज्यादा जटिल है। मैं पूर्व-पश्चिम के संबंध जैसे जुमले का प्रयोग न करके आर्थिक विभाजनों के अंतर्गत ऐसे संबंधों को समझना चाहता हूँ क्योंकि उस तरह के जुमलों में जन्मी विचार-पद्धतियाँ बहुधा सीधी-सादी होती हैं। जैसा कि मेरी बात से स्पष्ट है, इसका परिणाम या तो सीधी नकल है या कोरा कंजरवेटिज्म। क्योंकि मैं भारत में जन्मा हूँ सिर्फ इसीलिए मैं यह सोचने से इनकार करता हूँ कि टॉलस्टॉय या कि शेक्सपीयर के बारे में सोचना कोई अपराध है अथवा मेरी अपनी भाषा के महाकवि पम्प के बारे में सोचने में नहीं। जब मैं यह कहता हूँ तो मुझे इस बात का भी ध्यान रखना चाहिए कि मेरी अपनी भाषा के उपन्यासकार कारंत के उपन्यास, हालाँकि वे विश्व-साहित्य के समकक्ष नहीं रखे जा सकते, जिनकी कि मैं प्रशंसा करता हूँ, लेकिन फिर भी मेरे लिए उनके उपन्यास ही मेरी संवेदना को निर्मित करने में ज्यादा प्रासंगिक हैं।

हम बहुत ही गरीब और सताए हुए देश में रहते हैं लेकिन फिर भी इसका इतिहास एक बहुत ही संपन्न और सुनिर्मित संस्कृति का इतिहास रहा है। इससे पश्चिम के साथ हमारे संबंधों को लेकर कई तरह की मनोवैज्ञानिक गुत्थियाँ पैदा हो जाती हैं। पाश्चात्य साहित्य का प्रभाव या तो वस्तुस्थिति के साथ हमारी शिरकत को और भी मजबूत बना सकता है और या फिर प्रासंगिकता को कहीं दूर उड़ा ले जा सकता है। यही समस्या की जड़ है—तब फिर अच्छे संबंध कैसे संभव हैं ? क्या कभी दो समान लोगों के प्रगाढ़ संबंध तब तक संभव हैं जबकि ऐसा प्रयास केवल इकतरफा हो ? अमरीका को हमारे गुरुओं की जरूरत है, लेकिन क्या वह कभी हमारे कवियों और उपन्यासकारों की जरूरत

महसूस करेगा और उनको उतना महत्त्व देगा जितना कि हम अमरीकी लेखकों को देते हैं ? उन्हें ऐसा महत्त्व देना भी जरूरत से ज्यादा है, और यह हमारी दूसरी समस्या है कि हम पाश्चात्य देशों की राय के प्रभाव में आकर बिना किसी आलोचनात्मक दृष्टिकोण के अमरीकी लेखकों को स्वीकार करते हैं।

एक हिंदी लेखक ने यहाँ गांधीवादी-सोशलिस्ट चिंतक लोहिया का उल्लेख किया है जो कि भारतीय बुद्धिजीवियों को पीछे देखने वाले, इधर-उधर देखने वाले अथवा आगे देखने वाले कहते थे। पीछे देखने वाले लोग इस भ्रांति को पालते हैं कि समस्याओं का समाधान भूतकाल को लौटाने में ही है। (लेकिन हमारे भूतकाल का कौन-सा पहलू ? ये पुनर्जागरणवादी लोग इस मामले में भी बहुत ही काँइयाँ हैं; ये लोग हमारे भूतकाल के उस संशयवादी और विवेकवादी पहलू को बिलकुल अनदेखा कर देते हैं)। अगर उच्चवर्गीय भारतीयों की यह स्थिति है तो कॉस्मोपोलिटन लोग हमेशा इधर-उधर देखते हैं, सोचते हैं, हम अमरीका जैसे होंगे ? रूस जैसे ? ब्रिटेन जैसे ? या कि फ्रांस जैसे ? वे लोग भी भारत के विरासती वैभव के बारे में बहुत बढ़-चढ़कर बोलते हैं, फिर भी अपना बौद्धिक भोजन पाश्चात्य देशों से प्राप्त करते हैं। वे लोग वियतनाम में अमरीकी अत्याचारों को लेकर भयानक रूप से चिंतित हो सकते हैं लेकिन वे अपने ही प्रांत में आंध्र प्रदेश के जमींदारों द्वारा गरीब हरिजनों की झोंपड़ियाँ जला देने पर कुछ नहीं बोलते हैं। वे गिन्सबर्ग के विरोध की सराहना करते हैं, उनके सारे भद्दे तरीकों की सराहना करते हैं लेकिन जब एक बहुत ही ईमानदार मगर उग्र विधानसभा सदस्य ने एक भ्रष्ट मंत्री को चप्पलों से पीटा तो वे सहसा चौंक गए, इसलिए कि यह उनको असभ्य तरीका लगा। वे लोग हिप्पियों की पोशाक पहनते हैं मगर कपड़ा वह विदेशी टेरीलीन होता है।

लेकिन यदि आप ऐसा सोचते हैं कि पश्चिम की सारी वैज्ञानिक प्रगति, अंतरिक्ष की लंबी अन्वेषण-यात्राओं और अपनी सृजनात्मक शक्ति के साथ हमारे यहाँ गुलबर्ग और बीजापुर इलाकों के अकालों से जुड़ी हुई ही कोई घटना है, और ये दो एक साथ जुड़ी घटनाएँ हमारे ग्रामीण किसानों की जागृति के साथ ही परस्पर प्रभावित भी होंगी तब फिर हमें अग्रदर्शी ही बनना होगा—न केवल पूर्व के लोगों को ही बल्कि पाश्चात्य देशों को भी। तब फिर एक अग्रदर्शी भारतीय को मानवता के मेलजोल के लिए काम करना होगा जो केवल नई वैज्ञानिक एवं तकनीकी उपलब्धियों और नए राजनैतिक एवं आर्थिक ढाँचे से ही संभव हो सकेगा, जो कि पुनः अंतर्संबंधित हैं। ऐसी दृष्टि रखने वाले किसी भी भारतीय लेखक के लिए, तब किसी भारतीय गाँव में अकाल, फ्रेंच साहित्य में कोई एक नया प्रयोग, वे वैज्ञानिक उपलब्धियाँ जिनसे पृथ्वी के एक भाग में जबरदस्त संपन्नता और दूसरे भाग में उतनी ही जबरदस्त गरीबी फैली है, कबीर और बसवण्णा की कविताएँ जिन्हें वह पाश्चात्य कपड़े पहने हुए पढ़ता है, लेकिन फिर भी जो उस पर एक गहरा असर छोड़ती हैं—और यह सब मिलकर एक तात्कालिक सच्चाई का रूप लेती हैं। तब फिर उसे इन सबके बीच निकट के संबंध तलाशने होंगे, अब

से कहीं ज्यादा और उस पश्चिमी साहित्य से भी ज्यादा जिसे कि वह पढ़ता रहता है। एक लेखक के रूप में तब उसे अपनी दृष्टि को अपनी भाषा में उतारना होगा ताकि ब्लेक की तरह साहित्य-रचना कर सके न कि रसेल की तरह विश्लेषण करे। और वैसी भाषा दूसरी यूरोपियन भाषाओं से दूर आज भी एक ग्रामीण भाषा होगी।

मैं पीछे देखने वाली पूर्वी प्रवृत्ति और नकल करने वाले पाश्चात्यीकरण की बात कर रहा था। वास्तव में दोनों ही एक हैं। उपनिषदों के महान ऋषि याज्ञवल्क पूर्ववादी नहीं थे। उन्हें भारतीय अस्मिता की चिंता नहीं थी। नकल हमें निरर्थकता की ओर ले जाती है, तात्कालिक समस्याओं से हमारा ध्यान हटाती है, चाहे वह अपने ही इतिहास की नकल हो चाहे यूरोप की। जैसा कि मैंने पहले भी बताया है कि भारतीय पूर्ववादी लोगों के दिमाग में भारत का एक बहुत ही सरलीकृत रूप है, वही रूप जो हमारी आजादी की लड़ाई के दिनों में, या पुनर्जागरण के आंदोलन के दिनों में उभरा था या फिर संकीर्ण विक्टोरियन संवेदनाओं से निर्मित हुआ था। यहाँ तक कि महात्मा गांधी भी पूरी तरह से प्यूरीटन थे, प्राचीन भारतीय विचार की संपन्नता और जटिलता से अपरिचित थे।

प्राच्यवेत्ताओं तथा पश्चिमोन्मुखी लोगों के विरोध में कुछ प्रबुद्ध और नफीस भारतीय लेखकों ने ऐसी भी नई कला की रचना की है जो ऊपरी तौर पर तो भारतीय और मौलिक लगती है किंतु बारीकी से देखने पर वह भी पश्चिमी ढाँचे का भारतीय समरूप ही लगती है। जिस अवधारणा के ढाँचे में उसे रचा गया है, वह वास्तव में पश्चिमी ही है। सामग्री भारतीय है, जीवन-संबंधी तथ्य, लोक-कथाएँ, पुरा कथाएँ, लोकोक्तियाँ आदि सब वहाँ पर हैं, लेकिन आप यह महसूस करते हैं कि 'कामू और काफ्का को पढ़ लेने के बाद मैं इसे क्यों पढ़ूँ ?' आप इन लेखकों की शैली और फार्म को इनके दर्शन को अपनाए बिना नहीं अपना सकते। मनुष्य-संबंधी उनकी अवधारणा क्लासिकी यथार्थवाद की तरह तटस्थ नहीं है। बल्कि मैं तो कहूँगा कि वहाँ कुछ 'मेंटल फेमस हैं।' जो कि आदमी संबंधी उनकी परिभाषाओं और अवधारणाओं से उपजी हैं और संपूर्ण विश्व साहित्य और भारतीय साहित्य में भी इन्हीं का बोलबाला है और इसीलिए साहित्य में एक खास तरह की ऊब या एकसुरापन छा गया है। इसीलिए एक भारतीय लेखक जो नई दृष्टि की तलाश में है वह निश्चित रूप से पिछली कई शताब्दियों से आक्रामकों की संस्कृतियों के लिए भी अभेद्य रहा है। यह जानना बहुत जरूरी है कि उसका अस्तित्व है। हमारी सूक्ष्म संवेदनाएँ और नितांत निजी स्वप्न संसार के ऐसे ज्ञान की विडंबना से अलबत्ता आहत जरूर होंगे।

तब प्रश्न इस तरह से पूछा जा सकता है : भारत में समूचे देश के साथ ऐसा क्या घटित हो कि यह उन लीकों से बाहर निकल आए जिनका मैंने ऊपर जिक्र किया है ?

3

मैं इतने बड़े सवाल का उत्तर देने की कोशिश नहीं करूँगा लेकिन यह देखना चाहूँगा कि हमारी सांस्कृतिक स्थिति में ऐसी लीकें पड़ने का कारण क्या है। क्या एक आदर्श पाठक की अपेक्षाओं और एक लेखक के रचना-संसार में कोई संबंध है ? मेरा आशय यह है कि एक आदर्श पाठक की आंतरिक चेतना वह महत्त्वपूर्ण चीज है जो कि लेखक की रचना-प्रक्रिया को एक विशेष सांस्कृतिक संदर्भ में जन्म लेने में मदद करती है। अब मुझे देखना चाहिए कि मेरी भाषा में क्या घटता रहा है। कन्नड़ साहित्य के शास्त्रीय काल में वह आदर्श पाठक अभिजात वर्ग का हुआ करता था जिसकी कि संख्या बहुत कम थी लेकिन जो संस्कृत भी पढ़ सकता था। इसीलिए अपने कन्नड़ साहित्य के अध्ययन में भी उसने वही अपेक्षाएँ देखीं जो कि उसने अपने संस्कृत के अध्ययन से निर्मित की थीं। इसीलिए उस काल का श्रेष्ठ कन्नड़-साहित्य संस्कृत-साहित्य के संदर्भ में ही मौलिक साहित्य है। इसके विचलन बहुत महत्त्वपूर्ण हैं लेकिन हैं वे विचलन ही। कोई भी अच्छा लेखक अपने पाठक की अपेक्षाओं के भीतर अपने को सीमित नहीं करता बल्कि एक विशेष संदर्भ में उनको विस्तार देता है। आज भी मेरी भाषा में मुश्किल से कोई तीस प्रतिशत लोग साक्षर हैं और उनमें से जब एक आदर्श पाठक पैदा होता है तो वह भी अंग्रेजी साहित्य से अपनी संवेदनाओं को निर्मित करता हुआ। यह एक सांस्कृतिक स्थिति है जिसमें हम लोग लिख रहे हैं; पहाड़ों की तलहटियों में बसा वह ग्रामीण मेरी रचनाओं को पढ़ नहीं सकता। उसकी चेतना मेरी रचना में मेरे जैसे और दूसरे लोगों के पढ़ने के लिए सिर्फ एक 'ऑब्जेक्ट' बनकर प्रवेश अवश्य पाती है, लेकिन यदि मुझे मेरी रचना-प्रक्रिया में यह मालूम होता कि वह भी मेरा एक महत्त्वपूर्ण पाठक है तो यह स्थिति शायद काफी भिन्न होती। सामाजिक-आर्थिक प्रक्रिया जो उसे एक महत्त्वपूर्ण लेखक बनाएगी वह भी शायद हमारी तरह दीखने वाला मध्यमवर्गी आदमी बना सकती है जो इधर-उधर देखने वाला हो। तब क्या भारत में लिखने के लिए किन्हीं नए संदर्भों का निर्माण संभव है ?

फिर भी भारत में साहित्य है जो इस ढाँचे को तोड़ता है। हमारे इतिहास में क्रांति के ऐसे काल भी आए हैं जब कुछ महान धार्मिक आंदोलनों द्वारा महत्त्वपूर्ण सामाजिक-सांस्कृतिक परिवर्तन हुए हैं। इन धार्मिक कवियों ने मौखिक शब्द की परंपरा को आगे बढ़ाया और इसलिए इनकी रचना-प्रक्रिया में साक्षर और निरक्षर सभी लोग शामिल थे और इसलिए जब निरक्षर लोग केवल ऑब्जेक्ट या थीम के रूप में साहित्य-सृजन के अंग नहीं बनते थे बल्कि संप्रेषण की क्रिया में शरीक होते थे तब हमारा स्थानीय साहित्य सौंदर्यबोध और रचना के स्तर पर बहुत कुछ बदला। मौखिक परंपरा में पनपे हुए इस साहित्य के पाठक चूँकि सिर्फ संस्कृत पढ़े-लिखे लोग नहीं थे, इसलिए इस साहित्य के रूपकों, बिंब-विधान और इसकी लय-रचना में बहुत ही मौलिक और महत्त्वपूर्ण सृजन हुआ। आज कन्नड़ में जिस भाषा का इस्तेमाल मैं करता हूँ और

बारहवीं शताब्दी में जिस भाषा में जो साहित्य-सृजन हुआ था, उसके बीच भाषा और लय के स्तर पर एक बहुत बड़ा अंतर है। लेकिन बारहवीं शती के ही रहस्यवादी कवियों बसवण्णा, आक्का और आलम्मा के साहित्य की भाषा व लय लगभग ऐसी ही है जैसी आज मेरे साहित्य की। और ये कवि अपने रुख में उग्र भी थे। मुझे यह जरूरी बात यहाँ कहनी चाहिए कि उनका पाठक वर्ग, जिसने उन सामाजिक बाधाओं को तोड़ा, उनका पहला और सीधा पाठक वर्ग था। उनके लिए 'इमीडिएट ऑडियंस' था। यह अंतर महत्त्वपूर्ण है।

मैं ऐसी किसी भी सामाजिक, सांस्कृतिक अथवा धार्मिक उथल-पुथल की संभावना नहीं देखता जो हमारे नितांत सीमित पाठक वर्ग की साहित्यिक-सांस्कृतिक अपेक्षाओं के निश्चित ढाँचे को तोड़ने की चुनौती देती हो। मौखिक परंपरा आज भी भारत में है लेकिन अंग्रेजी पढ़े मध्यमवर्गी लेखकों में उस तरफ काम करने की कोई ललक नहीं है। पाठक वर्ग का विस्तार चाहे वह वर्तमान ढाँचे द्वारा होता हो चाहे हमारे भारतीय मार्क्सवादियों द्वारा होता हो वह संभव आधुनिकीकरण और औद्योगीकरण की मार्फत ही हो सकेगा। और इसीलिए शायद ऐसा पढ़ा-लिखा पाठक वर्ग लेखकों के लिए कोई नई लेखन-स्थिति पैदा नहीं करेगा। भारत में आज हम जैसा मार्क्सवादी साहित्य देखते हैं वह न केवल प्रचारबाजी है बल्कि उसका पाठक वर्ग से संबंध भी बहुत पिछड़ा हुआ और निरर्थक है। यह उन अर्थों में कोई सही संवाद भी नहीं है जो अर्थ पाउलो फेरे ने अपनी पुस्तक 'पेडॉगौजी ऑफ दी औप्रस्ड' में संवाद शब्द को दिया है।

मैं आशा करता हूँ कि आप यह समझ जाएँगे कि मैं इस लेख को कोई सार्थक अंत नहीं दे पा रहा हूँ। एक लेखक, जो इस बात के प्रति सचेत है और कितना श्रेष्ठ हो सकता है ? शायद वह सिर्फ अपने लिए लिख सकता है। लेकिन वह भी अकेले संभव नहीं है।

(अनु.–रमेश थानवी)

ब्राह्मण और शूद्र प्रज्ञा : कन्नड़ संदर्भ में

यहाँ 'ब्राह्मण' शब्द से अतिशिष्टता और 'शूद्र' से शिष्टता के संकोच से परे ही सदा जाग्रत अंतर्निहित प्राकृत प्रवृत्तियाँ अभिहित हैं। लेकिन इस सांकेतिक अर्थ की पुष्टि के लिए ब्राह्मण-शूद्र द्वंद्व को उसके सीमित अर्थ में भी ग्रहण करने में मुझे कोई हिचक नहीं है। शूद्र मत्स्यगंधा को योजनगंधा बनाने वाले पराशर 'ब्राह्मण' की परिधि में नहीं आते। 'ब्राह्मण' कहते समय मेरी आँखों के सामने सभी वर्गों और वर्णों के शिक्षित लोग हैं जिनमें आजकल के नव-ब्राह्मण भी शामिल हैं। मेरी राय में जो लेखक सिर्फ संस्कृत भाषा और साहित्य के प्रभाव में रहे, या आज जिन्होंने रोजगार के लिए अंग्रेजी शिक्षा ग्रहण की है उनके लिए, अपनी प्रज्ञा की परिमिति में जिंदगी को अखंड रूप में ग्रहण कर पाना नामुमकिन है।

ब्राह्मणों में अर्थात् भारत के शिक्षित लोगों में नय और परिष्कार है, तीक्ष्ण बुद्धि और निपुणता है, लेकिन दैहिक रूप में प्रकट होने वाली सहज स्फूर्ति नहीं है, न ही मिट्टी के संपर्क से प्रवृत्त होने वाली प्राकृत प्रेरणा है। शूद्र के अनुभव में मिट्टी की बास है लेकिन वह पैनी बुद्धिशक्ति और कुशलता से जाग्रत नहीं हुई है। समूहों में नाचने वाले और गाने वाले लोग, जिन्होंने आज भी लोक-संस्कृति और कन्नड़ भाषा को जीवित रखा है, सुस्पष्ट चिंतन की क्षमता से वंचित हैं। इसी तरह शिक्षित वर्ग में जन्मे लोग मुल्क की भाषा से और इसकी लोक-संस्कृति के वीर्य से दूर हो गए हैं। आदमी की मूल प्रकृति को जन्म के ही आधार पर निर्धारित रखने वाले वर्णभेद के समाज में शरीर के उल्लास से प्रस्फुटित होने वाली सहज स्फूर्ति और बुद्धिशक्ति से उत्पन्न होने वाली निपुणताएँ परस्पर जितनी दूर होती हैं उतनी किसी भी दूसरे समाज में नहीं होतीं। भारतीय प्रतिभा के सड़े रहने और मुरझाए रहने का यह एक मुख्य कारण है।

मेरे जैसे लेखक के लिए विलगाव का यह अनुभव बहुत ही दुःखद है, मुझे जन्म के और शिक्षा के कारण मुल्क की भाषा के सत्व से और लोक-संस्कृति से विलग हो जाना पड़ा। इसी तरह शूद्रों में जन्म लेकर संपूर्ण बौद्धिक दुनिया को श्रमपूर्वक उपलब्ध करने वाले लेखक को भी एक दूसरे तरह के विलगाव का अनुभव हो सकता है। वर्गभेद के समाज में जन्मे लेखक—उदाहरण के लिए लॉरेंस—एक वर्ग से दूसरे वर्ग के अनुभव-लोक में जितनी आसानी से संचरण कर सकते हैं, भारत और वर्णभेद के देश में लिखने वाला लेखक उतनी आसानी से अन्य वर्णों के अनुभव को नहीं अपना सकता। अनुभव की

इस कमी का आघात उत्तर कर्नाटक और मालेनाद में जन्मे लेखकों की अपेक्षा मैसूर, बंगलोर जैसे शहरों में बड़े हुए लेखकों को ज़्यादा जोर से लगता है। अनुभव की सांद्रता की दृष्टि से कन्नड़ उपन्यास की दीनता का यह मुख्य कारण है।

सभी समाजों में लेखकों ने ऐसे विलगाव का अनुभव किया है। यूरोपीय साहित्य के इतिहास में हम वर्गभेद से उत्पन्न विलगाव से मुक्ति पाने के लिए लेखकों द्वारा अपनी प्रज्ञा को विस्तृत करने के अनेक आंदोलन देख सकते हैं। जैसे-जैसे साहित्य की शिक्षित प्रजा में अतिशिष्टता आती जाती है, उसकी प्राणवत्ता और ग्रहण-शक्ति का विस्तार सिकुड़ता जाता है। शिष्ट समाज में जीने वाले आदमी को अपनी संवेदनाओं को बचाकर जीवित रखने के लिए अपने भीतर की प्राकृत प्रवृत्तियों की चेतना होना जरूरी है। जो साहित्य सिर्फ शिक्षित प्रज्ञा से प्रसूत होता है वह मिट्टी की बास गँवाकर निर्वीर्य होता जाता है। इसीलिए वड्सर्वर्थ को आम जन की तरह मिट्टी में गहरे धँसी जड़ों की अपेक्षा हुई। इसीलिए इस शताब्दी के पश्चिमी लेखकों ने नागरिक जीवन की प्रज्ञा को बाँझ पाया तो उन्हें चेतन प्रज्ञा के अंतराल में छिपी सुप्त प्रज्ञा की खोज-बीन करने की जरूरत महसूस हुई। ब्राह्मण-शूद्र संगम का समप्रतीक—लॉरेंस के एक उपन्यास में शिष्ट समाज की लेडी चैटरली एक शिकारगाह के चौकीदार से गर्भवती होती है। इस उपन्यास में कुलीन पति का नपुंसक होना भी सारगर्भित है।

शूद्र और ब्राह्मण की परस्पर परकीयता और परस्पर विलगाव न होने के कारण ही रामायण और महाभारत महान ओजस और अखंड प्रज्ञा की कृतियाँ हैं। मात्र शूद्र प्रज्ञा से केवल लोक-साहित्य प्रसूत होता है। मात्र ब्राह्मण प्रज्ञा से निर्वीर्य, सुनिपुण और परिष्कृत और स्नायुशक्तिहीन साहित्य की रचना होती है। इन दोनों का मिलन होने पर ही पूर्ण प्रज्ञा का साहित्य संभव हो पाता है।

ब्राह्मण और शूद्र प्रज्ञा के ये दो लोक हम संस्कृत-कन्नड़ और अंग्रेजी-कन्नड़ के भाषा-द्वंद्वों में भी देख सकते हैं। अतीत के तात्त्विकों और धार्मिक मताचार्यों ने बौद्धिक कार्यों के लिए संस्कृत माध्यम का प्रयोग किया। आजकल लोग अंग्रेजी माध्यम का इस्तेमाल कर रहे हैं। एक दृष्टि से यह बात कही जा सकती है कि भारतीय भाषा निरक्षर और अशिक्षित जनता द्वारा व्यवहृत होने के कारण ही बची रही। इसलिए जो लोग कन्नड़ में लिखते रहे उन्हें अपरिहार्य रूप से संस्कृत के माध्यम से प्राप्त विचारों को कन्नड़ की लोक धरती से मिले संवेदन से जोड़ना पड़ा। वही सत्वपूर्ण कन्नड़ लिख सकता है जिसका संपर्क अशिक्षितों द्वारा सुरक्षित रखी गई भाषा से बना हुआ है। मैं यह बात केवल आधुनिक साहित्य को ही दृष्टि में रखकर नहीं कह रहा हूँ। वचनकारों की कृतियाँ सामाजिक क्रांति के फलस्वरूप हुए ब्राह्मण-शूद्र संगम की देन हैं। श्री कारंत के कई उपन्यासों की सामग्री शूद्र जीवन है। जो भी लेखक अपनी भाषा को सत्वयुक्त बनाना चाहता था वह सामग्री के लिए ग्राम्य जीवन की ओर गया क्योंकि वहाँ की भाषा अभी भी जीवंत है। बेंद्रे की कविताओं में शक्ति लोक-संस्कृति से आती है। कितने ही बड़े सिद्धांत की बात कही जा रही हो या कितनी ही गंभीर चर्चा चल रही हो, यदि

शब्दावली ज्यादा संस्कृत-प्रधान हुई तो हमारे हृदय को घनिष्ठता से नहीं छूएगी। बेंद्रे और अन्य कवियों में ब्राह्मण-विचार धरती की शूद्र भाषा में जितना टिके होते हैं उतनी ही मात्रा में काव्य-शक्ति से पूरित हैं। मेरी राय में अडिग के इस कथन, कि कविता में मिट्टी की बास होनी चाहिए, का यही अभिप्राय है। इसी कारण कुवेंपू की संस्कृतनिष्ठ भाषा, जो अपनी कविता का भी ब्राह्मणत्व करते गए, हमें कृत्रिम लगती है। लेकिन उन्हीं का उपन्यास 'कानूरू हेग्गडति' जिंदगी और भाषा की घनिष्ठता की संभावना के कारण कन्नड़ का एक प्रमुख उपन्यास है। श्री वी.सी. जैसे लोगों की नागरिक शिष्ट प्रज्ञा से प्रसूत कविताएँ मिट्टी की बास से रहित होने के कारण निर्वीर्य लगती हैं। श्री मास्ति और श्री नरसिंह स्वामी के अलावा और कोई भी कवि मात्र शिष्ट प्रज्ञा के बल पर मनोस्पर्शी काव्य नहीं रच सका और उनकी कविता भी प्रायः निःशक्त और निर्वीर्य है। कम्बार, लंकेश और तेजस्वी जैसे नए लेखक वर्ण समाज में अवश्यंभावी जीवनानुभव की इस क्षीणता को सामाजिक शिष्टाचार और मानसिक संकोच से बिना आमूल अनुभव की खोज किए भेदने की कोशिश कर रहे हैं। अडिग की 'भूमिगीत' कविता में भी परस्पर विलगाव वाले वर्ण समाज को काव्यबोध की (अतएव इसके अनुभव की) भाषा के जरिए और जीवंत लय के जरिए लाँघा गया है। एक दूसरी दृष्टि से शांतिनाथ देसाई, चित्ताल और राघव की कहानियाँ, चेन्नम्मा और लंकेश की कविताएँ और श्रीकृष्ण आलनहल्लि आदि कुछ लेखकों की निर्भीक कृतियाँ जाति-प्रथा को पुष्ट करने के लिए रचे गए संकीर्ण नैतिक मूल्यों और सामाजिक आचारों को चुनौती देने की दिशा में साहसिक कदम हैं। जो लेखक कन्नड़ में सशक्त साहित्य की रचना कर रहे हैं वे साथ ही एक बड़ी सामाजिक क्रांति में भी भाग ले रहे हैं।

हमारी सारी बौद्धिक गतिविधियाँ शब्दकोश से सीखी गई कृत्रिम अंग्रेजी के सहारे चलती हैं। रोजमर्रा के घरेलू कार्य, चुगली, साजिशें, दिली बातचीत, गपशप—इन सबके लिए निर्जीव कन्नड़ का इस्तेमाल होता है। इसका परिणाम दो भाषाओं पर अधिकार नहीं, भाषा की दीनता है; एक-दूसरे को सशक्त किए बिना विचार-जगत् और भाव-जगत् के बीच दीवार की सृष्टि और विभाजित व्यक्तित्व। पुराने जमाने के किसी 'विद्वान' से या गाँव के किसी साधारण आदमी से बातचीत करिए तो हमें अपनी निर्जीव कन्नड़ पर और निष्प्राण अंग्रेजी पर शर्म आएगी। यदि आप समस्या पर इस दृष्टि से विचार करें तो लगेगा कि हमारी संस्कृति को उन्हीं ग्रामीण लोगों ने जीवित रखा हुआ है जो अँगूठाछाप हैं।

हमारी समस्या यह है कि हमारी भाषा को शक्ति तो लोक-जीवन से मिलती है, इसी तरह हम साहित्य की भाषा की खोज करते हैं। लेकिन हम बदले में अपने लोक-जीवन को कितना समृद्ध करते हैं ? हम अपने विचार-जगत् को लोक-जीवन में समाहित करने लायक भाषा की खोज नहीं कर पा रहे हैं। हमारा बौद्धिक वर्ग इस कार्य में अक्षम रहा है। कुमार व्यास, पम्प, बसवण्णा आदि ने किस मात्रा में संस्कृत कविता और विचारों को तत्कालीन सामान्यजन के दैनंदिन जीवन की संपत्ति बनाया, उससे

पश्चिमी संस्कृति से अपने संपर्क के कारण प्राप्त धन का हमने क्या किया है, इसकी तुलना करने पर हमारा सिर शर्म से झुक जाएगा।

केवल ब्राह्मणों को ही वेदाध्ययन का अधिकार था पर जाति-भेद की दुष्परिणामकारी प्रवृत्तियों के विरुद्ध जाकर हमारी भाषा एक समग्र संस्कृति के निर्माण का औजार बनी। एक साधारण कहावत में उपनिषद् का एक सिद्धांत भरना एक पुराणिक के लिए नियम-सा था पर आज हमारा अंग्रेजी में पढ़ा हुआ राजशास्त्र, समाजशास्त्र और मनोविज्ञान जनता की संपत्ति नहीं बन रहे हैं ताकि हमारा लोक-श्रोत समृद्ध होकर हमें पुनः प्राप्त हो।

(अनु.--कमलेश)

अंग्रेजी ब्राह्मण–कन्नड़ शूद्र

हमारे सभी बौद्धिक व्यवहार शब्दकोश से सीखी हुई कृत्रिम अंग्रेजी के सहारे, रोजमर्रा के सभी काम--गाली-गलौज, चापलूसी, आत्मीय संवाद, चर्चा–ये सभी शुष्क हुई कन्नड़ के सहारे आते हैं–यह है हमारी वर्तमान स्थिति। इसका परिणाम द्विभाषा-संपन्नता नहीं, भाषा दारिद्र्य है। बुद्धि-लोक और भाव-लोक के बीच एक दीवार रचाकर जीने का छद्म व्यक्तित्व। अंग्रेजी न जानने वाले पुराने जमाने के पंडितों को, पंडितों को ही क्यों, गाँव के किसी सामान्य आदमी से ही बात करके देखिए : कंकालविहीन कन्नड़ और रक्तविहीन अंग्रेजी पर हमें अपने ऊपर शर्म आने लगती है। इस दृष्टि से देखने पर यही लगता है कि हमारी कही जाने वाली संस्कृति को, आज तक बचाकर रखने वाले लोग, यही अँगूठाछाप, गाँव के गँवार लोग हैं। कन्नड़ में अब तक अर्थपूर्ण और सत्वपूर्ण काम करने वाले, भावनात्मक हो या वैचारिक कन्नड़ में लिखने वाले ही हैं। हमारी श्रेष्ठ रचनाओं के पीछे (उदाहरण के लिए बेंद्रे-अडिग का काव्य, कुवेंपू की 'कानुरु हेग्गडति', कारंत के उपन्यास) इन अँगूठाछाप लोगों की ताकत और बिजली ही चमकती है।

बी.बी.सी. में चार्ल्स पार्कर नामक व्यक्ति हैं। इंग्लैंड के लोक-गीतों के बारे में इन्होंने लोगों में एक नई आस्था जगाई है। इनका विश्वास है कि लोक-साहित्य की संपन्नता से उच्च नागरिक जीवन को रक्तदान मिल सकता है और शेक्सपीयर और बर्न्स की तरह फिर एक बार लिखना संभव हो सकता है। मजदूर संघ शेक्सपीयर-दिवस मना रहा था तब मैंने इन्हें देखा, मिला। मैंने उन्हें कहा कि किस तरह बेंद्रे लोक-साहित्य और लोक-जीवन से प्रभावित हुए और किस प्रकार सामान्य सुख-दुख से विशेष वैयक्तिक अनुभव के विविध स्तर को चित्रित करने के लिए उनका सहारा लिया। पार्कर का कहना था कि यह तो सचमुच अद्‌भुत विषय है। भारत में यह अभी भी संभव है, इसके बारे में आश्चर्य व्यक्त किया। उनके साथ बात करते हुए मैं सोचने लगा कि इतनी विकसित अंग्रेजी को ही, अगर लोक-साहित्य के सत्व की कदम-कदम पर आवश्यकता है तो क्या फिर भारत भूमि में अंग्रेजी का बढ़ना संभव है ? शब्दकोश से अंग्रेजी सीखकर, क्या हम साहित्य की रचना कर पाएँगे ?

साहित्य की दृष्टि से मेरा सोचना ठीक है। लेकिन हमारे सामने समस्या यह है कि हमने लोक-साहित्य की संपन्नता से भाषा की ताकत पाई। साहित्य के लिए भाषा की सृष्टि की, लेकिन लोक-साहित्य से हमने क्या पाया ? क्या दिया ? अंग्रेजी भाषा के

कारण खिले हुए अपने विचारों को हम लोगों तक नहीं ले जा रहे हैं। अर्थात् हमारे वैचारिक लोग बाँझ हैं। हम दूसरी भाषाओं से पाया हुआ, अगर अपने लोगों तक ले गए तो लोक-जीवन में वह एक नया अनुभव बनकर हमें फिर लौटकर मिल सकता है लेकिन हमारा जीवन, हमारे विचार और हमारी भाषा के बीच किसी प्रकार का संबंध नहीं है। पाश्चात्य संस्कृति के संपर्क से हमने जो पाया, उसे हमने अपने लोगों तक पहुँचाया—यह कहते समय अगर हम कुमार व्यास, पम्प, बसवेश्वर ने संस्कृत भाषा के विचार, काव्य को किस प्रकार हमारे लोगों की पूँजी बनाया, इसकी तुलना करने लगें तो शर्म से सिर झुकाना पड़ता है। वेद पर सारा अधिकार ब्राह्मणों का होने के बावजूद हमारी भाषाएँ इस जाति-भेद की विनाशकारी प्रवृत्तियों के साथ लड़कर एक समग्र संस्कृति का निर्माण करने में सहायक बनीं। किसी एक कहावत में उपनिषद् का तत्त्व, पौराणिक कहानी में गहन तत्त्व-विचार हमारी पूँजी बने। हमारा अंग्रेजी में अध्ययन किया हुआ राजनीतिशास्त्र, समाजशास्त्र, मनोविज्ञान इस तरह जनता की संपत्ति बनकर, भाषा की संपत्ति बनकर वैचारिकों को पुनः प्राप्त न हो सके, ऐसे असाध्य परिवेश में आज हम हैं।

विटगेनस्टेन कहता है : 'मेरी भाषा की सीमा मेरे ज्ञान की सीमा है।' कन्नड़ अभी भी सत्वशाली होकर गाँव के लोगों के कारण से बची हुई यह इस आधार पर शत-प्रतिशत सत्य है, लेकिन सुशिक्षित बने हुए हम लोगों के ज्ञान की सीमा, किसी दूसरी भाषा के कारण विकसित हो रही है। इसका परिणाम जैसा कि मैंने पहले ही कहा कि हमारे अनुभव विश्व के दो कक्ष हो गए हैं। इन दो कक्षों के बीच एक बहुत बड़ी दीवार है। हमने अंग्रेजी में पढ़े हुए समाजशास्त्र, साहित्य, विज्ञान, जीवशास्त्र को नित्य जीवन का अंग न बनाकर बुद्धिलोक में खाद-पानी के बिना भटकने वाले भूत बना दिए हैं। भारत को छोड़कर अन्य देशों के लोगों के सभी व्यवहार--प्रेम, खाना-पीना, लड़ाई, चापलूसी से लेकर विज्ञान और साहित्य तक—एक ही भाषा द्वारा संपन्न होते हैं। इसी कारण समस्त पीढ़ी की रचनात्मकता एक सजीव भाषा बनकर विकसित होती जाती है। समस्त पीढ़ी की प्रज्ञा को आकार देते समय कवि को परस्पर विरोधी लगने वाले बुद्धिमूलक और भावमूलक व्यवहार भी एक ही भाषा से प्राप्त होते हैं। पब में सुनाई पड़ने वाली बातें, सुपर मार्केट में कही जाने वाली बातें, समाजशास्त्र पढ़ाते समय उपयोग की जाने वाली भाषा अपनी पद-योजना में, अर्थपूर्णता में, अपनी तीव्रता में अंतर रखने के बावजूद ऐसा नहीं लगता है कि दो अलग-अलग दुनिया से जुड़ी हुई हैं। ऐसी स्थिति में भी धोखा न हो, ऐसा नहीं है। सामान्य जीवन और विज्ञानादि विचार-लोक एक ही भाषा में व्यवहृत हो रहे हैं—ऐसा लगने के बावजूद अलग-अलग भाषा की तरह सुनाई पड़ना इस देश में भी संभव है। लेकिन भ्रम कुछ भी हो इलियट, यीट्स, लॉरेंस जैसे लोग इसके विरोध में संघर्ष इसलिए कर पाने में समर्थ हुए, क्योंकि व्यक्ति के विविध व्यवहार की वाहक और केंद्र के रूप में एक ही भाषा थी। समाजशास्त्र, राजनीतिशास्त्र और मनोविज्ञान के साथ आज भी अंग्रेजी साहित्य आदान-प्रदान का संबंध रखता है।

रचनाकार केवल भावनात्मक गीतों को गाने वाला काल्पनिक लोक में विचरण करने वाला न होते हुए, पंडित शुष्क वैचारिक न होते हुए, सभी मिलकर एक संस्कृति के चित्र-निर्माण में लगे हैं, ऐसा लगता है। केवल संकेत और फार्मूले पर बढ़ने वाले विज्ञान द्वारा विश्व को अपनी मुट्ठी में दबोचते समय, मानवता के लिए योग्य भाषा का (अर्थात् उस भाषा द्वारा अपनी समूची संस्कृति का) रक्षण आँख में अंजन डालकर अत्यंत जाग्रत होकर करना पड़ता है। इस तरह की रक्षा करने का काम पाश्चात्यों में निरंतर चल रहा है। इस दृष्टि से वे हमसे ज्यादा वास्तववादी हैं। और एक हम हैं जो इस बात से डरते हैं कि अंग्रेजी को छोड़ा तो यंत्र संस्कृति विकसित न होकर भाड़ में चली जाएगी। इस दृष्टि से हम चार्वाक को भी शर्मिंदा करने वाले पदार्थवादी बन जाते हैं।

मुख्य रूप से हमें यह जानना चाहिए कि बेंद्रे की तरह सबको सब काल में, लोक-जीवन की पूँजी का सहारा लेना कष्टकर होता जाएगा। अंग्रेजी अध्ययन से अति-आधुनिक विचारों को मन में समेटकर लोक-भाषा में लिखते जाना कृत्रिम बनता जाएगा। जरा आप ही सोचिए कि अंग्रेजी-कन्नड़ का मिश्रण करके बोलने वाले महानगर के जीवन के बारे में कितनी उत्तम कृतियाँ कन्नड़ में आई हैं ? उसी तरह गाँव के जीवन के बारे में अंग्रेजी उपन्यास लिखने वाले किस भारतीय ने श्रेष्ठ उपन्यास की रचना की है ? इससे स्पष्ट होता है कि हमारी समस्या क्या है ? साहित्य की दृष्टि से देखने पर लगता है कि आम भारतीय को परिचित मातृभाषा अथवा अंग्रेजी समस्त पीढ़ी के संपूर्ण अनुभव को (गाँव और महानगर मिलाकर) अभिव्यक्त करने में असमर्थ हो गई हैं। गाँव के दो लोगों के संवाद को अंग्रेजी में लिखना जितना कठिन है, उतना ही कठिन है महानगर में रहने वाले दो वैचारिकों के संवाद को शक्तिपूर्ण कन्नड़ में लिखना। इसलिए इंग्लैंड के नागरिक वर्ग का लोक-साहित्य के साथ जो गहरा संबंध है, उससे भिन्न प्रकार की समस्या हमारी है। चार्ल्स पार्कर के कथनानुसार, बेंद्रे की सिद्धि अद्भुत है, यह जानकर भी, दो परस्पर असंगत संस्कृति हमारे यहाँ निर्मित होने के कारण बेंद्रे को जो साध्य हुई थी, वह कठिन बनती जाएगी।

मनुष्य को मानवीय बनकर जीने के लिए अपने अतीत (रक्षित होकर आए हुए) से संचित मूल्यों तथा श्रेष्ठ पूर्वजों की तपस्या और साधना की स्मृति होनी चाहिए। भाषा इस तरह की स्मृति की पूँजी है। अंग्रेजी पीढ़ी की स्मृति, इस तरह चॉसर के समय से निरंतर प्रवाहित होती आई है, लेकिन आज की तरह कन्नड़ के बारे में व्यक्त किए जाने वाले अपमान, तिरस्कार का सामना अंग्रेजी भाषा को भी करना पड़ा था। अंग्रेजी के अस्तित्व को मध्ययुग से भी ज्यादा रेनेसाँ के समय में लैटिन भाषा द्वारा एक रुकावट बनने का खतरा था। मध्ययुग में लैटिन भी अंग्रेजी के साथ जीने वाली भाषा थी। लेकिन रेनेसाँ युग में लैटिन को भी व्याकरणसम्मत लिखने का भूत पंडितों पर सवार था। दिन में, अनजाने में वाक्य-रचना के बारे में हुई गलती को लेकर रात-भर बेचैन होकर तड़पने वाले पंडित महाशय इटली में थे। करीब-करीब विक्रम संवत् 1574 के 'Love's Labour and Lost' नाटक में होलोपर्नेस पात्र के माध्यम से शेक्सपीयर ने ऐसे

लोगों पर व्यंग्य किया है। ह्यूमनिज्म के प्रभाव और समाज में उठी हुई नई शक्तियों के कारण एलिज़ाबेथ के समय की अंग्रेज़ पीढ़ी अतीत की स्मृति से दूर हो गई। अंग्रेज़ी का अध्ययन करने के बजाय विद्यार्थी ग्रीक और लैटिन ही पढ़ने लगे। वि.सं. 1545 में 'Toxophilus' ग्रंथ लिखने वाले अस्काम का कहना है कि इस ग्रंथ को अगर लैटिन में लिखता तो लिखने का काम और ज़्यादा आसान होता और गौरव ज़्यादा प्राप्त होता। इसका कारण देते हुए आगे कहता है कि लैटिन में लिखने के लिए नमूने के ग्रंथ भी बहुत प्राप्त हैं। (हमारे यहाँ कन्नड़ के बारे में लोगों को जो लगता है, उसमें और अस्काम के कथन के बीच जो साम्य है उसे ध्यान से देखा जा सकता है) सिडनी ने अपने 'Apologie' में अंग्रेज़ी पर लगे दो आरोपों का समर्थन किया है। एक, अंग्रेज़ी मिश्रण की भाषा है। दूसरा इसका अपना व्याकरण नहीं है। भुलकास्कर ने वि. सं. 1580 में लिखे हुए 'Elementrie' में अंग्रेज़ी पर समकालीन लेखकों ने जो आरोप लगाए हैं, उनका स्पष्ट विवरण दिया है। इन आरोपों के अनुसार अंग्रेज़ी स्पष्ट भाषा नहीं है। इसलिए किसी भी वैचारिक ग्रंथ के निर्माण के लिए इसकी जड़ दृढ़ नहीं है। सुशिक्षित वर्ग की दृष्टि में इसका कोई मूल्य नहीं है। प्रमुख रूप से 'It is a waste of time to write any philosophical argument in it because the unlearned understand it not, the learned asteem it not.' (किसी भी तात्त्विक चर्चा को इसमें लिखने का क्या प्रयोजन, अनपढ़ उसे समझेंगे नहीं और पढ़े-लिखे उस पर विश्वास नहीं करेंगे)। बालसुब्रह्मण्यम् की पुस्तक 'आरिस्टॉटल की काव्य मीमांसा' जब प्रकाशित हुई तब किसी ने इसी बात को दोहराया : 'जो अंग्रेज़ी जानते हैं वे अंग्रेज़ी में ही पढ़ेंगे। और सिर्फ कन्नड़ जानने वाले अशिक्षितों को इस ग्रंथ की कोई आवश्यकता नहीं।'

2

शाब्दिक अंग्रेज़ी हमारी ज़मीन में पाँव स्थिर न टिकाते हुए, ऑक्सफोर्ड शब्दकोश से खोदकर निकाली हुई बीमार श्रुति-कठोर, परिश्रमजन्य भाषा बन जाती है। बुद्धि की तीक्ष्णता के स्पर्श के बिना भाव मवाद बनता है, भाव के संपर्क के बिना बुद्धि राक्षस बन जाती है। लोक-जीवन की संस्कृति की जानकारी न होने से बुद्धिवादी ओरी से लटकने वाला ब्रह्मराक्षस बन जाता है। बौद्धिक विकास की सीमा के भीतर लोक-संस्कृति न आने पर वह क्रमशः सघन होती जाती है। गाँव और शहर की दूरी अंग्रेजी-ब्राह्मण, कन्नड़-शूद्र जैसी और दो जातियाँ पैदा करेगी जिससे यंत्र संस्कृति ने जो कहीं न किया हो ऐसा भयानक परिणाम हमारे देश में होगा। क्योंकि यंत्र संस्कृति के दबाव में हमारी मानवता की रक्षा करने लायक अतीत की कोई स्मृति हमारे पास बची नहीं रहेगी। इसके लिए केवल एक ही उत्तर है कि अनिवार्य बनी यंत्र नागरिकता और नए विचार केवल

हमारी भाषा द्वारा ही हमें प्राप्त होने चाहिए। तब हमारे जीवन के अनुभव और नए विचारों के बीच मंथन होकर नई सृष्टि संभव है। वर्तमान परिस्थिति में हमारी भाषा विज्ञान आदि विचारों के लिए असमर्थ है। अंग्रेज़ी माध्यम छूटा तो दुनिया से संपर्क टूटा जैसे तर्क (जो सही भी होंगे) प्रस्तुत करना हमारी ज़िम्मेदारी के बोझ को न उठाने की कायरता होगी। साहस और परिश्रम के बिना नई सृष्टि संभव नहीं। यह केवल कन्नड़ की ममता का प्रश्न नहीं है। हमारी भाषाएँ कितनी ही हीन अवस्था में क्यों न हों, हमें हमारी परिस्थिति की संपूर्ण जानकारी होनी चाहिए और सदा आलोचनात्मक दृष्टि रखकर हमें ऐसे साहस के लिए हाथ बढ़ाना चाहिए। अर्थात् सबसे पहले अंग्रेज़ी पर के अपने, अपनेपन को त्यागना होगा। इस तरह अंग्रेज़ी का त्याग करने के बाद भी, इस भाषा के साथ किस प्रकार का संबंध रखना चाहिए, इसकी चर्चा आगे करूँगा।

उसके पहले हमें अपने आपसे एक प्रश्न पूछना होगा। जनजीवन के साथ सीधा संपर्क स्थापित करने वाले समाजशास्त्र, राजनीतिशास्त्र, मनोविज्ञान आदि विषयों को आज तक हम अंग्रेज़ी में पढ़ाते आए हैं। लेकिन किसी भी भारतीय द्वारा इन विषयों पर कहने लायक विश्वमान्य रचना की सृष्टि नहीं हुई है। इसका क्या कारण है ? पहला, इस प्रकार की रचना-सृष्टि के लिए आवश्यक प्रतिभाएँ हमारे यहाँ नहीं हैं--यह कहना आसानी से स्वीकार करना कठिन है। साहित्य के क्षेत्र में भी तो यहाँ-वहाँ भारत में महान प्रतिभाओं का जन्म हुआ है। इसी प्रकार भाषा और जनजीवन के संपर्क से बिलकुल गौण भौतिकशास्त्र, गणितशास्त्र में भी रमन, रामानुजन जैसे प्रतिभाशाली यहाँ पैदा हुए हैं, लेकिन जनजीवन के साथ सीधा संपर्क रखने वाले अन्य शास्त्रों में इस तरह की मूल्यवान रचना करने वाले क्यों पैदा नहीं हुए ? इसका कोई दूसरा महत्त्वपूर्ण कारण रहा होगा।

उदाहरण के लिए, राजनीतिशास्त्र को ही लीजिए। आज भी विश्व के लिए राजनीति में भारत की ओर से विशिष्ट उपहार मात्र गांधी जी हैं। उधर टॉलस्टॉय से लेकर, इधर थोरो और रस्किन से प्राप्त विचारों को भारतीय भूमि में विकसित करके जनजीवन में उनका प्रयोग करके, अपने ही एक मिश्रण को उन्होंने तैयार किया। यह थोड़ा-सा विचित्र लग सकता है, लेकिन राजनीति के क्षेत्र को छोड़िए वैचारिक दुनिया में भी गांधी जी भारत के एकमात्र प्रतिभाशाली व्यक्ति दिखाई पड़ते हैं।

इसलिए यह मेरा अंदाज़ है कि राजनीतिशास्त्र, समाजशास्त्र, मनोविज्ञान आदि जीवन से सीधे जुड़े हुए शास्त्रों में काम तभी संभव होगा जब इस तरह का संशोधन करने वाला जीवन के बारे में तीव्र आस्था रखने वाला हो। (अर्थात् अपने लोगों के सपने, आशा-आकांक्षा, विचारों के साथ) हमारे साहित्यकारों ने इस तरह की आस्था रखने के कारण मूल्यवान काम किया है। हमारे बुद्धिजीवी भी अगर इस तरह की आस्था रखेंगे तो वे भी सामान्य जनता को न समझ आने वाली भाषा में काम नहीं करेंगे। बुद्धिजीवी और सामान्यों के बीच अन्योन्य संबंध, विचारों का आदान-प्रदान हमारी भाषाओं द्वारा ही संभव है। अर्थात् लोगों की बोली भाषा की पूँजी और उस भाषा

साहित्य की परंपरा का परिचय मनोवैज्ञानिक, समाजशास्त्री, राजनीतिशास्त्री को होना अत्यंत आवश्यक है। इस तरह का परिचय होने से ही वह लोगों के सुप्त सपने, आशा-आकांक्षा, अतृप्ति के अलावा अपने लोगों के विकार, दुर्बल प्रवृत्तियों का अनुभव लेकर नई विचार-सृष्टि संभव कर सकेगा। मार्क्स कहता है कि मैंने बाल्ज़ाक से अर्थशास्त्र सीखा। फ्रायड के विचारों के पीछे समूचे यूरोप का साहित्य है। इंग्लैंड का कोई राजनीतिशास्त्री पंडित हो या दार्शनिक, ब्लेक, लॉरेंस, वर्ड्सवर्थ में अभिव्यक्त पीढ़ी की प्रज्ञा को दृष्टि के सामने लाए बिना, नया विचार नहीं करेगा। और एक हम हैं कि अपने बसवेश्वर, अल्लमा, कुमार व्यास को पढ़े बिना, अपने आधुनिक साहित्य की गुप्त और प्रकट प्रवृत्तियों के दर्शन के बिना जीवन से सीधे संबंधित सब शास्त्रों को अंग्रेज़ी पाठ्य-पुस्तकों के सहारे जानकर भ्रम में हैं कि हम एक नई सृष्टि की रचना कर रहे हैं। इस तरह के भ्रमित, त्रिशंकु समान हमारे वैचारिकों से जीवन से संबंधित विषयों पर प्रतिभापूर्ण ग्रंथ के आने के बारे में मुझे तो शंका है।

कुछ भी हो वर्तमान स्थिति में यह मानना पड़ेगा कि हमारी भाषा सीमित है। लेकिन इस सीमा से आगे, किसी दूसरी भाषा के सहारे, मानव मूल विचारों की दुनिया पार कर जाएँगे, यह कहना कष्टकर है और अगर यह साध्य है भी, तो पीढ़ी की दृष्टि से अहितकारी मार्ग है। हमारे बुद्धि और भाव, गाँव और शहर, शूद्र और ब्राह्मण, कन्नड़ लोक-साहित्य की संपन्नता की पूँजी और अंग्रेज़ी से प्राप्त ज्ञान-संपन्नता, दोनों एक-दूसरे में मिलकर ही नई सृष्टि का निर्माण कर सकते हैं।

वेस्ट इंडियन समाजवादी नेता और साहित्यकार सी. एल. आर. जेम्स ने एक बार कहा : 'भारतीयों के साथ तुलना करने पर हम भाग्यशाली हैं, हमारी मातृभाषा अंग्रेज़ी हमारे लिए भाषा-समस्या नहीं है। हम सीधे प्रगति पथ पर चल सकते हैं।' एक क्षण रुककर फिर कहा, 'लेकिन आपको इन असुविधाओं के साथ ही, अपनी भाषाओं के द्वारा आपकी अपनी एक संस्कृति है। पर हमारी अपनी कहने लायक भाषा न होने के कारण हमारे पास अपना कोई व्यक्तित्व ही नहीं है।' हमारी पीढ़ी को इस दृष्टि से सामना करने के लिए प्रश्न यह है कि हमें 'अपनेपन' को बचाते हुए (बचाकर ही) इस वैज्ञानिक युग में प्रगतिशील होना संभव है ? और अगर है तो कैसे ? इसके लिए दो में से एक उत्तर देना पड़ता है। जून के 'Encounter' में श्री नीरद चौधरी ने एक उत्तर सुझाया है। उनका तर्क इस प्रकार है—'हम भारत के पाशविक तापमान में उलझे हुए, अटके हुए, विकृत बने यूरोपियन हैं।' इससे मुक्त होना (उनके अनुसार) दो तरह से संभव है—एक यूरोपियंस का हम पर राज्य करने से; दूसरा हमें ही मन से पाश्चात्यों जैसा बनने से। यह दूसरा मार्ग कठिन होने पर भी, हम भारतीयों को परिश्रम करके, यूरोपियन बनकर भारत की पाशविक मुट्ठी से छूटना चाहिए, इसी की कामना करके उन्होंने लिखा है। धैर्य और ईमानदारी के साथ नीरद चौधरी का यह कहना कि अंग्रेज़ी का त्याग किया तो हम डूब जाएँगे—मानना पड़ता है। लेकिन 'अपनेपन' को खोने की चाह न रखने वालों के लिए एक और रास्ता भी है। और वह रास्ता है—विविध भाषाओं

(हमारी अपनी) द्वारा अपने व्यक्तित्व की समग्रता की सृष्टि का रास्ता। अर्थात् हमारे अशिक्षित, दरिद्र जनसागर को साथ लेकर सदियों की स्मृतियों के अनमोल को बचाकर, लोक जीवन की संस्कृति में नींव बनकर हमारी विविधता के लिए योग्य विचार को विकसित करने का मार्ग। यह कठिन मार्ग है।

'खोदते समय
पहली अवस्था मिट्टी थी
नीचे, और नीचे कुदाल चलाकर देखो
तो दिखेगा सोना—चमकता हुआ
बाहर निकालकर, तपाकर
जानने की विद्या को
अब तो सीखना चाहिए
सोना तपाकर
देवता के विग्रह को अर्पित
करने की असली कला।'

—गोपालकृष्ण अडिग

यह दूसरा रास्ता अपनाना अनिवार्य है। क्योंकि श्री नीरद चौधरी जैसे लोगों के लिए यूरोपियन बनना जिस तरह संभव है (क्या उनके लिए भी सचमुच संभव है ?) उस तरह भारत की जनता के लिए संभव नहीं है। नीरद चौधरी की कल्पना के अनुसार एक वर्ग (समूह) यूरोपियन हो भी गया समझिए। वैसे लोग भारत पर राज्य करने वाले भी बन गए, मान लीजिए। लेकिन सचमुच उन्हें भारत पर राज्य करना संभव है ? उस समय भारत में क्या होगा, यह फ्रांस, रशिया, चीन की क्रांति का अध्ययन किए हुए लोगों को अलग से समझाने की आवश्यकता नहीं।

किसी भी तरह का तर्क देकर (सही-गलत) नीरद चौधरी जैसे वैचारिक भारत के सामान्य लोगों की मूढ़ता, भारतीय भाषाओं के बारे में तिरस्कार, भले ही दुनिया के सामने दिखाएँ, लेकिन इतना तो सत्य है कि हमारे लोग अज्ञानी हों, हमारी भाषाएँ निरुपयोगी हों लेकिन जो वास्तविक है, जो सत्य है, उससे वैचारिक को मुक्ति नहीं है। भाषा कैसी भी हो, लोग कैसे भी हों उनके साथ संपर्क बिना, संघर्ष बिना वैचारिक अँधेरे में बढ़ने वाले गुलदस्ते का अंकुर बन ही जाते हैं। यह गंदा होगा, यह गटर होगा, ये लोग मूर्ख होंगे, अनाड़ी होंगे लेकिन यही जीवन है। इसके साथ संपर्क वैचारिक के लिए अनिवार्य है। भारत के इस मार्ग को पाँव गंदा किए बिना पार करके यूरोपियन स्वर्ग पहुँचेंगे, इस भ्रम के सहारे सोचने वाले पागल हैं। संपर्क, संघर्ष, प्रेम अथवा जलन यही एक मार्ग है वैचारिकों के लिए। यह हमारी अपनी भाषाओं द्वारा ही संभव है। जब तक अंग्रेज़ी हमारा माध्यम बनी रहेगी तब तक हमारे समाज को, 'छलाँग लगाकर' पार कर

लेंगे—ऐसा भ्रम बना रहेगा।

तो हमें संपूर्ण रूप से अंग्रेज़ी को छोड़ना होगा ? किस तरह का संबंध अंग्रेज़ी के साथ सृजनात्मक रूप धारण कर सकेगा ? अब हमें इन प्रश्नों को पूछने की आवश्यकता है।

3

ग्रहण करने के लिए हमें मूलकृति के पास अर्थात् अंग्रेज़ी भाषा के पास जाना चाहिए। लेकिन अभिव्यक्ति के लिए अपनी भाषा का उपयोग होना चाहिए। यही सही मार्ग है। इसके साथ जो अंग्रेज़ी के अलावा अन्य यूरोपियन भाषाओं का उपयोग करना चाहें उनके लिए भी अवकाश होना चाहिए। कुछ वैयक्तिक अनुभवों से मैं इसका समर्थन करना चाहता हूँ। विद्यार्थियों को अंग्रेज़ी भाषा और साहित्य पढ़ाने का मुझे अनुभव है। परीक्षा में उनकी उत्तर-पुस्तिकाओं को पढ़ने का अनुभव है। सत्य के बारे में जिसके मन में थोड़ी-सी भी चिंता है, तड़प है उसका इस अपार धोखे को अपनी खुली आँखों से देखकर, आत्मवंचना करना असाध्य है। हम सचमुच विद्यार्थियों को क्या पढ़ा रहे हैं ? अंग्रेज़ी भाषा ? लेकिन एक सामान्य सरल वाक्य को बिना किसी गलती के लिखना उनको नहीं आता है ! या अंग्रेज़ी साहित्य को ? उनकी लिखी हुई (अंग्रेज़ी में) वड्‌र्सवर्थ की प्रकृति, हेमलेट का अंतर्द्वंद्व आदि कैसे वे अपना बना सकेंगे ? लेकिन अंग्रेज़ी अध्यापकों में कुछ लोगों को तो एक अनुभव हुआ होगा। पल-पल पलक झपकाते हुए, संभ्रांत होकर आपके सामने देखने वाले छात्रों को एकाध घंटा ब्रेडले आदि आलोचकों के सहारे, हेमलेट की समस्या क्या थी इसका विवरण देने के बाद 'छोड़ दो बेचारों को' कहकर उस नाटक के बारे में कन्नड़ में समझाना आरंभ करते ही उनकी आँखों में एक नई ज्योति चमकने लगती है।

इसलिए अध्यापक के रूप में मेरी यह विनम्र सूचना है कि मूलग्रंथ को समझने लायक जितनी अंग्रेज़ी भाषा और व्याकरण विद्यार्थियों को सिखाएँगे उनमें उनका अंग्रेज़ी में पढ़ा हुआ साहित्य और प्राप्त अनुभव अपनी भाषा में अभिव्यक्त करने की योग्यता का निर्माण करेंगे। परीक्षा में उनकी अंग्रेज़ी भाषा को नापना ही हमारा लक्ष्य हो तो व्याकरण, वाक्य-रचना के बारे में प्रश्न पूछेंगे। अथवा उनका साहित्यानुभव, संवेदनशक्ति, आसक्ति की परीक्षा ही करना अगर हमारा ध्येय है तो उनके अनुभव को सहज रूप से अभिव्यक्त करने लायक उनकी भाषा में उन्हें मौका देंगे। लेकिन आज हम परीक्षा में न उनके अंग्रेज़ी भाषा ज्ञान को परखते हैं और न ही उनके साहित्यानुभव की परख करते हैं। इसीलिए सौ में से अस्सी छात्रों को अंग्रेज़ी में फेल कर रहे हैं। इसका परिणाम यह हुआ है कि हमारे विद्यार्थी या तो शेक्सपीयर के शत्रु बने हैं या शेक्सपीयर के बारे

में नोट्स लिखने वालों के मित्र। या पास न होने के कारण 'हम किसी काम के नहीं' इस हताशा से ग्रस्त निराशावादी हैं।

इसलिए ग्रहण करने के लिए अन्य भाषा और अभिव्यक्ति के लिए हमारी अपनी भाषा हो, यही सही मार्ग है। मैक्समूलर ने संस्कृत में वेद पढ़ने के बाद भी, संस्कृत भाषा में ही ग्रंथ-रचना करने की मूर्खता नहीं दिखाई, जर्मन भाषा में लिखा। जर्मन, रशियन, पुर्तगाली लोगों ने शेक्सपीयर को पढ़कर, अध्ययन करके अपनी भाषाओं में समीक्षात्मक ग्रंथों की रचना की। वे फिर अंग्रेज़ी में अनूदित होकर, अंग्रेज़ी विद्यार्थियों के लिए ही उपयोगी आलोचनात्मक ग्रंथ बने हैं। लेकिन किसी भी भारतीय की शेक्सपीयर पर लिखी हुई कोई भी किताब, उपयोगी कहकर बात करने वाले विद्यार्थियों को मैंने नहीं देखा है। शेक्सपीयर को अपने लोक-जीवन की पूँजी बनाए बिना हम मूल्यवान ग्रंथ लिख भी कैसे सकते हैं ? रशियन, जर्मन, फ्रेंच लोगों को शेक्सपीयर अपनी-अपनी भाषा द्वारा अपना लगने के कारण, उसके बारे में ग्रंथों को लिखना उन्हें संभव हुआ।

'इस तरह विद्यार्थियों को कन्नड़ में लिखने दिया गया तो हमारे ज्ञान का स्तर नीचे गिर जाएगा', कहना हास्यास्पद है। साहित्य का विषय जाने दीजिए। उदाहरण के लिए राजनीतिशास्त्र, समाजशास्त्र को लीजिए, अंग्रेज़ी में इन विषयों का अध्ययन करने वाले हमारे विद्यार्थी क्या अंग्रेज़ी में इन विषयों के बारे में रचित ग्रंथों को सचमुच पढ़ते हैं ? या कम-से-कम पाठ्य-पुस्तक तो पढ़ते हैं ? अब विद्यार्थी पढ़ते हैं—यानी—'मगअप' करते हैं अपने प्राध्यापकों के नोट्स। उन्हें 'मगअप' करके परीक्षा में किस प्रकार लिखते हैं यह परीक्षक जानता है। कन्नड़ में पाठ्य-पुस्तक नहीं है, कहने वाले को इस पर ग़ौर करना चाहिए। अब अंग्रेज़ी में सब ग्रंथों के होने के कारण, विद्यार्थियों के मस्तिष्क में पहुँचने वाले ज्ञान में थोड़ा बहुत परिमार्जन, कन्नड़ में पाठ्य-पुस्तकें न होने के बावजूद, तत्क्षण कन्नड़ में पाठ पढ़ाने से ही संभव होगा।

इंग्लैंड के अपने अनुभव से प्राप्त जानकारी इस प्रकार है। मैं जिस विश्वविद्यालय में पढ़ता हूँ वहाँ स्पैनिश, फ्रेंच, रशियन, जर्मन आदि यूरोपियन भाषाओं के विभाग हैं। इनमें कुछ मित्र शोधकार्य कर रहे हैं। एम.ए., पी-एच.डी. के लिए शोध करने वाला एक छात्र बीच-बीच में पैरिस जाकर आता है। फ्रेंच समीक्षकों के साथ बैठकर चर्चा करता है। अध्ययन करता है। लेकिन वह स्टेंढाल पर अंग्रेज़ी में लिखता है। फ्रेंच में दी जाने वाली पी-एच.डी. अंग्रेज़ी ग्रंथ के लिए। यह सभी विभागों का साधारण तरीका है। इसी तरह जापान से आए हुए एक सज्जन, अंग्रेज़ी विभाग में शोधकार्य कर रहे हैं। लेकिन आलोचना अपनी जापानी भाषा में ही लिख रहे हैं। जापानी के अंग्रेज़ी प्राध्यापक अपनी भाषा में ही उन्हें अंग्रेज़ी पढ़ाते हैं। फिर भी अंग्रेज़ी भाषा और साहित्य का प्रभाव अद्भुत रूप से जापान पर हुआ है। साथ ही अंग्रेज़ी साहित्य पर प्रभाव डालने लायक नाटक और उपन्यास जापानी भाषा में आए हैं।

यह सब देखने के बाद मुझे ऐसा लगता है, कम-से-कम हमें इतना करना तो संभव

होगा : कर्नाटक में तीन विश्वविद्यालय हैं। अंग्रेज़ी और कन्नड़, दोनों भाषा लेकर पढ़ने वाले विद्यार्थी हैं। अंग्रेज़ी साहित्य विभाग में अंग्रेज़ी कवि, नाटककार, आलोचक पर शोधकार्य करते हैं और उसे अंग्रेज़ी में लिखते हैं। इस तरह के शोधकार्य के लिए, आवश्यक संदर्भ ग्रंथों को भारत में प्राप्त करना बहुत बार कठिन होता है। इस कारण से और इसके पहले मैंने जिन कारणों का विवरण दिया है उनके आधार पर ऐसा है कि हमारे विद्यार्थी कितने ही बुद्धिमान क्यों न हों, उनका अंग्रेज़ी में लिखा हुआ शोधकार्य, अंग्रेज़ी आलोचकों की कृतियों की पंक्ति में आना मुश्किल हो जाता है। अगर आया तो भी, अंग्रेज़ी साहित्य में विश्व के लिए किसी भारतीय का एक ग्रंथ कितना महत्त्वपूर्ण होगा, यह शंका का विषय है। हमारे जनजीवन के लिए इन ग्रंथों का कोई प्रयोजन नहीं है। हमारे विद्यार्थी ही, अंग्रेज़ी साहित्य के बारे में अंग्रेज़ी आलोचक को ही पढ़ना पसंद करते हैं। इसलिए कोई शोधकार्य अपनी ही भाषा में अगर लिखते हैं तो रचना तृतीय श्रेणी की होने के बावजूद कन्नड़ की वर्तमान दृष्टि से महत्त्वपूर्ण बन सकती है। कन्नड़ के लिए उसका उपयोग किया जा सकता है। और एक नई आलोचनात्मक भाषा के लिए उपयोग हो सकता है और सबसे मुख्य रूप से इस तरह अंग्रेज़ी के शोधकार्य को कन्नड़ में करने का अनुभव हमारे विकास के प्रयत्न के लिए प्रयोजनकारी बन सकता है। असफल शोधकार्य में परिश्रम और पैसा बरबाद करने की बजाय इस तरह का काम हाथ में लेना उपयोगी हो सकता है। यह काम हमारी प्रतीक्षा कर रहा है। मेरी जानकारी के अनुसार इंग्लैंड के सभी विश्वविद्यालयों में इसी तरह का काम चलता है। दो भाषाओं के बीच आदान-प्रदान चलना ही अपेक्षित होना चाहिए।

अब तक इस तरह का काम, साहित्य सेवा के रूप में यहाँ-वहाँ किसी-किसी साहसी ने किया है। अपनी पीढ़ी की विशेषता की रक्षा के लिए यदि हमारे विश्वविद्यालय और हमारी सरकार इस तरह की जिम्मेदारी नहीं उठाएगी तो आने वाली भाषा-दारिद्रय से असंस्कृत वैज्ञानिक राक्षस पीढ़ी के लिए हम सबको ज़िम्मेदार बनना होगा। इसलिए हम सबके तुरंत करने का और कर सकने का काम यह है कि अब हमारे विश्वविद्यालयों में समाजशास्त्र, मनोविज्ञान, राजनीतिशास्त्र, अंग्रेज़ी साहित्य, दर्शनशास्त्र आदि पर की जाने वाली पी-एच.डी. शोधकार्य कम-से-कम जितना संभव हो, उतना कन्नड़ में होना चाहिए।

(अनु.—मुकुंद जोशी)

परिशिष्ट-1

भारतीय संस्कृति से संबद्ध यू.आर. अनन्तमूर्ति के कुछ विचार-सूत्र

*

मठों को भगवान के प्रति आसक्ति नहीं है बल्कि जमीन को अपने कब्जे में बनाए रखने में है।

*

मुझे कभी भी यह नहीं लगा कि मैं एक ब्राह्मण-विरोधी हूँ।

*

मुझे वेदों में जो रुचि है उसका कारण मठ नितांत नहीं है।

*

गांधी जितने हिंदू हैं उतने ही ईसाई भी।

*

'राम' ऐतिहासिक व्यक्ति नहीं हैं लेकिन 'ईसा' ऐतिहासिक व्यक्ति हैं, 'मुहम्मद' ऐतिहासिक व्यक्ति हैं।

*

हमारे देश की संस्कृति में मुस्लिम कभी भी अड़चन नहीं रहे।

*

ईदगाह के मैदान में जब एक मुसलमान झंडा फहराता है तब सभी लोगों को खुशी मनानी चाहिए।

*

हम पश्चिम के अनुकरण के कारण अपनी संस्कृति से विमुख होते जा रहे हैं।

*

वेदव्यास और वाल्मीकि में से कोई भी जाति के आधार पर महान नहीं बने थे।

*

राम का जन्म अयोध्या में नहीं हुआ था, बल्कि जब गोडसे ने गांधी को पिस्तौल से

मारा था तब गांधी के मुँह से जो राम निकला, वही असली राम था।

*

यदि हम चरखा जैसे प्रतीक यंत्र की तलाश में होते तो शायद भारत विश्व में एक महान संस्कृति बन जाता।

*

हमारा भाषा-आंदोलन तो मुक्ति का आंदोलन है जिसमें शूद्र को शूद्रत्व से मुक्ति और ब्राह्मण को ब्राह्मणत्व के अहं से मुक्ति है।

*

आप किस प्रकार के तकनीकी ज्ञान से उत्पादन और वितरण में लगे हैं, इसके आधार पर समाज या सभ्यता का निर्माण होता है।

*

मैं भूमंडलीकरण का कट्टर विरोधी हूँ क्योंकि वह समानता के आधार पर नहीं खड़ा है। स्थानीय पवित्रता को बचाए रखने के लिए भूमंडलीकरण प्रक्रिया का विरोध करना अत्यंत आवश्यक है।

*

मैं अपने अंदर का आलोचक हूँ। अपनी संस्कृति के अंदर ही रहकर संस्कृति की कमियों को देखना मुझे प्रमुख लगता है। हमारी परंपरा का विकास भी ऐसे ही हुआ है। वेद की परंपरा आई। भगवान बुद्ध ने इस पर प्रश्न किया। संतों ने वेद पर प्रश्न किया। मैं भी इसी परंपरा का हूँ। साहित्य में भी बसवण्णा, कबीर, कुमार व्यास, नवोदय लेखक और नव्य लेखक काल के अनुसार परंपरा पर प्रश्न करते हुए ही उसे प्रगति की ओर ले जाते रहे हैं।

*

मेरे अनुसार साहित्य में परिपूर्ण साक्षात्कार की सिद्धि प्राप्त होती है। क्योंकि साहित्य में प्रैक्टिकल सच के अलावा भावना से परे सच की सिद्धि भी संभव है।

*

सार्वजनिक जीवन रहना चाहिए। वाच्यार्थ स्पष्ट रहना चाहिए। ध्वन्यार्थ भी स्पष्ट रहना चाहिए। लेकिन आज के कई राजनीतिज्ञों में 'शर्म' जैसी नैतिक भावना ही नहीं है।

*

राजनीति में हर अच्छा व्यक्ति लगना चाहिए। केवल चुनाव में लड़ना ही राजनीति नहीं है। आम लोगों की समस्याओं को हिम्मत से कहना आवश्यक बन चुका है।

*

हमारी संस्कृति भूमंडलीकरण के कारण विघटित हो रही है। यदि हम सचेत न हुए तो भारत को भी रूस की परिस्थितियों का ही सामना करना पड़ेगा।

*

दिल्ली सांस्कृतिक केंद्र नहीं है। इसी तरह वहाँ की राजनीति के अधिकार भी विकेंद्रित होने चाहिए।

*

सृजनात्मकता अत्यंत गहरी होती है। कभी जो सुनते, पढ़ते, देखते आते हैं—वही सब अचानक कलात्मक रूप ले लेता है।

*

गांधी और मार्क्स, दोनों अपनी-अपनी संस्कृति के विशेष अनुभव के कारण ही सार्वत्रिक सच की स्थापना कर सके। गांधी मानते हैं कि मनुष्य का लोभ ही उसके नाश का कारण है। लेकिन मार्क्स के अनुसार यह लोभ ही मानव के इतिहास की प्रगति का लक्षण है। मार्क्स की तरह गांधी पूर्वग्रह से पीड़ित नहीं थे।

*

प्रगतिशील देशों के सामने एक ही आदर्श है—अमरीका। अमरीका जैसा बनना ही उनका उद्देश्य है। लेकिन अमरीका में भी कुछ लोगों को संभवतः मालूम है कि वह व्यवस्था जहरीली है।

*

गांधी भी थोरो, रस्किन, टॉलस्टॉय से अवश्य प्रभावित हुए थे। भारतीय लेखकों के भी अपनी परंपरा से अलग सार्त्र, काफ्का या दक्षिण अफ्रीका के अचिबे जैसे लोगों से प्रेरित होने में कोई गलती नहीं है। लेकिन उपनिवेश की प्रेरणा आपसी लेन-देन की प्रक्रिया में, निर्यात से अधिक आयात हो जाना अत्यंत बुरा है।

*

हमें पश्चिम के विचार क्यों आदर्श लगें ? क्या हम 'संपूर्ण' भारतीय बनकर नहीं लिख

सकते हैं ? अंग्रेजी शिक्षण से प्रभावित होकर क्या हम उनके अनुकरण के सिवाय कुछ नहीं कर सकते हैं ? हममें हीनभावना क्यों है ?

*

भारतीय संस्कृति अगत्स्य ऋषि का पेट है। सृष्टि के वैविध्य और वैषम्य, दोनों को आसानी से पचा लेने की प्रवृत्ति हमारी है। यह एक जठराग्नि है।

*

यदि शिवराम कारंत ने ब्राह्मणत्व से मुक्ति न पा ली होती तो वे बड़े उपन्यासकार न बन पाते।

उपनिवेशवादी अनुभव के बंधन से मुक्ति पाना एक तरह से पिशाच छुड़ाने की प्रक्रिया है। तीसरी दुनिया के हर देश को यही समस्या आज सता रही है।

कन्नड़ भाषा और संस्कृति को चाहने वाले लेखकों की तरह मुझे भी अन्य भाषा की निंदा-तिरस्कार करना पसंद नहीं है।

शूद्र और ब्राह्मण की परस्पर परकीयता और विलगाव के कारण ही रामायण और महाभारत महान ओजस और अखंड प्रज्ञा की कृतियाँ हैं। मात्र शूद्र प्रज्ञा से केवल लोक-साहित्य प्रसूत होता है। मात्र ब्राह्मण प्रज्ञा से निर्वीर्य, सुनिपुण और परिष्कृत और स्नायुशक्तिहीन साहित्य की रचना होती है। इन दोनों का मिलन होने पर ही पूर्ण प्रज्ञा का साहित्य संभव हो पाता है।

एक भारतीय लेखक जो नई दृष्टि की तलाश में है, वह निश्चित रूप से पिछली कई शताब्दियों से आक्रामकों की संस्कृतियों के लिए अभेद्य रहा है। यह जानना बहुत जरूरी है कि उसका अस्तित्व क्या है। हमारी सूक्ष्म संवेदनाएँ और नितांत निजी स्वप्न संसार के ऐसे ज्ञान की विडंबना से अलबत्ता आहत जरूर होंगे।

हमारी संस्कृति को उन्हीं ग्रामीण लोगों ने जीवित रखा हुआ है जो अँगूठाछाप हैं।

*

भारत को बचाने वाली एक चीज यही है कि यहाँ अनेक शताब्दियाँ एक साथ चलती हैं। मैं मानता हूँ कि हममें से ज्यादातर लोग भावात्मक रूप से भारतीय हैं, लेकिन बौद्धिक रूप से हम पाश्चात्य प्रशिक्षण की पैदाइश हैं। इस कारण हमें अपने आपका साफ और स्पष्ट बोध होना मुश्किल होता है। कुछ ही दिन पहले अपने एक अमेरिकी मित्र के साथ मैंने खुद को लगभग हर भारतीय प्रथा और यहाँ तक कि जातीय व्यवस्था की श्रेणी-बद्धता तक का बचाव करते हुए पाया। फिर भी जब हम अपने देशवासियों के साथ बातचीत करते हैं तब हम अपनी संस्कृति की चीज को परखते हुए भी उड़ा देते हैं।

*

जाति-व्यवस्था हमारे बीच पुरानी वर्ण-व्यवस्था का वर्गीकरण नहीं वरन् एक जाति वर्गीकरण है जिसने विकेंद्रीकरण में मदद की है और यह भी कि अगर देश में अराजकता की स्थिति है तो जाति इसमें शॉक-ऑब्जर्वर का काम करेगी। सिर्फ दो तरह के लोग भगवत-भक्ति के विक्षेप से ग्रस्त हमारे देश के अध्यात्मवादी (बसवण्णा, तुकाराम, कबीर और नानक की तरह) और प्रेमी ने ही जाति को लाँघने की जरूरत महसूस की है, क्योंकि दोनों के लिए जाति-व्यवस्था उत्पीड़क, दबाने वाली और अवास्तविक जान पड़ती थी। अछूतों को छोड़कर अन्य सारी जातियों ने सुविधाओं के विभाजन तथा जाति व्यवस्था के बंधनों को हृदय से लगाए रखा।

साहित्येतर मूल्यों में लेखक को निष्ठा रहनी चाहिए। लेकिन किसी उद्‌देश्य के लिए साहित्य केवल साधन नहीं बनना चाहिए।

*

जब तक हम अपने संपूर्ण जीवन में स्वसंपूर्णता को नहीं पाएँगे, तब तक हमारी भाषाएँ इसी तरह साहित्यिक कृतियों में बलहीन बनी रहेंगी। राजनीतिक क्रांति के सहारे अपनेपन की समझ पैदा होने के बाद, वैज्ञानिक आर्थिक प्रगति के सहारे अपनी संपूर्णता को पाने की इच्छा के पकने के बाद ही हम विश्व के लोगों में विशिष्ट सदस्य बनकर रह पाते हैं।

तकशी, कारंत, कुवेंपू जैसे उपन्यासकार, सलमान रुश्दी से श्रेष्ठ लेखक हैं। रुश्दी अमीरों के लिए होशियारी से लिखता है। आम लोगों के बारे में सही ढंग से लिखने वालों को अधिक जीवनानुभव की आवश्यकता होती है।

परिशिष्ट-2

अनन्तमूर्ति : जीवन और लेखन

1932 : शिवमोग्ग जिले के तीर्थ हल्ली ताल्लुक के मेठिगे गाँव में जन्म। मां—सत्यम्म। पिताजी—उडुपी राजगोपालाचार्य।

1955 : एंदेंदू मुगियद कथे (कभी समाप्त न होने वाली कहानी [कहानी-संग्रह])

1956 : मैसूर विश्वविद्यालय से एम.ए. (अंग्रेजी), गोल्ड मैडल की प्राप्ति।

1956 : शिवमोग्ग सह्याद्री कॉलेज में अंग्रेजी प्राध्यापक।

1963 : प्रश्ने (प्रश्न) (कहानी-संग्रह)।

1963 : कॉमनवेल्थ फेलोशिप पाकर उच्च अध्ययन के लिए इंग्लैंड प्रवास।

1965 : संस्कार (उपन्यास)।

1966 : बर्मिंघम विश्वविद्यालय से पी-एच.डी. उपाधि की प्राप्ति।

1967 : मैसूर रीजनल कॉलेज में रीडर।

1968 : आवाहने (आह्वान) (नाटक)।

1970 : हैदिनैदु पद्यगुलु (पंद्रह कविताएँ)।

1970 : मैसूर विश्वविद्यालय में रीडर।

1971 : प्रज्ञे मत्तु परिसर (प्रज्ञा ?) (आलोचना)।

1972 : कन्नड़ काव्य-संग्रह (संपादन)।

1972 : होमिबाबा फेलोशिप।

1972 : मौनी (कथा-संकलन)।

1973 : भारतीपुर (उपन्यास)।

1974 : सन्निवेश (आलोचना)।

1975 : आयोवा विश्वविद्यालय में अतिथि प्राध्यापक।

1978 : अवस्थे (अवस्था) (उपन्यास)।

1978 : आयोवा विश्वविद्यालय में मौलिक लेखन के लिए फेलोशिप।

1978 : टफ्टस विश्वविद्यालय में अतिथि प्राध्यापक।

1980 : समक्षम (समक्ष) (आलोचना)।

1980 : मैसूर विश्वविद्यालय में प्रोफेसर।
1981 : आकाश मत्तु बेक्कु (आकाश और बिल्ली)। (कहानी-संग्रह)।
1982 : शिवाजी विश्वविद्यालय, कोल्हापुर में अतिथि प्राध्यापक।
1983 : आकाश मत्तु बेक्कु (आकाश और बिल्ली) को कर्नाटक साहित्य अकादमी पुरस्कार।
1985 : आयोवा विश्वविद्यालय में अतिथि प्रोफ़ेसर।
1987 : महात्मा गांधी विश्वविद्यालय, केरल में कुलपति।
1988 : कर्नाटक साहित्य अकादमी पुरस्कार।
1989 : अज्जन हेगल सुक्कुगलु (दादा के कंधे की झुर्रियाँ) (कविता)।
1990 : पूर्वापर (आलोचना)।
1992 : मिथुन (कविता)।
1992 : नेशनल बुक ट्रस्ट के अध्यक्ष।
1993 : 'पूर्वापर' आलोचना पुस्तक के लिए कर्नाटक साहित्य अकादमी पुरस्कार।
1993 : केंद्रीय साहित्य अकादमी के अध्यक्ष।
1994 : दाव्द जिंग (लाउत्से के सूत्रों का अनुवाद)।
1994 : मास्ति वेंकटेश अय्यंगार पुरस्कार।
1994 : भारतीय ज्ञानपीठ पुरस्कार।
1994 : भव (उपन्यास)।
1995 : सूर्यन कुदुरे (सूरज का घोड़ा) (कहानी-संग्रह)।
1995 : विश्वभारती विश्वविद्यालय द्वारा डी.लिट्. उपाधि की प्राप्ति।
1996 : संस्कृति मत्तु अडिग (संस्कृति और गो.कृ.अडिग) (आलोचना)।
1996 : 'बेत्तले पूजे याके कूडदु' ? (नग्न पूजा पद्धति क्यों मना है ?) (आलोचना)।
1997 : नव्यालोक (कई लेखकों की पुस्तकों की भूमिकाओं का संग्रह)।

●●●